U0448294

论教育公共性及其保障

张茂聪 著

商务印书馆
The Commercial Press

2012年·北京

图书在版编目(CIP)数据

论教育公共性及其保障/张茂聪著.—北京：
商务印书馆,2012
ISBN 978-7-100-08862-6

Ⅰ.①论… Ⅱ.①张… Ⅲ.①教育—研究
Ⅳ.①G4

中国版本图书馆 CIP 数据核字(2011)第 282430 号

所有权利保留。
未经许可,不得以任何方式使用。

论教育公共性及其保障
张茂聪　著

商　务　印　书　馆　出　版
(北京王府井大街36号　邮政编码100710)
商　务　印　书　馆　发　行
北京市白帆印务有限公司印刷
ISBN 978-7-100-08862-6

2012年10月第1版　　　开本 880×1230　1/32
2012年10月北京第1次印刷　印张 9⅛
定价：23.00元

教育部 2010 年人文社会科学研究一般项目
(项目编号:10YJA880177)最终研究成果

目 录

走向教育公共性(代序) ……………………………………… 1
导 论 ……………………………………………………………… 6
  一、选题的缘由及意义 ……………………………………… 6
    (一)选题的缘由 ………………………………………… 6
    (二)选题的意义 ………………………………………… 14
  二、国内外研究综述 ………………………………………… 16
    (一)国外研究述评 ……………………………………… 16
    (二)国内研究述评 ……………………………………… 25
  三、研究目的、路径与方法 ………………………………… 36
    (一)研究目的 …………………………………………… 36
    (二)研究内容 …………………………………………… 37
    (三)研究路径 …………………………………………… 37
    (四)研究方法 …………………………………………… 39
    (五)研究规约 …………………………………………… 40
第一章 教育公共性及其理论基础 ……………………………… 41
  一、教育公共性的内涵 ……………………………………… 42
    (一)公共性:一个多维广义的概念 …………………… 42
    (二)公益、公正、平等:教育公共性的核心内涵 …… 46
  二、教育公共性的理论基础 ………………………………… 55
    (一)哲学视野中的教育公共性 ………………………… 55

（二）政治与行政学视阈中的教育公共性 …………………… 59
　　（三）社会学视野中的教育公共性 ……………………………… 64
　　（四）经济学理论中的教育公共性 ……………………………… 69

第二章　教育公共性：问题与分析 …………………………………… 83
　一、教育公共性的尴尬 …………………………………………… 83
　　（一）教育公共性的消解 ………………………………………… 83
　　（二）大众传媒对教育公共性的消极影响 …………………… 88
　　（三）教育公共体系内政府与市场的迷乱 …………………… 97
　　（四）"二元结构"：我国义务教育财政体制下剪不断的纠葛 … 103
　二、制度与责任的缺失：我国教育公共性的追问 …………… 111
　　（一）我国农村义务教育经费缺乏有效的保障机制 ………… 111
　　（二）政府间财政责任模糊，财权与事权不对称 …………… 119
　　（三）区域教师资源流动与配置均衡化难以保障 …………… 121
　　（四）政府公共服务的职能没有得到较好体现 ……………… 122
　　（五）权利与义务、权力与责任的失衡，导致公共精神缺失 … 125

第三章　教育公共性的保障：教育公共服务 ……………………… 129
　一、教育公共服务路径选择 …………………………………… 129
　　（一）完善教育公共治理体制，培育公民公共精神 ………… 130
　　（二）把教育公共服务作为政府的基本职责 ………………… 133
　　（三）实现教育公共服务供给主体多元化和供给方式
　　　　　多样化 ………………………………………………………… 136
　　（四）完善教育公共服务的监管和评价体制 ………………… 137
　　（五）优先、均衡、效率：政府配置教育公共资源的基本原则 … 140
　二、推进教育公共服务均等化 ………………………………… 148
　　（一）教育公平：教育公共服务均等化的政策核心 ………… 149

（二）教育公共服务最低公平：实现教育公共服务均等化的

　　　　基本策略 ……………………………………………… 153

三、重组制度、经费、法律等基本元素，促进义务教育

　　均衡发展 …………………………………………………… 156

　　（一）教育投资主体重心上移，促进教育均衡发展 ……… 157

　　（二）明确各级政府权责及其教育投入机制，加大对农村教育

　　　　经费总量投入 …………………………………………… 158

　　（三）完善城乡协调发展机制，实现教育财权与事权的统一 … 159

　　（四）健全教育法律体系，为教育公共服务体系的建立

　　　　提供法律保障 …………………………………………… 161

第四章　教育公共性的保障：公共财政 ……………………………… 163

一、政府主体：教育公共财政的政府职责担当 ……………… 163

　　（一）公共财政的基本特征 …………………………………… 163

　　（二）保证教育领域的公共利益是政府的基础性责任 ……… 166

二、建立义务教育公共财政制度 ……………………………… 169

　　（一）建立义务教育的政府间转移支付系统：基于区域财政

　　　　能力不均衡的必然选择 ………………………………… 169

　　（二）增加灵活性：均衡推进义务教育公共财政政策的必要

　　　　补充 ……………………………………………………… 174

第五章　教育公共性的保障：非营利组织的社会责任 ……… 180

一、非营利组织在教育中的价值与功用 ……………………… 181

　　（一）非营利组织在社会治理结构中的优势 ……………… 182

　　（二）非营利组织力量对教育政策与管理的影响 ………… 185

二、政府提供公共物品的局限及与非营利组织的

　　合作模式 ………………………………………………… 192

　　（一）政府提供公共物品的局限 …………………………… 192

（二）政府——非营利组织的合作模式 …………………… 194
第六章　教育公共性的保障：学校与社区互动 ……………………… 197
　一、学校与社区的互动形态 …………………………………………… 197
　　（一）学校与社区互动意义 ……………………………………… 198
　　（二）以社区为本位的社区——学校互动 …………………… 201
　　（三）以学校为本位的学校——社区互动 …………………… 202
　二、学校与社区互动的路径选择 …………………………………… 206
　　（一）资源整合与运用：学校向社区开放 …………………… 207
　　（二）公开化、透明化与条理化的制度保障 ………………… 209
　　（三）让学校教育拥有自主性 ………………………………… 213
第七章　教育公共性保障：舆论环境与大众公共传媒 ………… 217
　一、信息时代的大众传媒及其公共性 …………………………… 217
　　（一）大众传媒及其功能 ………………………………………… 217
　　（二）大众传媒的公共性 ………………………………………… 224
　　（三）我国大众传媒的公共性发展特点 ……………………… 235
　二、大众传媒公共性对教育公共性的影响 …………………… 242
　　（一）大众传媒公共性对教育公共性积极性 ………………… 243
　　（二）大众传媒公共性对教育公共性的消极性根源 ……… 249
　三、教育公共性视域中的大众传媒公共性 …………………… 254
　　（一）重建网络媒体交往伦理的核心价值 …………………… 254
　　（二）教育公共性主体意识的培养 …………………………… 257
　　（三）推动大众传媒公共性的良性发展 ……………………… 260
余　论 …………………………………………………………………………… 262
主要参考文献 ………………………………………………………………… 266
后　记 …………………………………………………………………………… 281

走向教育公共性（代序）

当代社会,随着民主化进程的加快和教育功能的全方位释放,教育公共性愈益彰显,深刻揭示教育公共性内涵,维护和优化教育公共性实践,既是当前教育发展改革的实践呼唤,亦是把握教育本质的理论诉求。

从世界范围看,教育的变革与发展正在呈现公共性这一新的时代特性。教育所蕴涵的公共性不是人为赋予的,亦非主观思维的结果,而是人类教育发展过程中历史地展现出来的。教育公共性的彰显不仅是教育特性的一种时代变化,也是当代教育发展的一种新的价值诉求。

在我国,长期以来我们的教育公共责任意识相当淡薄,我们的教育难能造就具有公共精神和公共理性的社会成员,难能培养具有公共德行、平等意识和民主意识的公民,无法减少教育和社会中的不公平现象,无法为公民社会的健康发展提供人力与智慧支撑。特别是20世纪90年代中期以来,社会转型已使中国的社会结构发生深刻变化,随着市场经济的发育,通过市场向社会提供教育服务,已成为一种重要的教育运行机制。同时,也与现行教育体制表现出极大的不相容性,教育的公共性问题由此成为一个不容回避的问题。

《论教育公共性及其保障》是我主持完成的教育部人文社会科学规划一般项目的最终成果。该成果通过对国内外教育公共性的已有研究成果的梳理、分析、综合和概括,结合中西方国家取得的成就,针对实际情况,在实地考察和案例研究的基础之上,对存在的问题追寻原因,寻找对策。通过研究教育入学机会均等、教育过程平等、教育资源、设施的平等,培养具有基本素质和连带作用的公民这一结果的平等等内容,构建一套系统、科学和行之有效的教育公共性的内容体系。

一、公益、公正、平等、共享是教育公共性的核心内涵。教育公共性一方面表达了教育作为公共领域事务的事实存在,另一方面,教育公共性已成为公共性延伸概念,它既是对公共性在教育领域的具体说明和应用,也是教育在特定领域对公共性的反映。因此,教育公共性的功用主要体现为:分析和批判教育的工具;建立教育制度,构建教育内容和目的,选择教育手段和形式等诸多教育关系的公共原则;教育立法和教育政策的合法依据;政府提供教育公共服务的价值尺度和财政基础;教育作为公共事务和公共物品接纳社会参与其中和存在于社会公共空间的正当性。总体说来,其在宏观方面,诸如制度安排、政策设计上,从立法、财政、社会环境等体现教育公益性、公正性;在微观方面,诸如教育目的、内容、形式上,指向培养具有公共品质的人,教育过程上体现教育平等。

二、教育公共性的保障,必须建立在一套完整的教育公共服务体系之上。必须加强公共服务体系的创新,提高公共服务水平,这就需要进一步强化政府在教育公共服务方面的职能和责任,就要探索教育公共服务供给主体多元化和供给方式多样化,就要完善教育公共服务的监管和评价体制,建立以中介评估为主导的多元化教育监管和评价体系。在政策设置上,则要把教育公平作为教育公共服务均等化的政策核心,以教育公共服务最低公平模式,推进实现教育公共服务均等化:一是确立教育基本公共服务最低公平原则,制定最低的提供标准,并通过多级政府分担经费来保障各地政府有能力提供这类服务。二是公共服务标准可根据行业特点,采用实物标准、经费标准和服务质量标准等,但最重要的是确保服务质量,并通过绩效评价来促使其达到标准。三是倡导等价性原则。国家允许并鼓励有财政能力的地方政府或财团提供更多的、质量更高的教育公共服务,其经费应当由提供服务的政府承担。为此,应提高财政性教育经费占国内生产总值的比重,保障义务教育阶段的均衡投入,特别是要明确各级政府权责,建立由各级政府分担的教育投入机制;应深化教育体制改革,从体制上为义务教育均等化提供保障;应加强政府部门的责任,构建服务型政府。

三、教育公共性必须建立在公共财政的基本制度之上。教育公共服务的价值取向决定提供教育服务是政府的一项基本职责,必须以政府为主体,担当教育公共财政的政府职责。一是基于区域财政能力不均衡的现实,建立义务教育的政府间转移支付系统。这样一个机制的建立和发展应该成为今后义务教育财政改革的重点。要明确中央和省市对于义务教育的资源的使用目的和不同用途。目前首要的应该是保证贫困和农村地区义务教育投入的充足水平。中央和省级政府应该对这些地区提供帮助,让这些地方的教育发展跟上社会经济发展的步伐。中央和省级政府还应该把资金分配与地方上强化责任制,提高资源使用效率的努力程度联系起来。要合理设计转移支付项目,要确定给每个县/学区均等化资金数量的方法。一个常用的方法是运用因素法拨款公式,综合考虑学生群体的特征、基层财力、财政努力程度和其他因素。要加强贫困学生和寄宿制学生资助,使资助真正落实到这些学生。要平衡中央和省教育资源分配过程中目标和方法的一致性和多样性问题。二是把保障教育公共财政的公平投入作为公共财政治理的基点,完善教育投入保障法律规定。根据经费需求建立经费保障机制,是解决教育经费供给不足的一项重要举措。科学地界定现有法律中各级各类教育经费需求的定额标准,才能从根本上解决经费需求和供给之间的矛盾。特别是要建立公平有效的教育财政补助制度和方式,就要从最基本的经费需求分析入手,将拨款制度和模式与经费需求结合起来,确定拨款基准额,并考虑特殊地区、特殊人群的额外需求,对他们给予公平性对待。三是把增加灵活性作为均衡推进义务教育公共财政政策的必要补充。要落实国家义务教育财政"低保"政策,明确中央政府财政支持的重点。义务教育财政"低保"目标应包括:最低保障维持学校教学运转所需基本条件的要求;最低保障完成国家义务教育目标所需要的基本要求;最低保障为国家义务教育可持续发展奠定基础所需条件和要求。从长远看,随着国家对义务教育要求的不断提高,义务教育办学条件需要同步提高,"低保"的标准也不断提高。义务教育财政"低保"问题,不是政府短期的"突击行为",而是实现义务教育财政均衡的"长效机制"。要按区域推进顺序选择从县域均衡、省域均衡到全国均衡推进的财政政策。从义务教育均衡推进状况看,省际间义务教育的差距在短时期内缩小基本是不可能的。县域内义务教育均衡的重点是缩小城乡之间的差距,县级教育财政投入和省市级财政转移支付的重点在农村义务教育。贫困地区义务教育均衡的重点在县域内,高于和处在全国义务教育均衡平均水平的地区,推进义务教育均衡的重点在省域内。在同一区域内,以学生数量为标准,实行义务教育均等化拨款制度。推进县域内和省域内义务教育均衡,教育财政政策应是在同一行政区内对于实施义务教育的学校以学生数为标准,实行均等化拨款制度。四是根据不同区域内接受义务教育人口的数量,确定中央政府纵向财政转移支付的规模。

四、教育公共性建立需要进一步厘清政府、市场、社会三大主体关系。首先,要把优先、均衡、效率作为政府配置教育公共资源的基本原则,即教育公共资源的优先配置原则、均衡配置原则、效率配置原则。其次,要正视解决择校、重点校问题。也就是要加大教育投入,解决教育经费短缺问题;加强法律规范,实现校际间均衡发展和采取有效措施,改造和扶助薄弱学校。第三,要注重发挥社会非营利组织在教育的宏观管理中,维护教育公平,发挥独立的作用,公共参与教育决策、管理及其教育活动过程。

五、教育公共性实践的推进要重视彰显学校教育与社区互动方面的公共性。凸显社区公共性是当前社会公共事务管理的一个趋势。学校是社区中的正式组织,亦应是社会公共事务管理的内容之一。社区居民必须积极地、有组织、有系统地参与学校的教育计划、政策制定、解决问题以及评估。正是在这种参与中,公民才得以获得关于学校的第一手资料。他们可以提出问题,获得信息,表达观点,提出建议,对有争议的问题提出自己的见解。他们是决策过程中的重要一员,能促使学校跟上社会变化,促进教育变革。人们逐渐认识到,教育不仅是学校的责任,也是家长、社区和社会的责任。

2010 年 11 月

导　论

　　教育作为社会生活的重要组成部分,既受到社会生活及其各个部分的制约和影响,又通过自身的独立性对整个社会的发展产生影响。当前,教育作为一项相对独立的社会事业,对我国社会主义事业建设正发挥着日益重要的作用。它是社会公平正义价值目标实现的具体手段,承载着实现社会公平正义的价值理想的历史责任;同时又把公平正义作为自身的价值追求,实现着教育的公平正义理想,愈来愈凸显出教育公共性的价值特性,这是教育作用于社会生活、促进实现社会公平正义的重要一极。因此,以教育公共性为价值追求,寻求教育公共性的实现形式并提供完备的保障体系,就成了我国当前乃至一个相当长的历史时期内教育事业和实现社会公平正义的基本使命之一。而在教育公共性由预想、可能走向现实性之前,必须先行进行科学筹划,以为现代化的教育公共性提供应有的理论支撑和科学根据。

一、选题的缘由及意义

(一) 选题的缘由

　　研究教育公共性的基本理论及其保障策略,既来自于现实中教育公共性问题的召唤,又来自于教育公共性理论上许多模糊性认识需要澄清、基本观念需要重新建构的需要。在越来越强调公共性的社会变革中,教育作为公共领域重要组成部分的公共性是阙如的。"这一方面表现为,教育的公共责任意识薄弱;另一方面表现为,我们的教育可能造就出的是没有公共精神和公共理性的社会成员,可能无法培养出具有公共德行、平等意识和民主意识的公民。"①如果我们无意或不能改变这种状况的话,我们的教育可能无法真正地减少教育和社会中的不公正和不平等,可能难以真正地丰富公共利益和公共"善",无法为自由而繁荣的公民社会的发展作出贡献。

教育公共性的显现既是现代教育特性的一种时代变化,也是当代教育发展的一种新的价值诉求——即教育活动应以公共价值为导向。这种变化,需要教育政策、教育制度、教育观念等诸领域的全面变革。这既是实现教育的科学发展、和谐发展的时代要求,也是教育贯彻"以人为本"的理念、实现自身可持续发展的内在需求。因此,当前我国教育公共性问题备受关注。

1. 教育的公益性正经受挑战。 现代发展中国家,教育公益性主要是通过政府举办的公立学校来实现。国家的这个公立学校系统是实现我国教育公益性的最重要的保障机制。然而,在最近20年左右时间原先由政府基本垄断的教育体制,发生了深刻变化。特别是上世纪90年代中期以来,随着我国市场经济的发育,人们越来越认为,通过市场来向社会提供某些基本的教育服务,已经逐渐成为一种重要的教育运行机制。在这种日渐变化过程中,原先持有的政府与学校关系开始改组并分化,出现既互相联系又互相制约的学校、市场和政府间的三种力量。在这三种力量之间趋行

---

① 金生鈜.保卫教育的公共性[J].教育理论与实验,2007,(6).

运作的是:政府和市场分别代表了两种不同的教育产品提供途径。其中,政府不再垄断办学权利,转为主要负责宏观管理及统筹规划全国的或区域的教育工作,用必要的行政手段,如计划的、法律的、经济的、评估的、信息服务等去组织与领导。这种教育市场提供机制的典型特征,显然是以私益作为出发点和归宿,可能靠某种契约,使权利与义务、个人与社会之间得到平衡。而最终可以为公立学校提供教育服务的,并行使法律赋予的教育权利的,则是具有法人资质和经过法定程序设置的某些办学实体。在这一新变化面前,现行教育体制表现出极大的不相容性,尤其是在公立学校领域中某些改革举措的取向片面强调效率而忽视教育的社会公平,某些改革政策的实际效果有利于富人而不利于穷人,人们在问:在建立和完善与市场经济相适应的教育体制的过程中,政府和市场在教育领域中应如何发挥各自的作用?教育与市场究竟应构成怎样的关系?如何才能保证教育资源和教育机会的公平分配?因此,只有深入理解当前我国基础教育的基本价值,把握基础教育改革和发展中涉及的利益分配的复杂关系,才能最终提升基础教育改革的道德水准和改革决策的伦理质量。

2.**教育公共价值观念逐渐丧失**。教育基于正当性或正义性而关涉公民社会的公共事务及公民品质,它以对公共事务的关怀和公民品德的培养为旨归。教育的这个功能需要通过培养学生共同的价值观念来完成。然而自从近代以来,人类社会却进入一个价值分裂和价值多元化的社会,马克斯·韦伯所谓"理性为世界去魅"所导致的"诸神不和"的状况,就是对这种现象的说明。"我们的时代,是一个理性化、理智化、尤其是将世界之谜加以祛除的时代;我们这个时代的宿命,便是一切终极而最崇高的价值,已自社会生活隐没,或者遁入神秘生活的一个超越世界,或者流于个人之间直接关系上的一种博爱。"①一方面,经济改革给我国的公共生活带来意味深远的变化,公共生活的生态在相当程度上已由全民式的转变为群体式的和个体式的。尽管国家仍试图通过倡导全民式展开的伦理行为来规范、引导公共道德秩序,但实际情况是,道德生活价值取向的多样性已经在经济改革带来的社会结构变化中获得赖以生存的土壤,国家提供并规定的全民共享的价值体系已不再有社会的公共约束力。强制性地提供给每一社会成员的世界观和人生观,曾使全民式道德生活有一个可共享的价值意义体系,促成全社会的团结一致。如今,共有的价值体系已名存实亡,生活的伦理秩序失去了一致性,各种利益行为的冲突和某些极端的利益行为把社会推向道德失序状态。面对价值冲突与混乱,教育难以用一种主流价值观来培养学生的集体观念,其应对公共事务的关怀和公民品德的培养也就变得无能为力。

3. 现代教育面临分配优质义务教育资源的竞争。我国法律规定义务教育是公民的基本权利,因此,与以能力为本位的公平竞争原则不同,义务教育的完全平等原则不仅表现在儿童均应取得义务教育机会,还应该在受教育过程中得到一视同仁的对待,即享有同样质量的教育资源。

目前,虽然我国对教育资源的分配实现了从"一极"模式向"三元"模式的转变。也就是说,在计划经济时代,国家的"大公"统治的"一极"化模式使得国家成为教育中的唯一的绝对权力主体,家庭和其他社会组织机构在教育资源分配中几乎发挥不到任何作用。但是,在这种"一极"化模式下,教育几乎成为一个没有任何

---

① [德]马克斯·韦伯.韦伯作品集——学术与政治[M].钱永祥 等译.桂林:广西师范大学出版社,2004.190.

"私人性"的领域。然而,在目前教育资源分配体系中,政府、市场和社会三者共同参与到教育资源分配之中。在经济利益驱动下,许多公立的,所谓基础教育重点学校、示范学校挤占部分本应用于("就近入学"方式的)基础教育的优质资源,则冠予以市场运营方式形成所谓的"校中校"①,实行收费入学。尤其是由于受到市场经济的影响,我国目前教育资源的分配几乎完全限制于金钱和商品的自由交换的网络之中。正是由于金钱对于教育资源分配领域的垄断,使得我国教育领域中的贫富悬殊以及各种教育腐败现象日益加剧。

具体来说,这些问题主要表现在:首先,从儿童教育权利的角度看,儿童生存权和发展权的侵犯和剥夺,义务教育机会不平等。其次,从教育资源分配的角度看,农村教育资源远远少于城市教育资源;西部地区的教育资源少于东部地区的教育资源,基础教育经费比例低于高等教育经费比例。最后,教育体制中的权力制衡机制以及监督机制不够完善,无论"就近入学"还是"校中校",都没有体现社会公平的价值原则和法律规定的"义务教育的完全平等"。"就近入学"这一绝对性的规定,因其对公民"受教育的选择权"产生了危害,因而也是对教育公平的一种危害。每一位学生在基础教育的任何阶段都可能面临教育机会是否均等的挑战,面临分配优质义务教育资源的竞争。因此,应该重新思考和定位政府与学校、政府与社会、政府与市场的关系。

---

① 一些公办学校采取"一校两制"模式,同时挂公办、民办学校两块牌子,以民办学校的名义招收部分择校高收费的生源,或者对择校并缴纳高额费用的学生单独编班组织教学。这种做法在1998年国务院转发教育部《关于义务教育阶段办学体制改革实验工作的若干意见》中被禁止。但目前尚有不少。——作者注

4. 公立学校精神地位的丧失与教育的自我封闭。公立学校的精神气质客观地存在于学校成员的观念和行动中,也存在于隐性的各种规则中,同时这种精神气质规定着学校成员的行为方式、价值取向,决定了学校领域中的具体价值评价①。然而现代性使深层的价值秩序发生位移,"从哲学上讲,是感性价值压倒理念(精神价值),工具价值压倒实质的生命价值;从社会伦理学上讲,则是商人和企业家的职业价值、实业家成功的实用价值被推为普遍有效的德行价值;从文化秩序上看,是群众的评价压倒贵族精英的评价"。② 这种价值秩序的变化,不仅仅改变公立学校的生存样式,更是改变公立学校生存的标尺。公立学校所追求的不是探询善恶标准,而是寻求知识、技能的传授技巧;而商业价值的普遍有效,使得我们试图把学校经营成获利单位,学校通过各种方式扩张,把获得经济效益作为学校的第一目的。学校把教学、教师和学生作为实现经济资本的工具,对学生进行甄别、分类,推行隔离政策,一类按照学业成绩,把学生按照学业成绩分等,在学校之间、班级之间隔离起来,另一类则赤裸裸地按照身份,把农村儿童推向农民工子弟学校、打工子弟学校,彻底颠覆了正义与非正义之间的标准。

教育的本质特征公共性,决定了公立学校立足于公共领域,是公民社会的一部分,所以公立学校既不是国家领域中的行政组织,也不是市场领域中的商品市场。它运行的原则既不是按照权力运行的原则,也不是按照商品交换的原则。公立学校是作为公立场所而存在,作为公立教育机构而存在,因而,公立学校必须对所有

---

① 樊改霞.公共教育的现代性转型及其困境[D].南京师范大学(博士论文),2007,(5).

② [德]马克斯·舍勒.舍勒选集(上).刘小枫译.上海:生活·读书·新知三联书店,1999.468.

公众开放,不能带有歧视性和排他性,它的服务对象是整个社会,而不是局限于某个特定的阶层、特定的群体。公立学校是不同儿童共同生活的公立空间,是儿童共同学习成长的地方,面向所有儿童,保障每一个人的学习权利,实现所有儿童教育权利,尊重不同的思维方式和生存方式,它是尊重每一个儿童尊严的场所,公立学校存在的目的在于保障所有儿童平等的公民权利。我们必须保障教育机会和教育资源的公正分配,为每个学生公正、平等地提供发展机会和学习机会,对他们平等地尊重和平等地关怀。

学校自主性,是指学校能够自主地处理内部事务(如课程设置、教学方式、招生、教师聘任等)以及教师和学生能够对学术和社会事务自由地发表言论。显然,这种自主性在任何社会中都不是绝对的、毫无限制的,但是,学校有无相对自主性,有多大的相对自主性,仍然能够被清晰地分辨出来,并且其间的差别具有重要意义。首先,这种自主性使得学校在一定程度上摆脱权力集团的有产阶层的控制,从而使学校能够成为一种相对独立的文化力量。没有人天真到这样的地步,认为掌握政治权力的经济资源的集团会给予学校完全的自由,学校会成为完全独立的社会力量,因为,历史和现实都表明,权力集团和有产阶层都力图控制学校,而且它们的意图经常是成功的,就如同学校也力图影响社会并一定程度上达到目的一样。不过,学校充当一种相对独立的文化力量,这一点对社会的健康发展来说还是很重要的:这种力量可以制约权力集团或有产阶层势力的扩张,使各种力量之间构成更均衡的关系,至少,能够避免使自身成为某种力量任意支配的工具。其次,既然学校的自主性还意味着教师与学生的言论自由,它就能使学校成为生产和传播批判思想观念的沃土。没有言论自由,学校也会产生和传播思想观念,但这种思想观念不可能具有批判性,而只能是来自某种外部控制力量，对这种控制力量的意志予以简单认同的东西。同时，公立学校的教育目的、内容、体制、标准、责任、利益分配、权力监督等等，都必须是面向公众的，必须是为了公众的和由公众监督的。更为重要的是公立学校应该诉求价值引导，学校教育有双重目的：一是造福个人的美好人生和美好生活，二是造福社会追求社会福祉。

然而，据调查显示，北京地区中小学67.7%的学校在近五年同所在社区居民进行过共同活动，13.4%学校从来没有这样的活动。观察现实中各个国家的制度化学校，与外部公众有计划地交流和沟通的活动有的很充分，大多数学校与社区交流的范围是有限的，甚至是不存在的。这种局限性的表现是：社区沟通活动只局限于家长、与学校有关系的少数组织，因而学校获得的支持非常有限。[①]

学校是一个社会机构，是为公众服务的，允许公众使用学校建筑、设施，是与学校的这一性质相一致的。而现在，学校一到暑假、寒假，就铁门关得紧紧的，不要说周围社区公民，连自己的学生要进去打球、跑步，都颇费周折。[②]原因何在？陈独秀在《新教育是什么》一文中认为："新教育对于一切学校的观念，都是为社会设立的，不是仅仅为一部分学生设立的。自大学以至幼稚园，凡属图书馆、试验场、博物院，都应该公开，是社会上人人都能够享用，必如此才能够将那个教育与社会打成一片，必如此才能够使社会就是一个大的学校，学校就是一个小的社会，必如此才能够造就社会化的学校，学校化的社会。现在各学校门首大书特书的'学校重地闲

---

① 张东娇.公众、事务与形象：学校公共关系管理导论[M].重庆：重庆大学出版社，2005.179.

② 许纪霖.回归公共空间[M].南京：江苏人民出版社，2005.178.

人免进',明明白白的是要把学校与社会截为两段。"①

　　学校自传统的封闭系统发展至今,已逐渐转型为社区学校的开放系统,然而多数学校仍基于保护学校内部资源与环境的立场,不愿全面开放资源与设备供社区成员使用。

(二) 选题的意义

　　从世界范围看,教育的变革与发展正在呈现"公共性"这一新的时代特性。它不仅关涉教育经费的合理分摊和教育资源的优化,从而影响社会公众的共同利益,而且不可避免地与教育机会的公平、教育质量的提升和教育服务之公共职能的发挥等密切地交织在一起,其重要性不言而喻。但是,由于历史与现实的各种原因,现存的有关教育公共性的研究零散、片面、欠系统。因此,对教育公共性的基本理论及其保障策略进行探索具有重大的理论和实践意义。

　　1. 理论意义。任何理论都是理性对于现实的一种先行筹划,通过这一筹划,现实中零碎的、片面的、表面的各种要素得以整合,形成一定规则下的合力,获得行动的合法性。教育公共性及其保障就是通过对我国教育政策现状的考察、分析和实证探索,分析导致教育公共性问题的诱因,建构富有特色的教育公共性内容体系及保障策略。

　　力求梳理教育公共性的内涵及其基本理论。尽管在世界和我国范围之内的教育公共性探索由来已久,但是对于教育公共性的基本范畴、理论依据等问题莫衷一是、人言人殊,这样的境况为教

---

① 顾明远主编. 中国教育大系之马克思主义与中国教育(上)[M]. 湖北:湖北教育出版社,1992.19.

育公共性的实践在客观上造成了混乱甚至错误,也就降低了教育公共性价值目标实现的效果,更枉言对社会公平正义的践行和推动。所以何谓教育公共性?教育公共性如何体现?教育公共性存在哪些问题?公共性价值取向的教育谁有权利和责任负责实现?具体的教育实体谁来管理、谁来经营、怎样经营才能保障公共性教育价值取向的实现?诸如此类的问题都是需要从根本上廓清和厘定的,这也就成为追求公平正义的时代需要和教育理论自身发展的逻辑诉求。

力求通过社会现实和教育现实彰显出来的问题,对教育公共性的片面认识予以匡正。进入现代社会,尤其是改革开放以来,面对 21 世纪全球化浪潮的冲击,我国教育无论是从宏观的理念、体制,还是从微观的办学、课堂、教师行为都发生了各种各样的变化,从而为教育理论探索提出了新的课题。比如,如何从体制上理顺公立教育和私立(民办)教育,从经营上理顺公营教育和民营教育,从责任上理清政府、市场和社会资源在教育投入中的比例和方向,从学校办学的层面如何理清功利性价值需求和教育公共精神价值的实现。诸如此类的问题,都需要教育理论先行,教育公共性的理论探索便是应时而动。

力求探索完备的教育公共性的保障策略。任何价值诉求乃至教育价值目标的实现都离不开客观的、坚实的、有力的、有效的保障机制。而保障机制的构建则首先要从理论上回答教育价值取向方面有所关联的各种力量、实体、要素的教育公共性属性、教育公共性职责、教育公共性能力,明确责任,分工协作,最终生成合力,从各个方向上保障教育公共性的价值追求从预想走向行动,从可能走向现实。所以,教育公共性保障策略的系统探索是推动教育共性走向实践的具体行动指南。

(2)实践意义。在现代社会,任何实践都不能是盲目的实践,都必须是在科学理论指导下的实践。虽然作为一种实践指南的科学理论有时是一种理想的诉求,但是,作为现实的实践必须是有科学理论作灵魂的实践,只有这样的实践才不会在效果上产生巨大的误差和失误,同时这样的实践既可以检验理论,又可以在实践中丰富和发展理论。因此,理论探索本身既是对实践问题的高度回答,同时又是实践本身的直接要求。对于教育公共性的实践尤其如此。系统地探索教育公共性基本理论问题和保障策略就是在当代中国教育改革、实践和发展过程中对教育公共性实践问题进行宏观指导全义的剖析,为当前国家正在制定的中长期教育改革和发展规划纲要提供科学合理的政策建议,为我国教育政策的调整、完善、改进作出切实有效的贡献,对地方政府、教育行政主管部门运用政策资源、制度系统及配套资源,积极、高效地推进教育公共性的发展和治理,起到咨询和参谋的作用。

二、国内外研究综述

(一)国外研究述评

教育所蕴涵的公共性不是人为赋予的,亦非主观思维的结果,而是人类教育发展过程中所历史地展现出来的。这在西方近现代教育发展过程中表现得尤为明显。众所周知,在西方社会的前工业化时期,儿童教育主要囿于家庭范围,教育的公共性尚未显现。家庭作为社会生产与组织的基本单位,对子女享有绝对的权威和负有完全的责任。工匠的作坊或农人的田地是训练儿子的理想场地,家庭则是训练女儿的合适场所。儿童与成人都被禁锢在一个大家庭内,成人对儿童的教育与训练仅仅局限于那些对维持家庭生产力似乎是必要的内容。这种家庭式教育是在封闭状态下进行的,无论教育目的还是教育方式都是指向私人个体的,没有什么公共性可谈。然而,工业革命的来临打破教育活动的私人性,家庭作为自我生存的经济单位和训练场所的双重功能发生变化。家庭之外的各种经济组织迅速崛起,家庭不再具备从事经济活动的功能,其教育与训练功能也开始丧失,而穷人及残疾者的赡养更近乎一种社区责任。这样,儿童接受的教育逐渐成为全体社区成员共同关心的问题,教育的公共性开始显现,建立一种公共的教育体制已成为必然。①

资本主义国家政权形成以后,其建设不仅包括政府的政治和行政机构以及构成公共领域的由政府控制的机构建设,还包括国家权力的合法化,国家与民族意识形态和集体观念的内化。后者的需要间接地推动公共教育的发展,即利用公共教育向社会成员传播主流价值观,形成共同认知。这样,公共教育除了被用来为工业文明培养劳动者后备军,还具有为生活在一个多样化社会中的国民提供共同的道德价值体系的价值承担功能。② 顺应历史发展的需要,资本主义民族国家政权建立之后,不约而同地进行公共性教育改革。如在1794年,普鲁士《民法》规定所有学校(包括大学)都是国家教育设施,任何教育设施只有得到国家允许才能设立。这是学校从教会管理向国家管理过渡的标志。到了1850年,普鲁士又颁布《学校法草案》,规定学校经费由地方负担,国家给予必要的补贴,教师工资由国家开支,学生免交学费。随后又对国民学校

---

① 张人杰.国外教育社会学基本文选[M].上海:华东师范大学出版社,1989. 176—178.
② 陈俊山.教育公共性内涵的历史变迁及其对我国义务教育的启示[J].内蒙古师范大学学报,2008,(2).

的形式、内容和课程设置做了具体规定。法国则在1881年在《费里法案》中规定免除公共小学一切费用,家长负有送子女上学的义务,并强迫6—13岁儿童一律入学,政府负责检定教师任职资格。《费里法案》的颁布为近百年法国国民教育的发展奠定了基础,这也是教育公共性的滥觞。

而逐渐建立由专业教育人员进行管理的统一的公立学校体系,加强政府对教育的领导权,要求政府承担更多的教育责任,是由贺拉斯·曼(Horace Mann,1796—1859)领导的美国"公立学校运动"(Common School Movement)提出的。目的在于公立学校运动促使州教育委员会建立,将属于各学区的一些教育权收归州教育委员会行使,大规模征收教育税,在全州范围普遍建立共有性、公共性和普及性的公立学校体系。经过这个运动,到1860年左右,美国公立学校在整个初等教育领域占据主体地位。英国在1870年颁布的《福斯特法案》(Forster Act)中规定:各学区有权实施5—12岁儿童的强迫教育,国家拨款补助教育,并在缺少学校的地区设置公立学校,由学务委员会负责监督属地学区教育工作,并实行普通教学与宗教分离。1891年后,大部分初等学校实行免费教育。至19世纪后半期,面向世俗生活的教育开始普及,标志着国家控制教育权的公共教育制度在西方各国相继确立。[①]

但国家是否举办并管理公共教育,也遭到洛克、李嘉图、洪堡和斯宾塞等人的反对。反对者主要代表人物洛克认定"政府与人的德行和恶行无涉"[②],政府不得强人为善,善是私人自己的事情,

---

[①] 王震.转型期教育体制改革的经济学分析[D].中国社会科学院研究生院(硕士论文),2005.3.

[②] [美]纳坦·塔克夫.为了自由——洛克教育思想[M].邓文正译.上海:生活·读书·新知三联书店,2001.21.

政治权力不能延伸到私人领域中去。英国古典政治经济学的代表李嘉图(1772—1823)曾以边沁的功利主义为出发点,建立起以劳动价值论为基础,以分配论为中心的理论体系,竭力反对当时伦敦举办公立幼儿园的计划。德国近代著名的自由主义政治思想家、教育家威廉·冯·洪堡(Wilhelm von Humboldt,1767—1835)在写于 1792 年的《论国家的作用》①中坚决反对国家教育,国家本身不是目的,国家的基本任务是保障人的自由。未来的目标:按人的个性特点,最充分和最匀称地培养教育人的力量。洪堡对于这个目的更多地是从个性和习俗方面来界定的:人愈是自由,他本身就愈是独立自主,愈是会善意对待他人。他认为:"人共同生存的最高理想,是每人都只从他自身并且仅为他自己而发育成长。"国家必须做的事情就是要服务于这个理想——首先是不得提出一些强迫让个人与个人相结合的要求来破坏这种理想。②

而与此同时,极力倡导国家举办、管理的公共教育的代表有格林、包桑葵、霍布豪斯等人。到 20 世纪初期,教育理论界一些代表人物,如哥伦比亚大学师范学院教授孟禄在《教育史教科书》中强调教育发展与人类文明史之间的联系,斯坦福大学教授克伯雷在《美国公共教育》中强调公立学校的产生和发展是美国民主政治取得的最大胜利,他们普遍认为公共教育的举办是出于公众的需求,是民主政治的一种体现,公共教育不仅促进机会均等、促进社会平等,而且有利于个人圆满发展。马克思明确指出:"工人阶级应该保护自己阶级的年轻一代,公共教育对于他们的未来具有重要的

---

① [德]威廉·冯·洪堡.论国家的作用[M].林荣远 冯兴元译.中国社会科学出版社,2005.9.
② 林荣远.评《论国家的作用》[EB/OL]. http://bbs.okhere.net/dispbbs_292080_1412514_248874_skin1_0_0.html.

意义,因此必须为争取受教育的权利而斗争"。① 应该采取措施"对一切儿童实行公共的和免费的教育,使学校教育人人都能够享受"。②

到了20世纪20年代末30年代初,公共教育日益变成一项由国家政策包揽一切的官僚垄断事业,表现为:政府代表国家直接控制和管理教育,承担教育费用并配备教育资源,公共教育不仅实施免费、世俗和强迫的义务教育,而且从学费到午餐、从学校公共交通车到学生校服,从课程到教师评价,都由政府财政负担和在政府监控之下。

但是,国家管理教育的理论在20世纪60年代以来不断受到批评。1951年,克雷明出版《美国的公立学校:一种历史的概念》,1960年,贝林出版《美国社会形成中的教育》,他们强调教育与社会的相互作用和影响,批评克伯雷在公立学校问题上的进步主义观点,并指出美国公立学校不是民主高效的。凯次在《早期学校制度的嘲弄》和《阶级、官僚制度与学校》中,对政府创办公立学校的政治和经济动机进行批判,认为"公共教育建立本身就是中上层阶级希望通过学校体系使人们适应城市、工业社会的产物,这是学校官僚制度形成的原因,学校对出勤、纪律、秩序的重视反映了新工厂制度的要求"③。"公共教育建立的目的是便于上层阶级对学校的控制;公共教育在误导民众,向他们灌输错误的价值观,充满阶级和种族偏见,是官僚政治的代言人;公共教育并不意味着平等、

---

① 厉以贤 黎明德.马克思恩格斯教育学说探讨[M].北京:教育科学出版社,1986.46.
② 同上书,1986.51.
③ 林平.美国公教育新论:卡茨的观点[D].华东师范大学(硕士论文),2003,5.

民主,它一贯是保守的、种族主义的和官僚主义的。"①

20世纪70年代以后,以美国为代表的部分西方国家进行所谓的新自由主义改革,推行"去国家化"、公共教育市场化、公共产品和服务私有化。如1981年"美国公共服务不再以直接生产公共服务(如高速公路建设和教育)的方式来提供服务,而是从私人供应商(接受政府的包出任务)那里购买,或者向个人、机构和公司提供凭单,让人们去购买",试图把联邦政府对经济的干预降到最低限度。20世纪80年代以来,美国出现一些诸如"有吸收力学校"、"特许学校"以及"选择性学校"等新型学校。到20世纪90年代,美国开始推广教育券计划。在这种变化中,原先的政府与学校的关系开始分化、改组,出现政府、市场和学校三种既互相联系又互相制约的力量。其中,政府和市场分别代表教育这种社会产品的两种不同的提供途径。然而,近年来人们逐渐发现,在运用私人领域解决公共领域中教育问题的时候,必定给教育的公共性带来深远的影响和冲击。因为,仅靠市场力量,不能达到改革目的,反而会加大教育间的不公平。

伯克(Fred G. Burke)在《公共教育:谁来负责?》一书中认为,美国20世纪80年代以来的公共教育政策使得公共利益受到侵蚀,公共教育市场化使得公共教育的公共性丧失。他在前言中写到,国家教育政策制定中的非公共程序以及教育的地方控制使得全国性公共教育政策的缺失成为必然,而且制定这样的政策也是困难重重。教育政策形成中的私人网络的参与,教育地方控制原则的神圣不可侵犯,以及对联邦与州政府干预教育的怀疑都使得

---

① 鲍自斯:《资本主义与美国的学校》、卡诺艾《作为文化帝国主义的教育》以及齐苏《城市学校体制的演进》。

这种泛私人化过程让公共教育陷入无人负责的境地。卢宾斯奇(Lubienski)认为公共教育的准公共产品性质决定了公共利益受到侵蚀。竞争性教育市场鼓励学校关注于市场化、公共关系和学校形象的符号管理,而不是引导学校改进教与学,因为资金从教学资源投入转移到市场化策略中去。同时,市场化运动可能导致一些高质量的学校从中获利,使得质量较低的学校及其学生处于不利境地,这必然使一些利益群体从中获利,结果是个人利益居先于公共利益和教育的外部利益。

公共教育市场化使得公共教育的伦理丧失。帕奎特(Jerry Paquette)认为,市场化下推行的教育券制损害了社会的公平与正义。在他看来,把公共资金投入私立学校是反伦理的,因为它排斥经济处于不利地位的家庭从中获利,导致教育的价值整合力缺失。以市场为基础的公共教育改革只是偶尔在家长选择对了相对因素,与主流经济学分析相左,相对位置市场内的竞争只能导致无效率的结果,即相对位置竞争在一个限定性环境中对公共福利只有否定性的影响。择校制导致学校为生源而竞争,从而提高不必要的相对位置品(教育)的外部性问题。择校制实际上与市场原则并没有什么联系,自由市场主义者认为,教育消费者的自由选择导致学校间的更好的竞争与创新,从而可以改善学校教育质量的观点是值得怀疑的。私营不必在非营利组织之间形成竞争,因为非营利组织网络没有扩大服务的提供者数目,而是融到政策的形成与评估过程中。[①]

马斯特(Art Must. Jr.)在其主编的《为什么我们仍然需要公立》一书中认为,"私立学校选择"是很多人们主张按照经济模式对

[①] 潘希武.西方学者对教育市场化改革的检讨[J].教育科学.2006,(3).

公立教育改革这一观念的产物,但是没有证据表明这样的选择会改进公立教育质量,相反很可能会对教育造成损害。巴特莱特(Lesley Bartlett)等人认为教育市场化改革促进精英的种族和阶层利益,而排斥与损害贫穷的美国黑人家庭和学生的利益,教育市场化使公共教育的目的失去应有的地位。择校制,包括凭单制、特许学校和磁石学校使富裕的、白人家长和学生享有更大的特权,在规范的市场交易中获得优势。①

英国学者杰夫·惠迪、萨鲍尔、大卫·哈尔平在《教育中的放权与择校:学校、政府和市场》中抓住放权与择校两条公共教育推向市场的基本途径,通过对英格兰和威尔士、新西兰、澳大利亚、美国和瑞典等的公共教育的研究,说明市场导向的公共教育改革一方面增强公共教育制度的灵活性、多样性和自主性,扩大消费者的选择权,满足不同消费者的不同需求,提高学校办学绩效的责任意识,培植一种崇尚竞争、不断进取的精神,并可大大减轻国家对教育投资的负担;另一方面,它却又带来诸多弊端,加重社会不公平现象,扩大弱势群体与强势群体之间的差距,并且把那些因社会和地理位置被边缘化的群体排除在竞争和择校的新机制之外。因而,以市场为导向的公共教育改革在许多方面是不公平的,公共教育必须"在消费者和公民权利之间更好地平衡"②。通过对学校、政府和市场之间的关系进行深入研究,作者倡导应当在效益和公正的原则基础上超越放权和择校。

鉴于以上分析,我们认为:近代西方社会教育公共性的变迁表明,公共性活动的教育是以追求公共利益为目的。"公共利益是教

---

① 潘希武.西方学者对教育市场化改革的检讨[J].教育科学.2006,(3).
② [英]杰夫·惠迪 萨莉·鲍尔等著.教育中的放权与择校:学校、政府和市场[M].马忠虎译.北京:教育科学出版社,2003.79.

育这一公共性活动存在的根据,是一种对个人利益的超越,是公众对社会文明状态的一种愿望和需要,具有整体性和普遍性的特点,即公共利益在主体上是整体而不是局部的利益,在内容上是普遍的而不是特殊的利益。"①但是,教育作为一种公共活动,其公共利益和私人利益又不是决然对立的,而是辩证统一的。个人私利和个人权利是公共利益存在的前提。主要因为教育的公共利益存在于规范个体寻求其私人利益的努力之中,同时公共利益又可被用来为私人利益的追求提供基本的公共设施和普遍分享的价值。在此意义上,教育的公共利益又与私人利益处于紧密的关系之中。这主要是由教育之公共性活动的公益性决定的。哈贝马斯把其公共领域描述成一个向所有公民开放,由对话组成的,旨在形成公共舆论,体现公共理性精神,以大众传媒为主要运作工具的批判空间,本来意义上的公共性是一种民主原则,这倒不是因为有了公共性,每个人一般都能有平等的机会表达其个人倾向、愿望和信念,即意见;而是只有当这些个人意见通过公众批判而变成公众舆论时,公共性才能实现。综上所述,不难发现其公共性以批判与开放为特征,以自由、民主、正义为基石。而这也正是现代教育公共性的最基本特征。从西方关于教育公共性实践和理论的探索,我们可以看出,教育公共性理论和实践的发展,虽然更多地体现于西方世界,但是作为一种现代化的现代性现象具有普世意义和普世价值,因此这为我们探索教育公共性提供了合法性来源,同时,也为具有普世意义的教育公共性理论如何中国化提供了理论前提和实践借鉴。

---

① 蒲蕊.公共利益:公共教育体制改革的基本价值取向[J].教育研究与实验,2007.(01).

(二)国内研究述评

当前,对我国公共性的研究,在哲学研究领域近几年较为活跃,但在公共性研究领域也存在分歧,大致有两种认识①。一是认为,历史上我国是一个完全家国一体的传统集权国家,没有任何市民社会和公共领域可能的生长机制,也不存在公共领域的历史传统和土壤。原因是我国自进入阶级社会以来,统治者实行的多是专制统治,公共领域的形成与市民阶级对公共权力的批判是以市民阶级对人性的自我理解或私人自律为依据的,真正意义上的公共领域难以形成。从我国长期政治传统看,从来没有明确地划分公域与私域的实践和观念,受几千年儒家传统文化的影响,中国人缺少公共领域所必需的批判精神。从中国历史分析,政治和经济始终以两种突出的力量影响着传媒管理制度的变革。"政府对传媒行使着绝对的领导权,传媒的作用被限制在十分狭小的领域"②。伯克利加州大学亚洲研究所中国学家魏斐德(Fred Wakeman)教授认为哈贝马斯批判的意义上的公共领域概念不适合中国问题的分析,反对把公共领域分析范式用于解释中国的有效性,并在《市民社会和公共领域问题的论争——西方人对当代中国政治文化的思考》中指出,"虽然1900年以来中国出现了社会公共空间扩大的趋势,但是国家强制权力也在持续扩大,并没有出现哈贝马斯意义上的公共领域"。也有人认为,中华帝国晚期活跃的公共生活领域的行为多半被当成对国家自身的一种非正式辅助,虽可能对中央权威发动地方性挑战,却永远不是在体制的基础上对国

---

① 彭立群.公共领域与宽容[M].北京:社会科学文献出版社,2008.43.
② 敬海新.公共领域理论研究的范式分析[J].江西行政学院学报,2008.(02).

家的挑战。马敏、朱英则以中国早期商会作为切入点,通过对20世纪初以商会为代表的民间社会力量的考察,论证19世纪以前的中国社会不存在任何类似于西方那样脱离于国家控制的独立的公共空间。邓正来、景跃进等学者则持相反态度,认为中国历史上存在着公共领域。通过考察明清以来中国公共领域发展状况,深刻挖掘中国的文化传统,并进行大量的实证分析,通过商会、学社、报刊等中国公共领域的形式,认为中国具有构建公共领域的历史传统与现实土壤,也就是说,在中国构建公共领域不仅是可能的,而且是现实的。

我们分析认为,尽管我国缺乏西方公共领域得以产生的成熟的市民社会和市场经济,缺乏公共精神和公共生活等基础,但仍具有公共性的萌芽。当然,其本意远没有西方语境下的公共领域、公共性意义丰富,公共领域和公共性在我国传统上是以"公"、"公共"、"共同"来指称的。《汉语大辞典》中,"公共"指多数人共同或公用。"公"作为中国传统文化的重要语汇和观念,至少已经有2500年历史。我国学者陈弱水对"公"本身的社会、政治、伦理意蕴进行阐释,梳理出中国传统文化中"公"观念的五大类型并给予界定和描述,认为中国传统文化中的"公"这一集体意识或观念在漫长的历史长河中经历复杂的分化和演变:从"朝廷或政府事务"到"普遍、全体",及至"天理、道、义、无私",再至"建立在'私'基础上的普遍、整体",直至"共同、众人"等演变过程。[①] 由"公"含义在中国传统文化中的嬗变不难看出,中国很早就已有公共性的萌芽,而且在一定时期内确曾与现在所谓的公共性有了某种历史关联。

---

① Ashby and Anderson, *Universities: British, Indian, African; a Study in the Ecology of Higher Education*, Harvard University Press, 1966, 296.

但由于其产生的条件以及社会文化背景等不同于西方,最终也没有发展为西方意义上的公共领域和公共性。

中国的"公"观念更多的是指政府和个人相对的伦理规约。特别是儒家政治思想与伦理道德学说以其官方意识形态的优势对民众灌输"三纲五常"的理念,宣扬君主专制的"天理性"与尊卑从属的"天然性",把君主的绝对权威引申给父权和夫权,使得"官本位"、"权力本位"、"伦理本位"成为我国传统社会的重要特征。表现在当前行政过程中,就是人们常见的"上行下效","唯上是从",只对人,不对事,以及"人情风"、"裙带风"盛行,混淆公私界限。可见,中国的"公",伦理、规范的色彩特别强。另一方面,公与私是绝对相对立的,公共的东西不可能从私人的东西中产生,只有在排除私人的东西之后才能形成。譬如,"大公无私"、"公而忘私"等价值理想,就折射出公与私的对立关系,完全不同于西方公以私为基础而具有一致性的观念。自20世纪初,国人就不断地检讨自己的文化,批评国人缺乏公共意识,行事只顾个人利益与方便,不懂得改善和经营公共生活,不善于处理公共事务。用梁启超的话说,就是"一涉公字,其事立败"(1916年《国民浅训》)。国人公共意识普遍薄弱,公共精神缺失已是不容回避的现象,诸如"天下为公"等价值观念,在封建社会中大多只是一种理想。"普天之下,莫非王土;率土之滨,莫非王臣。"正如梁启超所指出的,中国旧思想,"国家与人民全然分离,国家者,私物也。"被驯服的臣民们只需按照来自国家、家族或社会的各种指令来安排自己的生活,无法形成公共精神。林语堂曾说中国人"缺乏公共精神",其缘由在于中国传统社会家族制度的根深蒂固。[①] 公共精神的缺乏在于公共生活的缺

---

① 林语堂.中国人[M].上海:学林出版社,1994.180.

乏。在一个相当长的历史时期内,中国既没有公共生活也没有私人生活,只有家族生活,或者说家族生活就是公共生活,就是私人生活。个人是虚幻的,家族是唯一的实在,个人被消融在家族中。在这个场景中,个人只能在麻木浑噩中生长出家族精神。然而,家族精神、家族生活又并不等于公共精神、公共生活,这不仅是家族生活以血缘为纽带,因而它对于家族血缘联系以外的人难以产生认同,中国人总是要区分出自己人与外人,更重要的还在于公共生活是建立在个体人格的基础上,而家族生活貌似公共生活,以一种公共的面目出现,其实这是一种没有公共的公共,在家长制之下是不可能生长出公共生活及其精神来的。① 美国传教士明恩溥在1894年出版的《中国人的素质》一书中写到:孔子在《论语》中说过一句话,表达了人们对公共事务的态度"不在其位,不谋其政",在我看来,这句话在一定程度上是结果,而极大程度上是中国人普遍对不属于自己负责的事情不感兴趣的原因。② 既没有真正的公共生活,也没有真正的私人生活,这正是中国数千年宗法等级社会的基本特征。

　　1949年中华人民共和国成立,为建立一种公共领域与私人领域分化的现代社会提供了机缘,可是因为种种原因,这种机缘没有转化为现实。新中国建立以后,在一个相当长的时期之内,人们生活中也存在着两个越位:公共生活对私人生活的越位,国家生活对社会公共生活的越位。这两种越位在造成社会生活僵滞的同时,又严重地阻碍着社会迈向现代化的步伐。改革开放后,市场经济在中国的逐步建立,孕生出无数相对独立的利益主体。正是在对

---

① 王锋.行政正义论[M].北京:中国社会科学出版社,2007.176.
② 明恩溥.中国人的素质[M].上海:学林出版社,2001.96.

自己利益追求的过程中,人们产生了维护自己正当权益的要求。"在市民社会中,每个人都以自身为目的,其他一切在他看来都是虚无。但是,如果他不同别人发生关系,他就不能达到他全部目的,因此,其他人的关系就取得了普遍性的形式,并且在满足他人福利的同时,满足自己。由于特殊性必然以普遍性为其条件,所以整个市民社会是中介的基地。"① 在现代法治观念中,个人与国家是一种相互负责的关系。具体而言,公民如果生活在一个对公民负责的国家,就一定能够激发起公民对国家、对社会负责的精神。

当前,国内学者从社会领域分化的角度分析公共性。认为,公共领域与私人领域,国家与市民社会,政治生活与经济活动,具有对应的相关性。整个近代社会发展史的客观进程,都在于使公共领域与私人领域日益分化。也就是说,整个社会就成了公共领域与私人领域的整合体。社会分化为公共领域与私人领域的过程中,也是国家职能开始分化的历程,除出现国家职能多样化趋势,其中统治职能与管理职能是最为基本的两大职能。其中统治职能是在统治集团和被统治集团的关系中实现的,虽然它表现出一定的现代公共性的内容,但本质上是与公共性相悖的。在管理职能中,公共性则是其最为根本的特性,特别是现代公共管理理论中管理已是一个纯粹的公共领域。

在教育研究领域,大都集中在探讨公共领域下的公共性以及教育公平与公正等问题,并着眼于政府、市场与社会间的教育属性关系研究等不同的学科领域问题,但直接对教育公共性理论和内容、多中心治理与保障等问题的系统研究目前还没有人涉猎。

关于教育属性(主要是教育公共产品属性的分析与研究)研

---

① 黑格尔.法哲学原理[M].范扬 张企泰译.北京:商务印书馆,1961.197.

究。进入21世纪,教育产业化的弊端与问题,使得国内对市场、国家与教育的关系,出现一些专门研究。如劳凯声教授撰写《面临挑战的教育公益性》、《重构公共教育体制:别国的经验和我国的实践》,纪宝成在《"教育产业化"是一种误导》,张人杰在《"教育产业化":一个存疑的命题》中提出,教育不是产业,不能市场化;刘复兴则提出公共教育运行的只能是准市场制度。

我国政府从来反对片面强调"教育产业化"。对此,原国务委员陈至立就提出过坚持教育的公益性,不能搞"教育产业化"的精辟阐述:

> 我们历来不主张"教育产业化"。当前,必须更加强调坚持教育的公益性原则,切实履行好教育的公共服务职能。教育要为经济建设和社会发展服务,要深化改革,适应社会主义市场经济体制的要求,但教育不等同于经济活动,不能以营利甚至牟取暴利为目的。有人提出"教育产业化",尽管其促进教育发展的动机是可以理解的,但实践表明这样做社会效果并不好,而且会出问题。现在,有的地方把"教育产业化"作为办教育的指导思想,减少教育投入,造成种种乱收费、高收费,损害了人民群众的利益。对这些现象,群众意见很大,应坚决纠正,决不能任其蔓延。
>
> 在现阶段,学前教育、高中教育、职业教育、高等教育是非义务教育,其办学成本由政府和公民合理分担。需要强调指出的是,由于教育的公益性特点,政府对非义务教育要加大投入,承担主要的办学责任,决不能让公民教育负担过重。
>
> 不搞"教育产业化"不等于我们不鼓励民办教育的发展。

但民办教育也应核定教育成本,合理收费。我们鼓励社会各界依法投资办学,允许合理回报,但坚决反对牟取暴利。①

教育就其总体而言具有公益事业和产业的双重属性,据此也应进行相应的制度设计。党的十七大报告提出:"坚持教育公益原则,加大财政对教育投入,规范教育收费,扶持贫困地区、民族地区教育,健全学生资助制度,保障经济困难家庭、进城务工子女平等接受义务教育。"②事实上,对教育属性的界定,要建立在国家对其所提供的教育产品属性界定的基础上,教育产品首先具有公共性,因此教育首先是一项公共事业。逐渐多元化的教育产品也具有公共产品、准公共产品、私人产品等不同属性,这就决定了一部分教育会具有公益事业和产业的双重属性。③ 因此,在制度建设和制度设计中需要公平和效率的平衡或寻求最佳结合点,是新时期教育体制改革与创新的新课题。

我们认为,在体制创新上,既不能选择纯粹的市场,也不能选择纯粹的政府,而是两者相互作用,应注意避免政府与市场的内在的缺陷。中国现阶段进行的教育体制改革或者正在制定的国家中远期教育规划目标,也是在计划经济体制基础上建立起来的。因此重视教育与市场的关系,市场对教育发展的多方面影响,尤其是对教育资源配置的基础调节作用,是改革的重要参照和取向。但是,教育的公益性与市场作用的盲目性和局限性经常会形成激烈

---

① 陈至立.促教育公平公正 不搞"教育产业化"[N].人民日报,2005-12-26.
② 胡锦涛.高举中国特色社会主义伟大旗帜 为夺取全面建设小康社会新胜利而奋斗——在中国共产党第十七次全国代表大会上的报告[R].北京:人民出版社,2007.38.
③ 中央教育科学研究所.改革开放30年中国教育改革与发展课题组.教育大国的崛起(1978—2008)[M].北京:教育科学出版社,2008.112.

的矛盾和冲突,这就决定政府依然要在教育改革和发展中负有主导、服务和监督的责任。

只凭市场力量,难以保证教育资源配置的公平,反而可能扩大教育的贫富差距。但政府作用也存在局限性,由于政府及其主管部门在管理方面存在信息不对称,经常会导致在办学和管理方面存在较高的沟通成本,在某些方面其效率又往往低于社会平均的教育产出水平,从而在一些领域出现"政府失灵"现象。可见在体制创新上,既不能选择纯粹的市场,也不能选择纯粹的政府,而是通过两者的相互作用激发教育资源不断丰富,在一定程度上避免政府与市场的内在缺陷。政府要从"全能政府"向"有限政府"转变,从过度过多的行政指令向依法执法转变,进而逐渐变形为"服务型政府",形成政府与市场间合理、和谐的正常博弈关系。

因为,教育作为一种社会的公共事业,它所提供的是一种公共服务,它由运转并依赖的资源,所提供的产品以及自身活动的进行,都具有某种程度的公共性。强调的是社会公共利益和社会公平,在谋求社会福利的基础上促进社会和个人的发展。

关于教育公共性的法理研究。主要探究了教育法权与教育制度等问题。认为:长期以来我国将教育公共性理解为教育管理如何实现国家的教育目标,体现教育根本特征的公共性及其内在属性却并不为重视,从而使教育立法重权力与秩序,轻权利与自由,在价值上偏离了公共性的要求。[①] 在以引入市场机制为核心的教育改革过程中,我国教育立法显现出较大缺陷,不但公民平等的受教育权利受到冲击,社会公共利益也难以得到有效保障,教育

---

① 余雅风.教育立法必须以教育的公共性为价值基础[J].北京师范大学学报(社会科学版),2005,(01).

事业面临公共性危机。必须将教育公共性作为教育立法的基本目标价值。

研究认为,教育公共性要求教育立法能够保障教育的科学、合理性,即教育立法应能客观反映教育规律和促进教育的发展,具有理性及合法性。并认为,理性是立法的基本概念和范畴之一。教育公共性要求教育立法能够保障教育的公益性,即教育立法应能保障教育使个人与社会同时受益功能的实现。教育公共性要求教育立法能够保障教育的公平性,体现教育权利的平等保护观念。为实现教育机会平等,国家除了提供物质援助以消除由于经济原因导致的教育机会不平等,同时还必须提供有效而完善的制度保障,以图消除来自各方面对公民受教育权的侵害,达到所有人的入学机会、教育过程以及教育结果的实质性平等。教育公共性要求教育立法能够保障教育的民主性,保障教育决策、教育资源分配、教育信息等的开放性和透明度。逐步打破教育由少数人、特别是社会统治者垄断、主宰、专制,而使之为越来越多的人所享用、掌握和利用。传统行政权力的重要特征是它的封闭性,极少关注社会对它的反应和需求。文章最后认为,教育公共性也从价值与规范两个层面对教育立法提出要求。第一,教育公共性表明教育的责任和功效,是教育立法的应然性状态。教育公共性使立法有了一个基本的价值目标和价值取向,即应当通过立法,实现教育既使社会受益,又使个人受益的责任和功效。第二,教育公共性在法律规范上的具体体现,是教育立法的实然状态,即如何通过立法实现教育既使社会受益,又使个人受益的责任和功效。

教育法律的一项很重要的使命就是要对教育本身所具有的公共性进行强制性的捍卫与保障。苏君阳认为:公共性是义务教育的一种基本特性。义务教育的公共性主要由免费性、世俗性、平等性、责任性与强制性五个部分组成。新修订的《中华人民共和国义务教育法》对于义务教育的公共性作出了积极有效的回应。① 新的教育法律制度和教育法律文化并非由政府创造,而只能产生于社会的发展之中,实现教育公共性的最终动力存在于社会自身。政府的作用是将教育领域逐渐成熟的制度上升为法律,即以法律的形式对自发形成的教育制度和规范予以确认和规范化。正如马克思所言:"立法者应该把自己看作一个自然科学家。他不是在制造法律,不是在发明法律,而仅仅是在表述法律,他把精神关系的内在规律表现在有意识的现行法律之中。"② 唯有如此,教育法律制度才能真正表达教育发展的客观规律和要求,并与教育领域的其他非正式制度相契合,从而真正反映教育公共性的要求。

关于教育公共财政(经济)研究。主要研究教育的公共财政投入、公共教育支出政策和公共教育财政政策评估等领域。如,商丽浩博士的《政府与社会:近代公共教育经费配置研究》,王磊博士的《公共教育支出分析:基本框架与我国的实证研究》,栗玉香博士的《公共教育财政支出决策权配置格局的理性思考》,魏真博士的《我国公共教育财政政策评估研究》,邱伟华博士的《公共教育与收入差异——基于公平视角的研究》。研究认为,教育,一方面被看作是可以加以抑制的公共消费的一个组成部分,当作可以同失业进行斗争的首要工具;另一方面,由于引入市场的运作机制,因而被很多利益主体视为其实现私益的方式和途径。教育公共性的内涵较以往发生了巨大的变化。由纯公共产品向准公共产品过渡。在

---

① 苏君阳.实现义务教育公共性的法律解读——《中华人民共和国义务教育法》修订后的思考[J].中国教育学刊,2007,(03).
② 《马克思恩格斯全集》(第1卷)[M].北京:人民出版社,1995.347.

传统上,人们一般认为教育的消费具有典型的非排他性和非竞争性,因而是一种典型的公共产品,其组织和供给都必须由政府来完成。与此相适应,教育被当作不得有任何营利性的一项公益事业,不得有丝毫的市场介入。现实中,大量存在的是介于公共产品和私人产品之间的一种产品,即准公共产品。准公共产品的消费特征,一是拥挤性,在一定的容量范围内,使用者之间没有竞争,但到达某一临界点拥挤点时,容纳或供应一个追加的消费者的成本将大于零。二是局部的排他性,此时通常存在某种技术,可以排除某人的使用。陈俊山认为,教育并不是真正意义上的公共产品,它具有准公共产品的性质。对于教育这种产品性质的重新界定,使得人们对于教育的供给方式和财政来源有了新的认识,既然教育属于准公共产品,那么在供给方式上就为私人参与提供了一种可能性。不仅如此,准公共产品由政府提供或参与提供,并不意味着应由政府来生产。这种公私混合的产品供给方式也是成功的教育产品的供给方式和投资主体的时代变化,引发了人们对公共教育性质的重新思考和定位。①

市场竞争导致学校两极分化,出现了"择校热"和教育腐败现象。市场机制对教育资源的分配坚持"效率优先"的原则,这种高效率通过价格机制、公平竞争机制和自由选择机制来实现。在市场机制进入教育领域后,教育资源的配置路径发生很大变化:一方面,一大批优质教育资源流向重点学校或在市场竞争中处于优势地位的学校,使这些学校办学条件和办学质量日益提高;另一方面,在市场竞争中出现大量薄弱学校,这些学校教育教学资源极度

---

① 陈俊山.教育公共性内涵的历史变迁及其对我国义务教育的启示[J].内蒙古师范大学学报(教育科学版),2008,(02).

匮乏,教学质量每况愈下。学校两极分化的结果是严重的"择校热"。那些在市场竞争中产生的所谓"名校"充分利用市场机制,在蜂拥而来的生源市场中收取高额学费和花样不断翻新的各种费用,从而为教育腐败现象滋生开了方便之门。近些年来,教育乱收费屡禁不止,即是这种情况的反映。可以说,学校两极分化与教育腐败现象是相伴而生的,都严重背离教育公共性的特征。同时,市场化区域之间和城乡之间教育的差距拉大,受教育机会不均等程度加深,不仅制约了国家和社会的整体协调发展,而且加剧受教育机会的不均等,导致教育公平的丧失。①

通过对国内研究的梳理,我们发现:在教育研究领域,大都集中在公共教育问题领域的研究较多,主要涉及公共教育经济学领域,研究了教育的公共财政投入、公共教育支出等问题;教育法学领域,主要探究了教育法权与教育制度等问题;政治哲学的角度,主要探讨在公共领域下的公共性以及教育公平与公正等问题;从教育管理学的视野,主要探讨公共教育政策与管理,着眼于国家、市场与社会间的教育关系以及教育产业化的研究等不同的学科领域问题,但对教育公共性缺失或者消解的原因论述较少,对如何从多中心治理与保障教育公共性的系统研究还没有人涉猎。

三、研究目的、路径与方法

(一) 研究目的

教育公共性问题由来已久,但是系统阐明教育公共性及其理

---

① 鲍传友 邓涛.论市场经济条件下义务教育的公共性[J].中国教育学刊,2006,(3).

论依据,并在实践上构建教育公共性保障的系统理论还未有涉及。本研究力求在理论上系统探讨教育公共性的基本问题,从现实领域探讨导致教育公共性消解的原因,力求在教育政策的实践上厘清教育公共性的内容体系和保障策略,为保障教育公共性提供科学的理论依据。并力求对地方政府、教育行政主管部门运用政策资源、制度系统及配套资源,积极、高效地推进教育公共性的发展和治理,起到咨询和参谋的作用。

(二)研究内容

通过对国内外教育公共性已有研究成果的梳理、分析、综合和概括,结合中西方国家取得的成就,针对我国教育实际,在考察和案例分析研究的基础之上,追查教育公共性存在的问题,追寻导致该问题的诸多因素,并从制约教育公共性的核心内容的教育财政、教育资源、公共教育环境等领域构建保障措施。这将对于我国教育公共性问题的合理、有效、全面解决起到关键作用,从而确保我国教育的公平、均衡发展。突出对教育公共性保障体系问题分析立场的时代性和中国性。

(三)研究路径

本研究主要是以政治哲学和社会学为研究视角,基于治理和建构教育理想的意向,从"什么是教育公共性"这样一个实践性问题出发,力求通过学理分析,指出教育公共性的根本特质是平等性和公益性。教育公共性是现代社会的核心特征,是民主政治的基石,是政治领域的理想呈现,是政治领域的规范化。公共性和公共利益能否得到维护和保证,是评价与衡量基础教育特别是义务教育改革与发展的最重要的标准。但是,在社会变革日益深入的现代性浪潮中,社会转型带来的教育转型及其改革并不理想,带来的是教育的不公平、不平等,教育公共性严重失落。为此,本研究通过借鉴国内外相关研究成果,以"政府(代表的是法权和制度)、市场(代表的是责任和信任)、社会(代表的是尊重和管制)"为主要观测点,建构一个多中心治理保障教育公共性的内容体系分析框架。紧紧围绕"相互承认的法权和制度"、"相互承诺的责任和信任"、"相互尊重的管制"三项交叠互补的线索,对教育公共性及其多中心治理保障机制做深入分析。

具体来说,论文的一条路线是试图寻求教育公共性的内涵及本质特点,力求凸现教育哲学对事物本源认识的功能诉求。首先通过词源学进行概念的厘定,寻找教育公共性的理论源头,通过对公共性等相关概念的剖析,进而从希腊城邦的政治理论中分析公共性的古典渊源,探询教育公共性的原初形态,指出城邦在追求并实现公共福祉、公共善,关怀公民美德,是蕴涵公共性的教育;并在此基础上探讨教育公共性的内涵和属性及内容特点等。这条线成为最终提出教育公共性的理论基础。

另一条路线则力图反省现实中教育公共性践行中存在的矛盾与问题,并以多中心治理理念,试图从公共服务、公共财政、公共资源、公共环境视域为教育公共性这一价值理想的实现提供有利和完善的保障。在此路线中,集中探讨教育公共性的发展路径,指出人的个体化和社会结构中私人领域的出现,使得教育公共性的根基断裂。政府、市场、社会三方面转型中带来的困境,导致教育公共性的消解。同时对我国教育状况进行历史反思与现实分析,研究指出中国近代曾有过对教育公共性的理论诉求,但这种理论诉求并没有转化为一定规模的实践。分析认为现代中国社会是一个公共权力精英化、公共领域隐匿化的私性社会,因而现代中国尚缺乏教育的公共性。基于对教育公共性理念的把握,本研究指出,教育公共性的重建需要公民社会作为土壤,公共领域作为基石,以培养公民作为根本方式,以改造公立学校的精神气质作为教育公共性建构的价值平台。

(四)研究方法

研究对象的特征决定研究方法。通过以上分析,我们首先确定教育公共性的复杂性特征,这就需要我们采取文献法、历史分析法和个案分析(实证研究)法对其加以研究。

1. 文献法。文献法既是一种单独的研究方法,也是其他研究方法的初步工作,是对前人和他人的相关研究成果进行总结和梳理的工作。文献研究可以使我们从他人的文献资料中汲取营养,扩展思路,并在前人研究基础上有所创新。本研究拟通过文献研究查阅书籍、著述以及检索期刊网,翻阅最新期刊,收集与本文相关的资料,厘清他人在此方面做的工作,概括其所取得的成就、研究存在的缺陷以及面临的困惑,结合时代发展特征和未来发展趋势,初步确立具有可操作性的教育公共性内容体系与保障策略。

2. 历史分析法。历史分析法是在一定的社会历史环境中,根据对象的发生、发展变化的分析,总结出研究对象的发展规律和特征,分析现阶段的特征和表象,预测未来的研究方法。在教育公共性的研究中,重点是从教育的历史发展过程中,分析公共性、教育公共性理论的依据,分析教育公共性存在的问题及原因,并从当前教育事业发展中分析教育公共性的必要性。因此,这种历史分析法在整个教育公共性研究中起着非常关键的作用。

3. 个案分析(实证研究)法。采用具体问题具体分析的研究态度,选择2个有代表性的样本——德州市平原县、东营市广饶县进行专门研究,对提出的教育公共性内容实施进行系统的实验研究,以验证所构建的理论对促进教育公共性问题解决的可行性和科学性,并作理论概括,为切实推进教育体制改革提供方法论支持。

(五) 研究规约

教育公共性是由"教育"和"公共性"构成,由此教育公共性问题的研究方式,就会地出现两种思维方式:一是依据公共性理论考量教育的公共性问题。强调教育公共性是社会公共性在教育中的具体表现,是社会公共原则在教育活动中的具体运用。二是从教育活动的具体过程或领域出发考察教育的公共性问题。两种思维方式理解的教育公共性角度是各不相同的。本研究主要以第一种方式为主,兼顾第二种方式表征的必要因素。教育公共性中的"教育"是指义务教育。

第一章　教育公共性及其理论基础

> 公共性是一个介于私人领域与公共权力领域之间的中间地带，是一个向所有公民开放、由对话组成的、旨在形成公共舆论、体现公共理性精神的、以大众传媒为主要运作工具的批判空间。
>
> ——[德]哈贝马斯

教育公共性概念本身是由"教育"和"公共性"构成，但并不是两个概念的简单组合连接，而是以公共性为中心，对教育这一社会现象及本质，用公共性的思想理论，进行社会学、政治学和哲学的批判和建构的运思活动而表达的概念。这是本研究中教育公共性概念的逻辑起点，即把教育公共性界定为公共性的延伸概念，主要立足教育外部的社会属性层面的公共性，从公共性概念分析入手，探求教育公共性内涵极其保障的条件和策略。教育本体内部蕴含的公共性不是本研究的重点。因为，从社会整体的角度，是把教育系统看作成社会系统的一部分，制度化的教育意味着教育首先是作为一种制度来运行的，这种制度的公共性运行是社会对教育的一般伦理要求。

一、教育公共性的内涵

(一) 公共性:一个多维广义的概念

在西方,公共领域的诞生是与17—18世纪欧洲社会所涌现出的对"公共利益"的追求相契合的,并导致诸如各种形式的公共议论和以公共事务为目的的自发性组织的诞生。"公共利益"是历史悠久的罗马观念,其本意是社群的整体利益,实际上多指国家所维持的法律与秩序,但在中古、近代之交,成为指称农村与城市平民福祉的政治社会价值。人们普遍认为"公共"一词有两个起源:一是来自古希腊语"pubs"或"maturity"。在古希腊语中,这两个语词表示一个人在身体上或智力上已经成熟,能够超越个人利益去理解并考虑他人利益,这意味着他已经具有了公共意识,是一个人成熟并且可以参加公共事务的标志。二是起源于古希腊语"koinon",英语"common"一词就来源于该词。其意为"共同"、"关心",它意味着人与人之间在工作、交往中相互照顾和关心的一种状态。[①]在古希腊社会,城邦是一个政治共同体,政治生活是城邦公共生活的全部,因而,城邦所有公民通过交谈和行动达到一种公共性,其目的是使公共善最大化。[②] 在论及近代公共性时,许多学者都以此为对照,指出近代公共性的丧失[③]。他们认为,在近代功利哲学和市场经济的趋利价值观的共同催生下,古希腊公共性的含义进一步丧失,指出:"通过集

---

① [美]乔治·弗雷德里克森.公共行政的精神.张成福 刘霞译.北京:中国人民大学出版社,2003.18—19.
② 王锋.行政正义论[M].北京:中国社会科学出版社,2007.38.
③ 王乐夫 陈干全.公共性:公共管理研究的基础与核心[J].社会科学,2003,(04).

体的方式寻求更大的善已被个人的计算、功利以及成本和利益所替代。政府的目的在实践中已是私有的福利(private well-being)。我们凭借官僚、技术和科学的手段来决定福利、幸福和功用。这里没有公共的原初含义,有的只是原子个人的集合体;这里没有公共利益,有的只是许多私人利益的聚合体。"①

公共领域也叫公共性,它并不指称某种特定的公共场所,而是任何能体现公共性原则,即原则上对所有公民开放而形成的场合。一经形成后,它又能有效地保障人们自由地表达或公开他们的意见,不受任何教条与强制性权力干扰。

> 所谓"公共领域",我们首先意指我们社会生活中的一个领域,在这个领域中,像公共意见这样的事物能够形成。公共领域原则上向所有公民开放。公共领域的一部分由各种对话构成,在这些对话中,作为私人的人们来到一起,形成公众。那时,他们既不是作为商业或专业人士来处理私人行为,也不是作为合法团体接受国家官僚机构的法律规章的规约。当他们在非强制的情况下处理普遍利益问题时,公民们作为一个集体来行动。因此,这种行动具有这样的保障,即他们可以自由地表达和公开他们的意见。②

在这里,公共性本身表现为一个独立的领域,即公共领域,它与私人领域是相对的。③ 在哈贝马斯看来,"公共性"等同于"公共领

---

① 王锋.行政正义论[M].北京:中国社会科学出版社,2007.39.
② [德]哈贝马斯.公共领域[A].汪晖译.参见汪晖 陈燕谷.文化与公共性[C].北京:生活·读书·新知三联书店,1998.125.
③ [德]哈贝马斯.公共领域的结构转型[M].曹卫东译.上海:学林出版社,1999.2.

域"(public sphere),认为"公共性"本身就表现为一个独立的领域,即公共领域,是一个介于私人领域与公共权力领域之间的中间地带,是一个向所有公民开放,由对话组成的,旨在形成公共舆论,体现公共理性精神的,以大众传媒为主要运作工具的批判空间①。它是指一种建立在国家/市民社会、公/私二元对立基础上的独特概念。它诞生于成熟的资产阶级私人领域基础上,并具有独特的批判功能。

关于公共性的演变,哈贝马斯认为,在古希腊城邦中,公与私之间泾渭分明。"公"代表国家,是一种政治性的共同生活,通过交谈与实践来实现,但是古希腊城邦中没有也无法形成真正的公共领域;"私"代表家庭和市民社会。在中世纪,公私不分,公吞没私,不允许私的存在,公共性等同于"所有权"。近代以来,在资产阶级私人领域的基础上诞生公共领域,才有了真正意义上的公共性。② 同时,随着资产阶级社会的发展变化,出现了公共领域的结构转型③。"公共性越来越深入社会领域,同时也失去了其政治功能,也就是说,失去了让公开事实接受具有批判意识的公众监督的政治功能"④。

阿伦特的比喻也许能够恰当地表达"公共性"的含义:共同生活在世界上,如同一张桌子四周围坐许多人一样,世界像每一个中间事物一样,同时将人联系起来和分离开来。一旦他们之间的世界失去将他们聚集在一起、将他们联系起来和分离开来的力量,公共性就不复存在了。这种情况非常怪异,好比在一次降神会上,一

---

① 袁祖社.公共性的价值信念及其文化理想[J].中国人民大学学报,2007,(01).
② [德]哈贝马斯.公共领域的结构转型[M].曹卫东译.上海:学林出版社,1999. 2—16.
③ 哈贝马斯理论中的公共性一词,可以译成公共性,也可以译为公共领域,二者没有实质差异。但倾向于用公共性指称政治层面,而用公共领域指称社会层面。
④ [德]哈贝马斯.公共领域的结构转型[M].曹卫东译.上海:学林出版社,1999.2—16.

群人聚在一张桌子周围,通过某种幻术,这张桌子却突然从他们中间消失了,两个对坐的人不再彼此分离,与此同时也不再被任何有形的东西联系在一起了。可见公共性是每个私人生活的依托,私人性和公共性不可分割地联系在一起。马克思也认为,人在群体合作中,让渡出去的部分,称之为公共性。可见,个人性与公共性在本质上并不是对立的两种利益和两种属性,而是具有内在的一致性,也可说公共性是一种放大了的个体性。

随着哲学、社会理论的发展,特别是政治的进步,公共性已成为民主政治和公共行政的起点,被赋予丰富的内涵。同一社会成员(国民、住民)有着共同的必要利益(对社会的有用性和必要性),公共资源、公共利益必须有可能开放给全体成员共同消费及利用。① "是一种公有性而非私有性,一种共享性而非排他性,一种共同性而非差异性"②。

由此可见,公共性主要体现为伦理价值层面上,"公共性"必须体现公共部门活动的公正与正义;在公共权力运用上,"公共性"要体现人民主权和政府行为的合法性;在公共部门运作过程中,"公共性"体现为公开与参与;在利益取向上,"公共性"表明公共利益是公共部门一切活动的最终目的,必须克服私人或部门利益的缺陷;在理念表达上,"公共性"是一种理性与道德,它支持公民社会及其公共舆论的监督作用(哈贝马斯)。综合诸多学者的观点,我们认为公共性已成为一种分析工具的"公共性"、一种公共精神的"公共性"、体现最新理念的"公共性"、更加凸显价值基础的"公共

---

① 鲍传友 邓涛.论市场经济条件下义务教育的公共性[J].中国教育学刊,2006,(03).

② [美]伯顿·克拉克.教育新论:多学科的研究[M].王承绪 徐辉译.杭州:浙江教育出版社,2001.23.

性"、彰显公平与正义的"公共性"和一种具有理性与法的"公共性"。

因此,在一般情况下,"公共性"是指政府作为人民权力的授予者和委托权力的执行者,应按照社会的共同利益和人民的意志,从保证公民利益的基本点出发,制定与执行公共政策。现代公共精神主要涵括民主的精神、法的精神、公正的精神和公共服务的精神。这四种公共精神逐步实现政府与公民平等、行政权力受到保护和制约、行政活动既有效率,又有责任等。

(二) 公益、公正、平等:教育公共性的核心内涵

教育公共性的彰显不仅是教育特性的一种时代变化,而且也是当代教育发展的一种新的价值诉求。从教育公共性的流变来看,教育公共性是公共性的变迁及其实践对社会的政治、经济、文化的变革与发展的影响。因为,教育作为一种社会的公共事业,其所蕴含的公共性不是人为赋予的,亦非主观思维的结果,而是人类教育发展过程中所历史地展现出来的。这在西方近现代教育发展过程中表现得尤为明显。

在西方社会的前工业化时期,儿童的教育主要被囿于家庭范围,教育的公共性尚未显现。家庭作为社会生产与组织的基本单位,对子女享有绝对的权威和负有完全的责任。工匠的作坊或农人的田地是训练儿子的理想场地,而家庭则是训练女儿的合适场所。儿童与成人都被禁锢在一个大家庭内,成人对儿童的教育与训练仅仅局限于那些对维持家庭生产力似乎是必要的内容。这种家庭式教育是在封闭的状态下进行的,无论是教育目的还是教育方式都是指向私人个体的,没有什么公共性可谈。然而,工业革命的来临打破了教育活动的私人性,家庭作为自我生存的经济单位和训练场所的双重功能发生了变化。家庭之外的各种经济组织迅

速崛起,家庭不再具备从事经济活动的功能,其教育与训练功能也开始丧失,而穷人及残疾者的赡养更近乎一种社区责任。这样,儿童接受的教育逐渐成为全体社区成员共同关心的问题,教育的公共性开始显现,建立公共的教育体制已成为必然。① 资本主义国家政权形成以后,其建设不仅包括政府的政治和行政机构以及构成公共领域的由政府控制的机构建设,还包括国家权力的合法化、国家与民族意识形态和集体观念的内化。后者的需要间接地推动了公共教育的发展,即利用公共教育向社会成员传播主流价值观,形成共同认知。这样,公共教育除了被用来为工业文明培养劳动者后备军,还具有为生活在一个多样化的社会中的国民提供共同的道德价值体系的价值承担功能。② 顺应历史发展的需要,资本主义民族国家政权建立之后,都不约而同的进行了公共性的教育改革。1794 年,普鲁士颁布的《民法》规定所有的学校(包括大学)都是国家教育设施,任何教育设施只有得到国家允许才能设立。这是学校从教会管理向国家管理过渡的标志,也是普鲁士世俗教育的"大宪章"。1850 年普鲁士又颁布了《学校法草案》,规定学校经费由地方负担,国家给予必要的补贴,教师工资由国家开支,学生免交学费。1872 年普鲁士的国民学校法又对国民学校的形式、内容和课程设置作了具体规定。法国国民教育体系初步成立的标志是 1833 年的《基佐基础教育法》。1881 年法国又颁布了《费里法案》(Ferry Act),规定免除公共小学的一切费用;强迫 6—13 岁的儿童一律入学,家长负有送子女上学的义务;课程不采用宗教内

---

① 张人杰.国外教育社会学基本文选[M].上海:华东师范大学出版社,1989. 176—178.

② 陈俊山.教育公共性内涵的历史变迁及其对我国义务教育的启示[J].内蒙古师范大学学报,2008,(02).

容;政府负责检定教师任职资格。《费里法案》确定了法国国民教育的义务、免费与世俗性三原则,为近百年法国国民教育的发展奠定了基础,这也是教育公共性彰显的滥觞。这个时期的美国则发生了由贺拉斯·曼(Horace Mann,1796—1859)领导的"公立学校运动"(Common School Movement),目的在于建立由专业教育人员进行管理的统一的公立学校体系,加强政府对教育的领导权,要求政府承担更多的教育责任。公立学校运动促使了州教育委员会的建立,将原来属于各学区的一些教育权收归州教育委员会行使,大规模征收教育税,在全州范围普遍建立共有性、公共性和普及性的公立学校体系。经过这个运动,到1860年左右,美国公立学校在整个初等教育领域占据了主体地位。整个19世纪初期和中期,在英国教育领域中占主导地位的是私立学校。标志着英国国民教育体系建立的是1870年的《福斯特法案》。法案规定:国家拨款补助教育,并在缺少学校的地区设置公立学校;在全国范围内划分学区,由学务委员会(School Board)负责监督本学区的教育工作;各学区有权实施5—12岁儿童的强迫教育;学校普通教学与宗教分离。1891年国会又通过了受国库补助的初等教育免费的法案。此后初等教育的国库补助金不断增加,大部分初等学校实行了免费教育,只有少部分初等学校收取少量学费。至19世纪后半期,面向大众的义务教育开始普及,标志着国家控制教育权的公共教育制度在西方各国相继确立。

　　近代教育的目的是基于对平等的公民身份的尊重,对民族情感和共同生活的维护,对良好的社会公共秩序的追求,对人类文化科学与共同价值的认同以及对教育质量与效益的严正承诺。但是,近代公共教育一般由国家来组织,此时教育就成为新兴资本主义国家政权合法化的一种工具。近代资本主义国家政权建立之后,大都利用公共教育向社会成员传播资产阶级价值观。在这里,教育依附于公共权力(资本主义国家政权),也就很难形成"公共意见",它维护的是新生政权的利益,而不是全民公共的利益。向人们提供的是达到某一规定水平的免费教育,它面向所有的儿童提供普通课程的教育。此时教育的平等仅仅是受教育权利的平等,教育机会均等远远没有实现。免费学校决不意味着儿童的教育成本对任何经济水平的家庭而言具有同样的公平性。当实施免费教育时,仍有许多家庭无法供养较大的子女上学,因为他的劳动无论对地处农村或城市的家庭来说都是必不可少的。甚至在儿童劳动法颁布后,这种状况在农村依然如故。虽然机会不均等的经济根源已经变得不重要了(直至中等教育),但它曾一度是机会不均等的主要根源。[①]

可以发现,教育公共性一方面表达了教育作为公共领域事务的事实存在,另一方面,它既是对公共性在教育领域的具体说明和应用,也是教育在特定领域对公共性的反映。因此,教育公共性的功用也就必然体现为:(1)分析和批判教育的工具;(2)建立教育制度,构建教育内容和目的,选择教育手段和形式等诸多教育关系的公共原则;(3)教育立法和教育政策的合法依据;(4)政府提供教育公共服务的价值尺度和财政基础;(5)教育作为公共事务和公共物品接纳社会参与其中和存在于社会公共空间的正当性。总体说来,其在宏观方面,诸如制度安排、政策设计上,从立法、财政、社会环境等体现教育公益性、公正性;在微观方面,诸如教育目的、内容、形式上,指向培养具有公共品质的人,教育过程上体现教育平等。

---

① 张人杰.国外教育社会学基本文选[M].上海:华东师范大学出版社,1989. 180.

1. 教育公益性。公共利益符合社会全体或大多数成员需要，体现他们的共同意志，具有开放性或非排他性。教育是公共利益之所，是一种对个人利益的超越，是公众对社会文明状态的一种愿望和需要，具有整体性和普遍性的特点，即公共利益在主体上是整体而不是局部利益，在内容上是普遍的而不是特殊利益。① 它既能为个体寻求私人利益、谋求生存发展奠定知识、人格基础，更能为国家繁荣进步作出贡献。教育的发展是整个社会发展的奠基石，个人的发展必然影响社会的发展，从事教育工作是对社会发展做贡献②。教育的目的是基于对平等的公民身份的尊重，对民族情感和共同生活的维护，对良好的社会公共秩序的追求，对人类文化科学与共同价值的认同以及对教育质量与效益的严正承诺。当前，许多国家已将教育作为重要的民生问题，提高社会所有成员分享教育这一公共物品的能力。这已经奠定政府提供教育公共服务的价值基础，不可能靠单纯的市场增进公共利益。教育的公共性是一种公共利益与私人利益的统一体。然而，上述教育公共性的流变说明，教育不会自觉地按照那样的逻辑去发展，教育的公共利益和私人利益经常处于矛盾之中。或者公性过于扩张，吞没私性；或者私性过于蔓延，微化公性。这特别需要政府干预。保证教育的公共性，既是一种义务和责任，也体现国家的一种强制性要求。学校、家长和社会团体都必须维护教育的公益性，特别是教育资源均衡配置、教育机会均等，以体现国家意志和社会公共利益，实现社会的共同利益，培养合格的公民。其实，这也是政府正当性的基础之一。

---

　　① 蒲蕊.公共利益:公共教育体制改革的基本价值取向[J].教育研究与实验,2007,(01).
　　② 张维平.教育法学基础[M].沈阳:辽宁大学出版社,2000.135.

教育公益性也为社会参与教育这一公共事务提供正当性合法依据。教育作为公共事务和公共物品,不仅仅是为教育面向社会所有成员开放、提供无差别的公共服务;另一方面,不可忽视的是,教育公益性也表明教育作为存在于社会公共空间的公共性活动,必然接纳社会公共空间力量参与,例如社会监督、社会参与决策与管理,接受社会舆论批判,等等。教育作为政府提供的公共物品,占有的是社会的公共资源,必然接受社会参与。这是教育公益性带来的必然结果。当前,对教育公益性这一属性的重新认识,已经在现代学校制度建设中得到了愈来愈明显的体现。在我国,现代学校制度主要是推进以学校法人制度为基础,以管、办、评分离为目标,实施政府宏观管理,学校依法办学,社会参与管理与监督的办学体制改革。当前,学校资源对社会开放,社会参与学校教育共享共建等思想和实践,已深入人心。特别是教育借助网络媒体这一新兴的公共力量,增进公民福祉和社会公共利益;同时,社会共同参与和完善教育……大大拓展和丰富着教育的公益性内涵。可以说,教育公共性的存在比过去任何时候都显得迫切而必要。

2. **教育公正性**。公平正义不仅是人类社会自古以来就追求的理想,还是人类世界、人类关系和人类行为的准则,也是人类发展和完善的目标。公正与平等密不可分。它作为一个政治上的概念,通常以社会成员实际享有平等的多少与公正(公平)程度的高低,来衡量一种社会制度的好坏。它体现人类社会的文明进步。它在政治层面表现为平等的自由权利和民主政治;在经济层面表现为平等分配资源。教育公正包含两层基本意义。其一,即公正作为政府正当性的"基本价值取向",按照同一原则或标准对教育关系中的人与事进行"一视同仁"的处理。它排斥任何团体或利益联合体或党派或特殊个人,平等面向所有社会成员,以全体人民的福祉为指向。其二,公正作为教育实践理想的正义,不仅通过教育实现社会之正义,而且教育本身也应当表现出正义的追求,体现公共教育的公益性,关注社会公共利益、公共价值和公共秩序的存在。因为良好秩序的保持有赖于公民的正义观念和正义感。没有公民的正义观念和正义感,正义社会之良好秩序便不可能维持。因此,教育的平等对待是培育公民社会,保持良序社会之正义的需要。① 罗尔斯指出,教育的公共性所表明的是,教育基于正当性或正义性而关涉公民社会的公共事务及公民品质。② 因此,教育在教育目的、内容、形式上必须指向培养具有公共品质的人,以增进教育公共利益,促进教育公正;同时,教育政策和制度安排,要以公共利益为旨归,公正平等地向社会成员提供公共物品和公共服务。教育公正不仅体现在制度设计、资源分配和教育规则等程序和形式上的公正,还应体现为个体发展的公正。根据罗尔斯差别补偿原则,教育公正还体现为给弱势群众,即最少受惠者带来利益补偿,使教育权利分配尽可能达到公正合理。当然,普适性、终极性绝对的公正公平并不存在,但教育价值公正在事实本身的实践,无疑是对推进事实公正的最好阐释。

可见,教育公正性既是价值观,又是方法论。它不是单纯为了获得教育利益或地位,从人存在的本质意义看,更重要的在于它提升和丰富人的内涵,把人的发展、人的价值、人的尊严视为人的世界、人的关系以及人的行为的根本。在伦理上,教育公正性在于以正义对人类自身意义的关照,帮助实现人类的道德"内在之法"与

---

① 朱家存 周兴国.论公共教育的公共性及实践表征[J].华东师范大学学报,2007,(12).

② [美]罗尔斯.正义论[M].何怀宏译.北京:中国社会科学文献出版社,1988. 465.

人类社会需求的统一。在经济和政治上,教育公正性的意义在于,它以社会价值、理想和基本准则和手段,实现人们的教育利益和个人发展。当前,我国教育公正性研究主要从教育问题出发,例如在义务教育均衡问题、高等教育机会平等、教育资源公正分配、弱势群体教育等方面,在价值理念、制度设计、操作框架上进行探索,其成果多见于 2000 年以来袁振国主编《中国教育政策评论》丛书中,为探索教育公正性概念提供丰富的理论与实践基础。

3. **教育平等性**。平等作为一种社会关系,总是以一定的制度形式来表现和保障,因此,社会平等是制度公正与否的重要标志,也是制度公正的一项重要原则。平等是教育公共性的价值取向。其核心思想就是无差别地对待所有公民。社会如何实现教育平等,这是一个与教育制度安排有关的政治问题,努力追求实现教育平等则是公共教育之公共性的价值要求。平等并非指一种结果或事态的平等,而是一种无差别待遇的平等,是法律面前和社会行为规则面前的平等,即尽管人们在事实上存在着差异——这个事实不仅无法消除,而且从根本上说是有助益于社会进步与发展的,但每个人都应当得到平等的待遇。因此,"平等"乃是指"平等对待"。因此,公共教育政策应以平等为核心价值,体现教育的平等性。首先,根据罗尔斯机会平等优先于差别的原则,教育平等首要的是教育机会的平等。所谓"机会平等",简单地理解就是所有社会成员做某事时具有同样的、等同的参与和完成这件事的可能性以及获得同样回报的可能性。教育机会平等是教育公平的重要体现和实现途径。教育机会平等的理念,作为一种重要的价值取向,深刻影响着现代教育。它以个体人为基本出发点,主张确立一种自治性的努力方向,以开发每个人的潜能,并为社会成员提供一种平等竞争的公正环境,力图消除影响个人发展的不正常因素。教育机会平等,意味着每个人都有平等地接受教育的权利,并且能够站在同一个起跑线上,有相同的成功机会。主要体现为:(1)起点平等,主要体现为受教育权利平等,即无论人的资质差异,都应得到受教育权利的保障。(2)教育过程的成功机会平等,即尊重差异,根据个体差异提供适宜的教育机会,并通过各种相应措施(如宏观的制度安排,微观的课程与教学等方面的帮助等),尽可能使每个人取得学业成就。可见,推进机会平等一方面是政府立法和政策安排的结果,另一方面也是教育过程中教育价值观和教育行为的应有之意。

其次,作为教育机会平等的发展和深化,另一种更高的实质性平等吁求便呈现出来。如果说教育机会平等仅仅是基本的、程序与规则的形式平等的话,那么,随着机会平等的实现,特别是教育资源的丰富而突破公平与效率二元困窘后,教育平等必将迈入教育实质性平等。教育实质性平等是一种真正的面向个体或局部的具体的实体平等,它主要体现在区域、城乡、校际、性别、阶层、群体等平等和公平。当前,我国已经摒弃20世纪80—90年代"效率优先、兼顾公平"的价值与伦理取向的形式上的教育平等,而转向城乡区域教育协调均衡发展的实质性平等。特别是党的十七大后,以科学发展观为统领,指导探索教育全面、协调、可持续发展,在推进教育体制改革,教育结构调整,尤其是教育财政全面落实免费义务教育,农村中小学布局调整,以及调整政府、市场、社会、学校在教育中的关系,政府职能向公共服务职能的转变,等等,预示着我国教育开始步入建立实质性教育平等时期。

基于以上对公共性及教育公共属性的分析,我们认为,教育公共性可以界定为:教育公共性是指教育整体面对社会每一个公民、公共财政经费以及公共资源的使用,影响社会中成员共同的必要利益,其共同消费和利用的可能性开放给全体公民,其结果为全体社会公民得以共享的性质。教育公共性的这一概念,把有关教育公共性的视野扩大到包括公共财政政策的制定、公共资源、公共利益以及教育享有的公共服务等教育管理在内的制度化教育实施的整个过程,确定了教育公共性的范围和实现主体。教育的公共性不仅关涉公共教育经费的合理分摊和教育资源的优化,从而影响社会公众的共同利益,而且不可避免地与教育机会的公平、教育质量的提升和教育服务之公共职能的发挥等密切地交织在一起。教育自身的公共性及所提供产品、服务的公共性决定了教育组织和教育活动不能以盈利为目的。

二、教育公共性的理论基础

研究教育公共性必然溯源于公共性理论,特别是在哲学、政治学、社会学和经济学的观念和实践领域。本研究正是基于哲学、政治学、社会学和经济学的公共性理论,打开了思路,奠定了架构。藉此得以厘清教育领域中人与人、人与社会、政府与市场等诸多关系。

(一) 哲学视野中的教育公共性

1. 社会分析与批判的工具。真正现代意义上的教育公共性概念是在近现代社会特定的发展过程中逐步获得的。哈贝马斯通过对公共性和公共领域进行社会历史分析之后指出,公共领域是市民社会所特有的,它既是商品交换的场所,也是社会劳动领域,有着自身的规则。在古希腊城邦里,自由民所共有的公共领域和每个人所特有的私人领域之间泾渭分明。公共生活在广场上进行,公共领域建立在讨论、诉讼等对话之上,又建立在共同活动之上。从文艺复兴开始,这种公共领域就和古典的一切具有了真正的规范力量。在中世纪,"公"和"私"最初是罗马法中规定的范畴。随着现代国家以及从中分离出的市民社会的出现,这些范畴重新装备到法律上,并产生深远意义……资产阶级公共领域在法律上得以制度化,且公共性始终是政治制度的一个组织原则。① 这才有了真正意义上的公共性。

哈贝马斯把公共性视为一种建立在社会公/私二元对立基础之上的独特概念,它诞生于成熟的资产阶级私人领域基础上,并具有独特的批判功能。哈贝马斯指出,在近代功利思想和市场经济的趋利倾向共同催生下,凭借官僚、技术和科学的手段来决定福利、幸福和功用。在这里没有公共的原初含义,有的只是个人的集合体;这里没有公共利益,有的只是许多私人利益的聚合体。在此,公共领域概念不仅是一个历史性概念,还是一个社会分析的概念,以此来分析历史上存在过的公共领域诸类型;同时,对于公共性的丧失等分析,也使得公共性和公共领域成了一个广泛使用的批判概念,可以此为规范和标准对民主政治进行理性分析,确认理性的民主政治的公众认可的程度。哈贝马斯指出,资产阶级公共领域首先是一个由私人集合而成的公众的领域,以利己为纽带建立起来的联合体,与国家权力相区分,并同公共权力机关展开讨论。这种政治讨论手段,即公开批判。

当前,教育公共性越来越成为描述现代政府关于教育问题决策活动基本性质和行为归宿的一个重要分析工具。在一般情况下,是指政府作为人民权力授予者和委托权力执行者,应按照社会的共同利益和人民的意志,从保证公民共享教育公共利益的基本点出发,制定与执行教育的有关公共政策。具体表现为:从基本理

---

① [德]哈贝马斯.哈贝马斯精选[M].曹卫东译.南京:南京大学出版社,2004.3.

念上讲,教育公共性是指政府职能组织应着眼于社会发展长期的、根本的利益和公民普遍、共同的利益来开展其基本活动。由此,衡量政府活动是否达到教育公共性的基本标准是,教育公共政策及其执行是否坚持和维护公民享有的教育基本权利,是否在舆论中充分体现和表达公民的意志,政策与执行的出发点是否超越政府自利倾向,而考虑更为普遍的社群利益和社会长远利益等。在道德层面,教育公共性应是每一个政府公职人员的职业态度、观念和信仰。它要求公职人员以此信念竭诚为民服务,明确政府组织与公职人员的行为必须在道德上、伦理上满足公共性的基本要求,并在政策制定与执行过程中,防止部门和个人偏私的利益驱动。在政治过程层面,意味着在涉及教育公共物品提供等集体行动上,存在着有效的决策参与通道和决策选择机制。在这里,教育公共性的获取及其保证,具体化为政府政策利益导向的选择过程,它包含政府的政策制定与执行是否具有开放性,以使公民能够充分了解有关教育政策的信息,并能够与该政策制定者进行磋商;公民的教育利益能否通过民主程序得到表达与整合;公民依靠怎样一组规则来决定政治决策的选择,决定政府教育公共物品或教育服务的提供等。在政府公共教育财政活动中,评价教育公共性价值是否满足的核心要素,是政府提供各种类型的教育公共物品行为和与此相关的政府内教育经费投入行为的基本取向和决策目标,以及相关的教育公共财政制度和规则的安排。

2. 尊重与共识的存在之地。 透过哈贝马斯关于交往行动理论,可以发现,哈贝马斯的公共性观念核心是人的关系问题,强调的是人与人之间的共时态存在中的公共性。哈贝马斯在晚年特别关注社会"公共领域的结构转型"这一问题,他跳出了以社会生产力与生产关系为尺度解剖人类社会历史的路径,而以公共性(公共领域)的不同类型和变迁来接近历史。哈贝马斯看到西方文艺复兴运动后,近代思想家仅仅根据认识论孤立的自我为逻辑前提的理论,必然要陷入唯我论的困境。特别是社会进入市场经济时代,私人领域迅速发展,人和人之间的关系主要成为一种利益关系,人们的生活世界已被权力和货币等所殖民和异化。市场经济将人们变成平等、独立的主体后,经济契约关系原则逐渐替代"爱的伦理",使得人和事物的本质都被消解于可计算的市场价值之中,人与人之间关系的紧张、疏离、冷漠,公共意识退化,从而造成公共性严重缺失。哈贝马斯用交往性思维方式取代二元分立的主观理性主义思维方式,提出以人们之间相互承认、尊重为前提,达成社会理性交往的公共领域,将契约升华为"商谈"基础上的相互承认和自主交往原则,即一种公共性原则,获得个体对公共利益的公共价值的认同。

沿着哈贝马斯交往行动理论分析公共性问题可以发现,交往行为的前提是,参加者的行动计划经过相互了解进行了调整,必须摒弃以自我为中心的算计。"参与者应该克服最初比较主观的想法,凭借以理性为动机的共同信念,通过确认客观世界的统一性和生活中诸多相关领域的相互主观性,由非强制的达成共识的力量。"[①]看来,交往参与者是彼此为交往行为存在的环境和条件,这就显现出一个公共性问题。意味着相互承认对方意见的权力和自主思想的表达,这是一种最广泛的公开性基础上的,对个体私人性利益和权力尽可能尊重的共识达成和存在的空间。人类从来就没有因为利益矛盾和冲突而减少交往和合作。在每个人的各自的私

---

① [日]佐佐木毅、[韩]金泰昌主编.社会科学中的隐私问题[M].刘荣 钱昕怡译.北京:人民出版社,2009.49.

利之外,还存在着一种大家公认的公共利益,而且表明在实现个人私利的私人活动之外,还存在着实现公共利益的公共活动。因为,在这种群体合作中,人一方面要将自己的全部需要和利益中的一部分让渡给共同体;另一方面,在这种让渡中,人也从社会共同体中获得更为有利的生存条件和发展资源①。同样,教育的公共主体交往、交流与合作,可以理解为社会主体的人或人群之间相互作用的最基本方式或过程,是以一定的物质关系和精神关系、自然关系和社会关系为纽带而联合起来的教育共同体。"作为基于共同生活基础上的共同的秩序,基于共同生活产生共同的符号表达方式,基于社会生活产生共同的物质利益,基于社会生活形成共同的信仰和价值追求。"②在此基础上,人们彼此沟通、互动,共同的信仰、价值追求和偏好逐渐生成,这反过来又影响着人的行为选择,并丰富人的世界以及人的本质,形成人超然于任何个人与特定集团之上的公共意志、公共情感、公共理性等"公共精神",以及公共需要、公共价值、公共利益等联结而成的"公共精神空间",让人的公共价值得到更好的体现。③

（二）政治与行政学视阈中的教育公共性

1. 政府公共服务的价值尺度。公共性是政府行政的第一属性。当前,"公共性"是政府公共行政发展的核心价值,它集中体现在公共行政主体即政府部门的"公共性",管理手段即公共权力的

---

① 公共性视域——马克思哲学的当代阐释[M].贾英健.北京:人民出版社,2009.3.
② 同上。
③ 贾英健.社会关系的实践基础及共同体的价值追求——马克思社会观的精神实质及公共性意蕴[J].东岳论丛,2009,(03).

"公共性",价值观即公平、正义、民主等价值的"公共性",管理目标即公共利益的"公共性"[①]。自20世纪60年代末诞生"新公共行政学"后,"公共性"成为政府行政的发展趋势。公共性作为政府第一属性,目的是实现公民的公共利益。也就是说"政府产生、存在的目的是为了公共利益、公共目标、公共服务以及创造具有公益精神的意识形态等"[②]。在价值取向上,强调追求人民主权、公民权利、人性尊严、社会公正、公共利益、社会责任等多元价值。正当性或合法性必须奠基于足以承担公共责任,并且能够实现民主价值。从制度上,"公共性"必须以民主制度为依托,因为"公共性"这一重要规范性价值得以体现需要通过一定的制度安排来实现。只有在民主制度下,公民才能真正自觉自愿地参与到行政过程中来,行政主体权力的合法性才能得到保障。在伦理文化上,则强调应当更加关注"良好的公共伦理"的导向作用。在相信公民、社会和政府都具有值得肯定的责任心和道德感的前提下,通过文化感召与民主制度的约束相结合。

政府的教育公共政策作为政府管理教育公共事务,实现公民的教育公共利益,运用公共权力而制定和实施的教育规范、教育整体行动准则和教育执行决策,一直是社会关注的焦点。教育公共政策必然意味着公民的参与,是由过去的官方主体与公民共同制订。仅仅由政府单方面做出的决策不符合公共政策的含义。它主张由政府、非政府和私人企业共同治理国家,特别是社会公共事务。在此意义上,"政府是公共的财产,政府是公众集体行动的工具。"[③]

[①] 丁煌、张雅勤.公共性:西方行政学发展的重要价值趋向[J].学海,2007,(04).
[②] 祝灵君、聂进.公共性与自利性:一种政府分析视角的再思考[J].公共行政,2002,(03).
[③] [美]乔治·弗雷德里克森.公共行政的精神[M].张成福译.北京:中国人民大学出版社,2003.23.

2009年10月至2010年3月,教育部在全国公开征求意见的《国家中长期教育改革与发展规划纲要》就是教育政策在公共领域内的全面体现。当前,我国努力实现服务型政府的价值,要求政府制度重塑,就必然要求加强对教育公共性的自我审视。教育公共性应该是每一个公共管理者的职业态度、观念和信仰,它要求公共管理者以此信念竭诚为民服务,明确政府组织与公共管理者的行为必须在道德上、伦理上满足公共性的基本要求。在政策制定与执行过程中,公共管理者要防止部门和个人偏私的利益驱动。教育公共性只有成为公共管理者的精神信仰和追求,才能够进入公共管理者的主观责任意识,并进入公共管理者的实践理性,成为指导行政行为的内在精神动力。

政府服务于人民,是政府还权于人民的过程,是不断体现民主、真正实现主权在民的过程。只有政府的利益与人民的利益相一致,政府才越接近它的实质——公共性。公共性是政府一个基本属性,政府作为公众委托管理社会公共事务的代理人,政府制度供给必须把公共性作为其最终价值观,才能形成公正、公开、平等、自由、民主、责任等价值观念。

2.公民公共利益存在之所。"公共利益既不是单个个人所欲求的利益的总和,也不是人类整体的利益,而是一个社会通过个人的合作而生产出来的事物价值的总和。"[①]公共利益符合社会全体或大多数成员需要,体现他们的共同意志,具有开放性或非排他性。公共领域是公共利益存在之所,也是我们追求公共利益之所。公共利益能为个体寻求私人利益提供社会制度和物质基础。公共

[①] 周义程.公共利益、公共事务和公共事业的概念界说[M].南京社会科学,2007,(01).

利益体现在由公共行政和其他公共组织所提供的公共产品和公共服务之中。一方面,公共利益存在于规范个体寻求其私人利益的努力之中;另一方面,公共利益又可被用来为私人利益的追求提供基本的公共设施和普遍分享的价值;单纯的市场可能通过"看不见的手"增进公共利益。因为公共利益与私人利益是相对独立的,处于紧密的关系之中。也就是说,公共利益自身就有一种道德价值,因为它不能还原为私人利益的加和。这种不可还原性表明公共利益有其自身的本质,它是公共性的具体化。① 通过追求公共利益,公共组织应该提高社会所有成员所能分享的社会财富的程度。

公共利益支配着现代社会的公共行政部门一切行为正当性。公共利益的充实、增进与实现,是公共服务的根本任务。政府存在的目的永远应当是满足社会公共需要,实现公共利益,政府也永远应当是公共利益的代表者和保护者。公共利益是社会分工的产物,是社会合作从而也是社会成员共同生活的基础。一定的共同体的存在,就是因为存在着一定的公共利益。如果没有这个公共利益,利益共同体就会消解。公共利益已成为我国建设服务型政府内在的价值取向。平等性和差异性是公民社会的一大特征。公民的"平等性"是公民的共性存在,而公民的"差异性"便成为公民的个性存在。公共交往作为公民参与社会活动和维护公共领域的存在,是确保公民自由行使自己权力的重要保障。人作为一种社会性存在,通过交往,人们以某种方式结合起来共同活动,并互换其活动,且随着生产力充分发展,人们的社会分工行将消灭,阶级差别也将消灭,每个人将获得高度自由全面的发展,而社会将变成自由全面发展的人的"联合体"。② 这也就意味着人与人之间交往

---

① 詹世友.公共领域·公共利益·公共性[J].社会科学,2005,(07).
② 贾英健.社会关系的实践基础及共同体的价值追求——马克思社会观的精神实质及公共性意蕴[J].东岳论丛,2009,(03).

关系中以一种以群体生存共同体为本位的价值存在。哈贝马斯认为,资产者由于他们的自律扎根在商品交换领域之中,捍卫公共性与捍卫私人领域的兴趣是一致的,能使自私的有产者和自律的个人之间建立统一性,把个人恶性转化为公共德行。

由此表明,没有公民意识,也就不存在公民伦理。没有公共性交往,更不存在公民伦理。公共社会领域是一个体现自由、公意、法律、秩序相结合的道德共同体,它在行为规范层面要求有与之相匹配的公民伦理概念。在此种普遍性社会交往的意义上,能最终促成公民伦理的开放、多元的必然。因为,公共交往蕴含着相互性,在政治生活意义上产生于每个公民以其言论与行动参与到社会公共活动的自由,也在道德生活意义上形成与之公共生活相适应的行为规范。公共交往在理论层面成为连接公民与公民伦理概念的基本向度。公民伦理作为公民在社会交往合理化过程中所立的道德法,也是现代社会的公民道德契约。为自身立法是公民在现代民主和法治国中的义务。它达成的是社会成员如何在与他人及社群交往中获取正义,如何重塑社会建制,以满足公民政治生活的需要。凭借公共性的社会交往,公民伦理并不是抽象的存在,公民在相互性公共生活中,需要一种道德规则规范公共交往中彼此的关系。

在我国,随着市场经济的发展,公民获得与政府平等的独立地位,出现国家与市民社会的分离,社会逐渐成长起来赢得权利,并获得了自我组织的力量。当前,尽管公民意识还处在觉醒向建立和提高的过渡中,公民社会的发育还很不成熟,转型期,政府作为一个为公民服务的和表达民意的机构,普遍缺乏公民的主体意识和法律自觉,但是大量涌现的社会组织(或称为非政府组织),以公共性、公益性、非营利性日益充当着社会自我管理的角色,并在社会公共管理中发挥着日益活跃的作用。它不需要依靠政府政治权力,而是凭借自身公共理性,以公民自我管理的形式,在提供政府所不能提供或不能很好地提供的公共产品和服务方面发挥自己应有的作用。社会组织是政府功能的必要补充,是增进公共利益存在之所。它体现公共性的过程,就是通过追求公共利益,帮助提高社会所有成员分享社会财富的程度和维护公民权利的过程。这是我国推进公民社会建设的重要逻辑起点。由此,在教育领域就需要树立公民的公共理性,凭借自身的公共理性,以自我管理的形式,自觉维护教育公共利益。

(三) 社会学视野中的教育公共性

1. 社会舆论的良知。公共领域作为一种存在于国家和社会之间的中介机构,在政治系统中一方面和生活世界的私人部分相关,另一方面与功能分化的行动系统相关,代表的是一个高度复杂的网络,在建制化政治意志和非建制化公共意见之间架起一座通达的桥梁。同时,公共领域作为在交往行动中产生的社会空间,公共空间意见的表达,形成公共领域和私人领域密集的互动网络链接。

现代公共领域是伴随着作为私人领域的市民社会形成而出现的。哈贝马斯认为,公共领域很多时候就是公众舆论领域,它和公共权力机关相抗衡。根据哈贝马斯的研究,资产阶级公共领域发生在商品交换的市场经济中。市民,商品交换之民;市场,交易之所。随着商品交换的发展,家庭经济冲破家庭的藩篱,进入公共领域,因为家庭的私有经济活动必须依靠公众指导和监督,不断扩大商品交换,同时,为了维护个人私利,逐渐形成了相对国家之外的市民社会。其中,随着商品交换发展,信息交换机制逐渐建立起来(如信件、邮政、媒体、新闻)。为了服务商品交换,信息的内容和传播方式发生着变化,由商业信息的手抄报、私人行为,开始为公众服务,信息内容也不仅仅是满足商品交换的要求,信息本身也成了商品。同时,媒体很快被政府利用维护其统治,这时公众、供媒体的地位被进一步巩固和强化。因为,政府的信息发布的媒体途径以及群众知识能力等限制,并不能面向所有公众,不能到达普通人,最多只能到达"有教养阶层"[①],即有知识能接受和理解的自身基础、有物质条件能接受统治者信息的人。随着国家机器的形成,特别是对知识、信息、财富的垄断,如政府官员、法官、医生、军官、教授、学者、大资产者、出版商、制造商、银行家,逐渐占据市民阶层的核心地位。传统意义上真正的"市民",如手工业者和小商人等旧有职业阶层的社会地位大大降低。随着信息传播的发达进步,和进入后工业时代,知识和信息成了新的分层工具、控制工具,传统意义上的市民日趋边缘化。传统意义上的市民被抽空,此可称为市民社会的"殖民"化。[②]

可见,公众生产生活、经营活动依赖于政府的政策制定安排,同时为保护私人领域利益部署公共权力的侵害,政府公共事务、权力要受到公众的合理批判,政府和民众之间必然形成公共管理和私人自律的紧张关系。因为尽管市民社会由于在市场经济、商品交换中获得经济独立和对等身份,得以从国家中解放出来,但是市民社会作为国家对立面出现,一方面,明确划定一片私人领域,不受公共权力理管辖;另一方面,在生活过程中跨越个人家庭局限,关注公共事务,批判公共权力,维护私人利益。这时,媒体舆论的工具功能也发生转变,既为政府公共权力服务,也为市民社会服

---

① [德]哈贝马斯.哈贝马斯精选[M].曹卫东译.南京:南京大学出版社,2004.53.
② 同上书,2004.55.

务,其批判功能表现为"公众舆论",成为公共领域的事务。①

公众舆论表达的是"多数人观点和思想的经验普遍性",是具有批判意识的私人组成公众所形成的。洛克认为,"公众舆论"对社会的间接控制比教会或国家通过威胁制裁所进行的正式约束要有效得多,因此舆论法则也叫私人处罚法。洛克坚决捍卫舆论法则,并与国家法则相提并论。相对于集体风俗而言,舆论来源于个人信仰和世俗道德,是建立在"那些没有足够权威建立法则的个人之间达成共识"的基础上,它之所以具有约束力,靠的是"一种私下达成的默契"。在此,舆论等同于良知。哈贝马斯指出,公众舆论是社会基础上共同公开反思的结果,是对社会秩序的自然规律的概括,它没有统治力量。一旦被统治力量主宰了,便不再是公众舆论,仅仅是某个人或某利益集团的喉舌,失去公众和舆论的本质。卢梭把公众舆论称为"立足于传统和善良意志、民众意见"。黑格尔希望公众舆论像公共性一样具有合理化功能。但由于市民社会充满无产者、有产者等矛盾和冲突,充斥资产者的特殊利益,市民社会处于瓦解状态,公众舆论也就成了众人的主观意见。尽管公众舆论很多是以偏见的形式在大众中间传播,但在这样一种混沌状态下还是反映真实的现实需要和现实趋势。黑格尔说:"公众舆论值得重视的是在那些具体的表达中隐隐约约体现着本质和基础。"

马克思指出,公众舆论的错误在于掩盖作为资产阶级利益面具的真正本质。由于机会均等的社会前提并不具备,每个人不可能进入公共领域。有产者和无产者的矛盾,使得商品交换和劳动

---

① [德]哈贝马斯.哈贝马斯精选[M].曹卫东译.南京:南京大学出版社,2004. 58.

领域仅作为私人领域的利益、特殊利益,这种利益的实现只有通过暴力才能得以实现。资产者个人的自律不是把被人看做自己自由的实现,而是看做自己自由的限制。在追逐个人利益过程中无法摆脱资本的逻辑法则,逐利是商品交换和资本的本性,资产者无法担起公民的职能。马克思指出,随着非市民阶层进入政治公共领域,并开始拥有自己的公共性武器(出版物、政党、议会),使得社会本身具有政治形态,公共领域开始瓦解,公共领域被各种利益集团占领。

由此,可以发现公共舆论本身已成了一种权力,已经从一种解放工具蜕变为一种压迫机制。为了捍卫公共性原则,反对一种蒙昧的公众舆论的专制统治,必须用公共理性重建公众舆论的公共性。康德认为,公共性可以解释和消除个人统治。具有政治功能的公共领域不是要消灭权力,而是要对权力加以分配,使公众舆论成为约束权力的权力。然而,由私人组成的公众,必须经讨论形成一致的正确、正义的观念,才能形成公众舆论而具有制约的权力性质。

2. 体现公民社会的公共理性。 公共性是公民社会的灵魂。"公民"的概念最早出现在古希腊,其内涵突出政治性和美德,更鲜明地表现着一种公共性。到古罗马时期,公民的内涵得到发展,公民的个人权利和自由意识等得到法律的认可,它具有了某些与近代以来在法律上相近的意义。近代的公民概念是建立在启蒙思想家的思想基础之上的,突显自由、平等个人权利。公民权利的发展是公民概念发展的重要内涵。[①]

公民作为社会从国家解放出来的最基本细胞,为推进平等、民

[①] 朱永良.公民、公民意识和服务型政府刍议[J].理论探讨,2008,(06).

主为特征的近现代国家制度营造了社会基础。公民通常以个体或家庭、慈善机构、非政府组织、社区组织、妇女组织、宗教团体、专业协会、工会、自助组织、社会运动团体、商业协会、联盟等形式参与公共事务。根据哈贝马斯分析,公民尽管存在于市民社会私域,但他们的公民正是构成公共领域的基础。许多学者指出,公民意识达到什么水准,是衡量社会法治和文明程度高低的一个尺度。公民意识是公民权利诉求和责任表达与实现的前提,是促进社会进步和变革,维护公平、正义和法治,实现批判和救治政府等功能的条件,是公共领域得以存在的核心。社会正是因为公民意识才存在,然而公民意识的核心正是基于公共性才得以觉醒和生成。公民意识在政治层面,是运用宪法和法律所赋予的权利,维护自身和参与公共事务的资格;同时,也是政治民主意识和社会责任意识在公民中的反映。在道德层面,按照哈贝马斯的分析,公民意识是在社会生活中自己所立的道德法,即现代社会的公民道德契约。为自身立法是公民在现代民主和法治国中的义务和道德感。这是重塑社会建制以满足公民政治生活,实现公共性交往的需要。凭借公共性,公民才体现出应有的品质,在社会构筑起基本的公共价值理念,而且以自由、平等与仁爱精神构成人类的尊严所在。公民会关注广泛的公共利益,他们会积极地参与,并且会为别人而承担责任。从西方的经验来看,公民应处于社会的核心位置,公民的权利、公民的意志要得到保障和体现。

在我国,随着市场经济的发展,公民获得与政府平等的独立地位,出现国家与市民社会的分离,社会逐渐成长起来并赢得权利,并获得了自我组织的力量。当前,尽管公民意识还处在觉醒向建立和提高的过渡中,公民社会的发育还很不成熟,政府作为一个为公民服务的和表达民意的机构,普遍缺乏公民的主体意识和法律自觉,但是大量涌现的社会组织(或称为非政府组织),以公共性、公益性、非营利性日益充当着社会自我管理的角色,并在社会公共管理中发挥着日益活跃的作用。它不需要依靠政府政治权力,而是凭借自身公共理性,起到参与和制约政治力量的作用。社会组织作为公共领域的场所,与国家的公共权力是相互对立的。它以对公共权力的实践的批评为主旨,使公众能够对国家活动实施民主控制。社会公共组织对社会中的公共事务进行管理并协调社会公共利益,表现出公共面孔,起到无与伦比的独特作用。社会组织以服务并促进公共利益为总体目标,拥有自己的组织结构、伦理规范和运行机制。社会组织作为公民自我管理的形式,可以在提供政府所不能提供或不能很好地提供的公共产品和服务方面发挥自己应有的作用。社会组织是政府功能的必要补充,是增进公共利益存在之所。它不是私人利益的叠加或政府组织意志的反映。它体现公共性的过程,就是通过追求公共利益,帮助提高社会所有成员分享社会财富的程度和维护公民权利的过程。这是我国推进公民社会建设的重要逻辑起点。

(四)经济学理论中的教育公共性

近代公共性的发生是一个经济、社会、政治和观念形成的过程,它开始于资本主义在社会经济变迁中支配地位的形成。尽管近代公共领域集中表现为对政治问题的认识或者批判,但一方面政治公共领域起源于资本主义交换关系的公共性;另一方面,政治公共领域一般是以经济生活作为主要话题的,至少那些看似与经济没有直接联系的话语最终都可能被还原为经济的要求。自亚当·斯密以来,经济学越来越关涉公共性问题。譬如,市场社会及其与政府、国家等外部领域的关系问题,同时,生产、消费、交易本身就是经济政策结果。

1. 公共物品理论。 20世纪60年代,以美国阿罗、萨缪尔森和布坎南为首的经济学家,针对经济学追求数学准确性而抛弃历史、社会的研究,导致对复杂的权力、社会结构、组织行为及文化实践的理解不深刻,难以全面理解经济行为等缺陷,提出了新政治经济学。他们将日趋成熟的经济学分析方法应用于政治领域,运用现代经济分析的正规技术工具,以最优化、激励和约束等概念来考察政治现象,后来发展成为社会选择理论、公共物品理论、公共选择理论、寻租理论以及官僚理论等。新政治经济学对社会科学的各种研究方法加以整合,将传统经济学分析中按理性选择分析经济当事人的过度简化的理论与从制度、历史等角度来分析结构的因果推断的理论结合起来,以经济和政治双重视角探讨经济和政治问题,打开了一个新的视域。经济的繁荣和政治的正义这两个不同领域的两个目标恰如鸟之两翼,是社会发展过程的两个方面。[①]可见,政府和市场是密不可分的。

公共物品理论作为新政治经济学的一项基本理论,是正确处理政府与市场关系,政府职能转变,构建公共财政,公共服务市场化的基础理论。公共物品具有消费的非竞争性,消费的非排他性,效用的不可分割性,消费的强制性特征。传统观点认为,政府是公共物品最好的提供者,一般不能或不能有效通过市场机制由企业和个人提供,主要由政府提供。但是,传统的政府直接负责提供和生产公共物品的方式,使得政府承担越来越多的对经济活动的规制、干预和生产功能,政府规模越来越庞大,财政开支的规模也与

[①] 克拉克在《政治经济学——一种比较方法》一书中提出:经济学的主要目标是繁荣,制度域是市场,主要行动主体是个人;政治学的主要目标是正义,制度域是政府,主要行动主体是集团。

日俱增。同时,由于传统官僚体制的弊病,使得政府自身无法经济、有效地提供公共物品,可能存在着过度提供公共物品,财政赤字负担过重和无法迅速回应公众多元化需求等诸多问题。

从20世纪60至70年代以来,随着福利国家危机的出现,一批主张经济自由的经济学家开始怀疑政府作为公共物品唯一供给者的合理性。戈尔丁、布鲁贝克尔、史密兹、德姆塞茨以及科斯等人或从理论或从经验方面论证公共物品私人供给的可能性,提出公共物品由第三部门供给的理论,具有代表性的就是由美国奥斯特罗姆教授提出的"多中心理论"[①]。主张通过社群组织自发秩序形成的多中心自主治理结构,形成多样化的制度与公共政策安排。其中暗含的潜在逻辑是"市场失灵"——"政府失灵"——多中心互补。其目的是通过各类组织由于其结构、功能、外部运行环境的差异相互补充,从而实现公共物品供给的优化配置。

公共物品理论认为,根据公共产品的不同属性和特征,安排公共产品的多元供给制度,使各种公共产品的需求与供给平衡,公决效率最优。出于对宪法、法律的遵从和满足公民基本权利与公平分配的需要,政府必须对某些涉及国计民生、国家安全、公民基本权利与利益的纯公共物品予以提供,但同时可以通过多种组织形式,利用市场资源配置和私营部门的经营与技术优势,有效地生产各种不同性质的准公共物品。这样既满足公平价值,又满足效率价值,并降低公共财政的支出规模,提高公众满意度。

由于公共物品的特殊性,导致市场机制决定的公共物品供给量远远小于帕累托最优状态。既然市场机制在提供公共物品方面

---

① 金红磊、王守宽.公共物品提供主体的多元化——兼谈政府职能的让渡与拓展[J].浙江工商大学学报,2005,(06).

是失灵的,政府介入就成为必要。但是,政府介入公共物品供给,并不等于政府生产所有的公共物品,更不等于政府完全取代公共物品市场。根据"多中心理论",政府对公共物品的供给,可以通过直接生产公共物品来实现,也可以通过某种方式委托私人企业的间接生产方式来实现。前者包括中央政府直接经营、地方政府直接经营和地方公共团体经营等三种情形,后者包括签订合同、授予经营权、经济资助、政府参股、法律保护私人进入、社会资源服务等六种情形。具体说来,有以下三种机制。

(1)**公共物品的政府供给**。许多国家都以政府为主体提供公共物品。供应公共物品是政府的重要职责,但政府不可能,也不应该供应所有的公共物品。据武汉大学曾国安教授研究,政府所应供应的公共物品主要:一是公共性程度高的公共物品。也就是受益人或消费者的人数多的物品,譬如,国防、公共秩序等。二是非政府力量不愿意或无力提供且外部性大的公共物品,如传染病防治、基础科学研究。三是非政府力量没有能力提供和虽有能力提供但非竞争性程度高的公共物品,如道路、大江、大河的整治、桥梁、港口、消防设施等。当然政府能力越强,所能提供的公共物品越多。

(2)**公共物品的市场化供给**。公共物品的市场化供给是指根据市场机制,按照自由交换原则供给公共物品。根据公共物品公共性程度及市场发展水平,动态地选择提供者。将原本交由官僚制政府机构生产的物品在确定其种类、数量和质量之后,通过市场招标及订立契约的方式交由以营利为目的组织来生产。实际上是市场与政府联合供给,是一种半市场化供给方式,它仍然具有政府权威的色彩。目前,政府利用市场力量提供公共物品已经成为发达国家公共物品提供的重要途径。政府利用市场的一般做法是政府与私人部门签订合约,由私人部门管理和提供公共物品,但是政府拥有所有权。具体的形式包括合约出租、政府购买、特许经营、政府经济资助、政府参股等方式。如政府拥有全部或部分股权,由私人企业经营,自负盈亏;在政府监督下,由私人资本通过投标取得政府特许的专利经营权来经营某项公共物品的生产和提供;政府经济补贴和资助等。

(3)公共物品的非营利组织供给。非营利组织称为在企业—市场体制和政府—国家体制之外的"第三部门"或"非政府组织"。自治性和独立性是其主要特点。它开启巨大的社会资源网络,整合分散于民间的社会资源,提供大量价格低廉的服务给低下收入阶层,减轻政府办"社会"的负担,填补因政府能力不足而存在的"公益真空"。公共物品的非营利组织供给是指提供公共物品的组织不以营利为目的,通过政府或社会慈善等途径的财政支持和组织成员的志愿服务向公众供给公共物品的一种方式。这类组织凸显的最大特点是"志愿性和无偿性"。由于消费过程中的非排他性和非竞争性等因素导致完全竞争性市场无法针对公共物品形成有效的供给,从而难以形成理想状态的帕累托最优和体现社会公平,因此需要政府有所作为;但政府职责可能超出特定的范围,侵害市场机制的功能发挥。同时据公共选择理论揭示出"官僚制机构总是具有寻求预算扩张的倾向"[①]。自 20 世纪 80 年代新公共管理运动悄然兴起以来,非营利组织悄然在公共物品提供的行列中出现,从教育到医疗保健和社会救济,非营利组织逐渐发展成为一股重要力量,甚至被认为是能与政府和企业间形成新的均衡的三角格局以建构稳定的健康的社会结构,从而承担起建设国内公民社会的责任。

---

① 郑谦.公共性视角下的公共物品供给主体之辨——多元化的困境分析[J].中共福建省委党校学报,2007,(03).

公共物品既然是一种非排他性服务,政府提供的服务归全体居民享用,一个人消费该种公共物品并不排除,甚至也不减少其他人对该种公共物品的消费。然而,准公共物品和私人产品与此不同,它们都是排他的。比如,由社会团体或企业个人所提供的服务,当一个人享用该种服务后,就会减少其他人对该种服务的享用,甚至有可能排除其他人对该种服务的享用。如果把公共物品(政府提供的服务)与私人产品(社会团体或企业个人提供的服务)视为两个极端,那么,介于二者之间的则是准公共物品,或称混合产品。它们既具有公共物品属性,又具有私人产品属性。一方面,它们在消费上具有竞争性,但收益上具有非排他性;另一方面,它们在消费上具有非竞争性,但技术上能够实现受益的排他性。这就必须看公共物品的生产方式和提供方式。

产品提供方式也是指取得产品消费权的方式,即产品应当由谁出资购买,由谁消费。按出资者与消费者一致性来分类,产品的提供方式可分为公共提供、市场提供和混合提供。公共提供是指由政府出资购买,无偿地提供给居民消费的方式。市场提供是指完全由消费者自己出钱购买并消费产品的方式。而混合提供是指政府补贴与个人出资相结合的方式(图 1-1)。

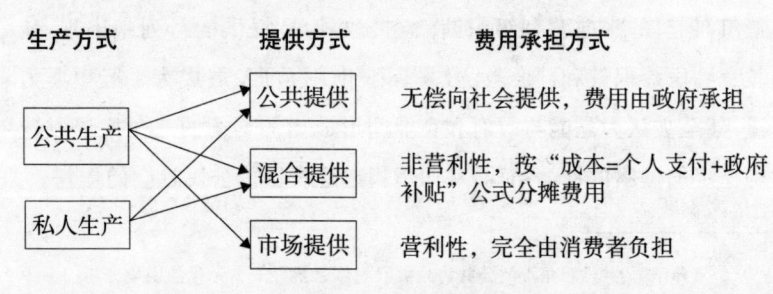

生产方式	提供方式	费用承担方式
公共生产	公共提供	无偿向社会提供,费用由政府承担
	混合提供	非营利性,按"成本=个人支付+政府补贴"公式分摊费用
私人生产	市场提供	营利性,完全由消费者负担

图 1-1 公共物品的不同生产方式和提供方式

公共物品理论还认为,私人产品适合于私人提供,即居民自己购买,自己消费。纯公共物品适合于公共提供,即政府购买,居民消费。而准公共物品适合于混合提供,即以居民个人购买,政府补贴的成本分担方式提供。政府分担成本的比例应视不同产品的外部性而定,从理论上说,政府分担的比例从 0—99% 都是合适的。

由于绝大多数类型的教育在技术上是可以实现排他的,并且教育具有"拥挤的公共物品"的特性,因此,大多数经济学家将义务教育看成准公共物品,或混合产品。义务教育属于准公共物品还是纯公共物品,这是基本的定性问题。定性不准,就会带来政策失误,直接影响到资金提供方式。因此一般认为,义务教育属于具有一定的消费非排他性,同时又具有消费竞争性的准公共物品。

一般来说,教育产品都具有非排他性特点。例如,某个学生听课并不排斥其他学生同时听课。但这种非排他性是有限的。受教师声音的传播范围和教育过程中的师生互动性要求的制约,因而班级的规模是有限的。当人数超过教室空间时,增加学生就必须增加班级。这时的边际成本将大于零,产生排他性问题。而教育产品的竞争性表现为:随着学生的增加,教育的总成本也在增加。例如,学校的水电费,教师的作业批改和辅导工作量,校方提供的房舍和桌椅等,都会随学生数量而变化。因而,学生数量既是计算培养成本的依据,又是计算绩效的依据。教育的竞争性也表现为,当教育产品供给能力不足时,会产生"需求竞争"。如高考、中考都属于需求竞争,它们采用的是非市场方式。对照公共物品标准,"我们可以确定,义务教育属于准公共物品,因而适宜采用成本由政府和家长分担的政策"①。从消费的角度说,教育具有一定的竞争性和排他性。②

当一所学校的学生额还不满时,增加一个学生的边际成本为零,一个学生对教育的消费不影响另一个学生消费;当一所学校的学生额已满时,增加一个学生的边际成本为正,这时,对教育的消费就具有竞争性。关于教育的排他性,在技术上是完全可以做到的,如通过考试筛选和收取学费,就可以将一部分人排除在教育之外。但是,这种排除由于成本过高(教育具有巨大的正外部效应)而未被采用。因此,教育并不是真正意义上的公共物品,它具有准公共物品的性质。教育在事实上成为公共物品是各国制度安排使然。例如,世界上大部分国家都有关于义务教育的一些强制性法律措施等。

对于教育这种产品性质的重新界定,使得人们对于教育的供给方式和财政来源有了新的认识,同时为西方公立学校的市场化改革提供理论依据。改革者深信,既然教育属于准公共物品,那么,在供给方式上就为私人参与提供了可能性,政府不再是准公共物品唯一提供者。不仅如此,准公共物品由政府提供或参与提供,并不意味应由政府生产。如在西方国家某些国防产品交由私人生产,但由政府采购。实践证明,这种公私混合的产品供给方式是成功的。从政府也会产生失误这个事实出发,也表明教育完全由政府提供,政府全面干预教育是不足取的。③

---

① 财政部教科文司、教育部财务司等.中国农村义务教育转移支付制度研究[M].上海:上海财经大学出版社,2005.20.
② [美]詹姆斯·M.布坎南.公共财政[M].赵锡军译.北京:中国财政经济出版社,1991.22.
③ 朱利霞.转型期西方公共教育发展前瞻[J].教育发展研究,2006,(11B).

2. 公共财政制度：政府实现教育公共服务与教育公平的基础。 财政是一个经济的范畴，是以剩余产品为基础的。其主要职能就是国家为了实现其职能凭借国家权力对社会财富进行分配和再分配的过程，具有资源配置、收入分配、经济稳定等职能和作用。以詹姆斯·麦吉尔·布坎南和戈登·图洛克为首的经济学家将财政作为公共部门经济，并从市场失灵理论角度，集中研究社会公共需要及满足这一需要的产品——公共物品问题，从而界定政府这一公共财政机构的合法地位及其应有的权利和义务基础。公共财政理论，经过200多年的不断充实和完善，至今已形成一套完整的理论体系。公共财政理论以"市场失效"为分析问题的出发点，将"公共产品"理论作为核心理论，从而为正确处理政府与市场的关系奠定基础，为正确界定财政的职能范围和活动空间提供理论依据。即以"市场失效"为逻辑起点，提出必须靠市场以外的政府力量来弥补由于市场失灵所带来的无人提供满足公共需求的公共产品的空白，且只限于公共服务领域。由此，以立法形式产生了公共财政。当然，其也有预算法治和民主财政的实质内涵。公共选择理论特别是阿罗指出，在现实中并不存在所谓公共利益或社会福利函数。所谓公共财政，只是"民主在规范的意义上说只是一种立宪观点"。公共财政要依托于宪法和法制。公共财政和理财部门是公众的理财机构，它在法律规定的范围内行使其职责。在它面前，公民享有平等的权利和义务，包括公民的纳税义务和对财政有监督权。

公共财政理论主张对政府活动进行严格的限定，将其界定于"市场失效"的领域，即提供市场无法足够提供的公共产品，解决市场本身无法解决的"外部性"和"自然垄断"问题，以及处理市场难以达到收入公平分配和经济稳定而又为社会经济正常发展所必需的事务,从而充分发挥市场与政府的比较优势。

公共财政理论是关于市场经济体制模式下政府活动领域的理论,是与市场经济条件相适应的。根据公共财政理论,经济世界的普遍公共性如果没有政治上的保护和推动是很难推向整个国家的。公共财政制度是一般公共制度的核心。公共财政理论将政府确立为公共主体的最一般形式,通常以制度和法律的形式表达政府的公意且在运用上以政府为主体进行操作,公平、公正、效率是其最显著的特征。但正由于其存在和运作等本身具有的公共性,不可避免地受私利和市场,以及政府本身存在的官僚主义等影响。建立公共财政制度,制定公共财政政策,开展公共财政收支,是每一个政府必备的最重要职能。同时,通过规范市场与政府的分工协作关系,有利于市场经济行为的合理化与最优化,也为加强对政府部门效率的定量分析奠定了理论基础。许多学者指出,运用公共财政资源配置方式有两种:一是政府配置方式,二是市场配置方式。将不同的配置方式置于基础地位,将形成不同的经济体制模式。以市场配置作为资源的基础性配置方式形成的是市场经济体制模式,相反则形成计划经济体制模式。①

在我国,随着市场经济转变的深入和人们物质文化生活需求的不断提高,政府公共服务越来越成为迫切需要。在市场经济条件下,市场将作为社会资源的主要配置者,而不是政府。政府需要转变职能,财政只应在社会资源配置中起补充和配角作用,主要解决的只能是通过市场不能解决或者通过市场不能解决得令人满意的事项,诸如提供公共产品,纠正外部效应,维持有效竞争,调节收

---

① 刘建民 吴金光.公共财政理论与我国公共财政支出模式选择[J].陕西经贸学院学报,1999,(03).

入分配和稳定经济等等。恩格尔定律告诉我们,随着家庭收入的增加,非生活必需品等"精神需要"的开支比例将越来越大。人们就需要越来越多的政府服务。这成为政府不断满足社会公共产品需求,推动公共支出不断膨胀的原始动力。当然,公共财政建设是服务型政府的经济基础,如果没有公共财政提供资金保证,服务型政府只会是空中楼阁。党的十六大、十七大提出的"完善公共财政制度,逐步实现基本公共服务均等化"是一个新的改革命题。这对改革公共财政制度提出了新的要求。基本公共服务均等化,为全体社会成员提供大体均等的基本公共服务,是形成惠及全民公共服务体系的基础,是体现以人为本和弥补市场公共产品供给失灵的重要制度安排,是缓解社会矛盾和解决民生问题的现实需要,是构建社会主义和谐社会的必然要求,更是市场经济条件下公共服务型政府的首要职责。因此,实现基本公共服务均等化是公共财政体制改革的目标所在。

我国许多学者指出,当前公共财政制度的一个重点是公共支出制度,弥补市场失灵,组织提供公共产品,满足社会公共需要。其中包括增加对农村公共服务的投入,明确中央政府和省级政府在义务教育投资中的主体地位,完善社会保障体系,加大中央财政对公共卫生的支出力度以及建立规范的转移支付制度等等。其中,由于我国各地区政府财政能力的差异是导致不同地区基本公共服务水平均等化实现程度差异的根本原因,政府间财政转移支付[1]是满足不同财力地方的公民获得公平的公共服务待遇的权利和愿望。转移支付是财政体制的重要组成部分,是一国政府间财

---

[1] 指一个国家中央政府与地方政府或上级政府与下级政府之间在既定的职责、支出责任和税收划分框架下财政资金的无偿转移。——作者注

政关系的进一步调整,对财政体制的公平性和运行效率有着重要影响。越来越多的学者认为,科学合理的转移支付制度是中央政府实施宏观调控的重要工具和各级政府履行职能的重要保障,也是实现资源有效配置、地区间财力合理分配和公共服务均等化的必要条件。① 我国财政制度突出表现在财政供给的"越位"和"缺位"并存。公共财政理论对推进我国财政制度改革提供理论基础。

建立充足、公平、有效的教育财政制度,是促进教育公平的根本保障。教育服务是政府提供公共服务的重要组成部分,提供均等化教育服务是公共财政的基本职能。完善公共教育财政制度,是促进教育公平的保障。建立充足、公平、有效的教育财政制度,是促进教育公平的根本保障。因此,建设一个"以稳定增长的财政投入为基础,以更加完善合理的多元化筹资体制为支撑,重点选择的政府投入范围,高效的政府投入措施,发挥社会力量办学积极性,注重经济和法律手段调控,鼓励学校竞争"的具有高效性、公平性和给予受教育者更多选择的公共教育财政体制,是构筑我国公共教育财政体制的主要目标。②

教育尤其是义务教育是实现公平的重要手段。公平是一种观念,人们在不同的场合对公平有不同理解。从政治上说,公平是指政治权利平等,即不同的人,不分财产、性别和宗教,都获得平等的权利。从经济上说,公平可以理解为起点公平、过程公平和结果公平。在教育上,公平是指教育权利和教育机会均等。教育对于公平的特殊作用表现于:教育为人们提供获得技术的捷径,改变人们的地位。现代理论认为,生产由资本、技术、土地和劳动四大要素

---

① 肖陆军.论服务型政府的公共财政制度建设[J].改革与战略,2008,(04).
② 闵维方.探索教育变革:经济学和政策的视角[M].北京:教育科学出版社,2005.213.

组成。人们的收入分配取决于对这些要素的占有和投入。谁拥有资本,谁就有权获得利润和利息;技术是从劳动中独立出来的要素,谁拥有技术,谁就有权获得技术报酬;拥有土地,就有权获得地租;而拥有劳动力并投入使用者,就有权获得工资。因此,从投入—产出看,这是一个公平的规则,政府在生产领域内应当维护这一规则,否则就等于否定市场经济。在经济学中,将这一分配规则称为过程公平(图1-2)。

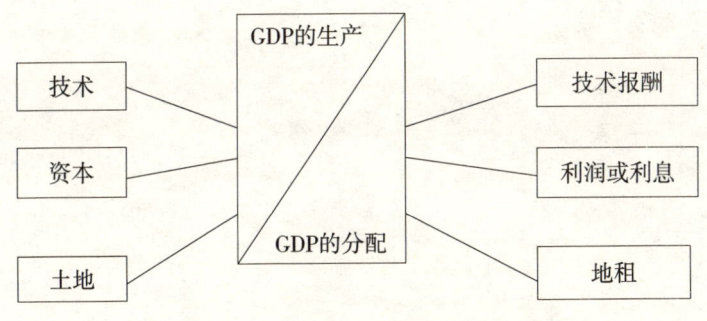

图1-2 经济公平和国民收入分配

然而,过程公平未必结果公平。由于每个人所拥有的生产要素是不均的。例如有的人既有资本,又有劳动,可以获得多份报酬;有些人仅有劳动力,只能得到工资;有的人因劳动力的质有缺陷(如残疾人),因而连基本的报酬都得不到。可见,起点不公平必然带来分配结果不公平。[①]

因此,公平是制定一国义务教育政策的基础,它是一种观念或价值标准,同样也是人们所追求的理想的社会目标。公平观具有

---

① 财政部教科文司 教育部财务司等.中国农村义务教育转移支付制度研究[M].上海:上海财经大学出版社,2005.13.

与时俱进的特点,在不同的场合有不同内涵。法律上的公平通常是指:(1)人人享有平等的法律权利;(2)权利与义务相对等。而在经济学中,公平通常包括经济公平和社会公平两个层面,前者是指按各人投入的生产要素来分配收入,后者是指在家庭消费上,政府各项政策有利于缩小差距。在教育上,公平包括教育机会均等、教育权利均等和教育权利均等+按能力付款等等。尽管不同的教育公平观在理论上的争论可以长期存在,但作为在市场经济下的政策指导,政府必须有一个明确的、反映现实国情和多数人要求的义务教育公平观。

第二章 教育公共性：问题与分析

> 教育的公共性所表明的是，教育基于正当性或正义性而关涉公民社会的公共事务及公民品质。
>
> ——[美]罗尔斯

教育作为公共领域事务的事实存在，面对时代的变迁特别是政治、经济、文化的变革，其公共性价值在不同时期和背景条件下，经受着各种挑战和考验，但在历史进步和社会发展中，教育公共性的价值诉求愈来愈凸显。其实，教育公共性遇到的问题和挑战也正表达了其旺盛的生命力。

一、教育公共性的尴尬

（一）教育公共性的消解

教育的公共性表达了教育基于正当性、正义性而关涉公民社会的公共事务及公民品质，体现了对公共事务的关怀和公民品德培养的旨趣，然而现代社会却给教育带来公共性的考验。

1. **公共性机制观念的消解**。不同族群（阶级、阶层、民族、种族、性别、年龄、党派等）之间难以调和的价值冲突，使人们不仅在思想上,而且在社会现实的行为层面上,陷入混乱、无序和无所适从之中,带来"公共价值观"的缺位。现代社会的特质和精神气质表明,在这样一个社会中,文化本身逐渐丧失公共性品格,难以构成社会成员之间的基本共识。在我国,经济改革给中国的公共生活带来意味深远的变化,公共生活的生态在相当程度上已由全民式的转变为群体式的和个体式的。道德生活价值取向的多样性已经在经济改革带来的社会结构变化中获得赖以生存的土壤,原有既定的全民共享的价值体系已不再有社会约束力。共有的价值体系已名存实亡,生活的伦理秩序失去一致性,各种利益行为的冲突和某些极端的利益行为把社会推向道德失序状态。面对价值冲突与混乱,教育难以用一种主流价值观来培养学生的集体观念,其应对公共事务的关怀和公民品德的培养也就变得无能为力。[①]

特别是20世纪90年代中期以后,通过市场来向社会提供教育服务,成为一种重要的教育运行机制。正是在这种变化中,原先的政府与学校的关系开始分化、改组,出现政府、市场和学校三种既互相联系又互相制约的力量。其中,政府和市场分别代表教育这种社会产品的两种不同的提供途径。然而,近年来人们发现仅仅依靠市场的力量,并不能达到改革的目的,反而进一步加大教育的不公平。市场机制的缺陷使其作用范围是非常有限的。它仅在私人产品范围内有效,在公共产品的范围内无效。公共产品是为公共需要的满足而生产、供给的物品。教育产品具有非垄断性公共产品的特征,同时,它并非绝对以营利为目的的领域,它主要是通过政府和非营利机构来调节其与其他领域的活动。因此,它实

---

① 袁祖社.公共性的价值信念及其文化理想[J].中国人民大学学报,2007,(01).

际是用私人领域的原则解决处在公共领域中的教育问题,必定给教育的公共性带来影响和冲击。① 市场竞争导致学校两极分化,出现了"择校热"和教育腐败现象。市场机制对教育资源的分配坚持"效率优先"的原则,这种高效率通过价格机制、公平竞争机制和自由选择机制来实现。在市场机制进入教育领域后,教育资源的配置路径发生很大变化:一方面,一大批优质教育资源流向重点学校或在市场竞争中处于优势地位的学校,使这些学校办学条件和办学质量日益提高;另一方面,在市场竞争中出现大量薄弱学校,这些学校教育教学资源极度匮乏,教学质量每况愈下。学校两极分化的结果是严重的"择校热"。那些在市场竞争中产生的所谓"名校"充分利用市场机制,在蜂拥而来的生源市场中收取高额学费和花样不断翻新的各种费用,从而为教育腐败现象滋生开了方便之门。近些年来,教育乱收费屡禁不止,即是这种情况的反映。可以说,学校两极分化与教育腐败现象是相伴而生的,都严重背离教育公共性的特征。同时,市场化区域之间和城乡之间教育的差距拉大,受教育机会不均等程度加深,不仅制约了国家和社会的整体协调发展,而且加剧受教育机会的不均等,导致教育公平的丧失。②在公共性消解的教育场域中,正在成长的学生不可避免地要受到影响。当今,后现代思潮对一切既成的规范价值所抱的意义虚无态度,以及非理性主义、怀疑主义弥漫,学生公共精神面临严峻挑战,而教育公共性的消解,恰恰助推学生公共性不足的恶化。

2. **教育公共价值观念、公益性质的消解**。现代教育公共性最显著的表征在于,"教育基于正当性或正义性而关涉公民社会的公

---

① 樊改霞.现代公共教育的制度转型:公共性的失落[J].教育导刊,2008,(04).
② 鲍传友 邓涛.论市场经济条件下义务教育的公共性[J].中国教育学刊,2006,(03).

共事务及公民品质,它以对公共事务的关怀和公民品德的培养为旨归"。① 现代社会的特质和精神气质表明,在这样一个社会中,文化本身逐渐丧失了公共性品格,难以构成社会成员之间的基本共识。而恰恰是教育的这个功能需要通过培养学生共同的价值观念来完成。经济改革给中国的公共生活带来了意味深远的变化:"公共生活的生态在相当程度上已由全民式的转变为群体式的和个体式的。"尽管国家仍试图通过倡导全民式展开的伦理行为来规范、引导公共道德秩序,但实际情况是,道德生活价值取向的多样性已经在经济改革带来的社会结构变化中获得了赖以生存的土壤,国家提供并规定的全民共享的价值体系已不再有社会的公共约束力。共有的价值体系已名存实亡,生活的伦理秩序失去了一致性,各种利益行为的冲突和某些极端的利益行为把社会推向道德失序状态。面对价值冲突与混乱,教育难以用一种主流价值观来培养学生的集体观念,其应对公共事务的关怀和公民品德的培养也就变得无能为力。

教育的公益性决定了它不可能像商品那样完全通过市场来提供,而必须通过市场以外的资源配置机制来提供,在我国,则主要是通过县级以上政府投资的公立学校来实现的。"公立学校之所以会成为教育提供的主要形式,是因为通过公立学校这种公共选择机制,可以有效地解决由于教育产品的非排他性所带来的无人付费消费的问题。同时,通过无偿或低价提供教育服务产品,政府还可以解决由于教育产品的非竞争性所带来的定价问题。"② 因此,可以说公立学校系统是实现教育公益性的最重要的保障机制。

---

① 袁祖社.公共性的价值信念及其文化理想[J].中国人民大学学报,2007,(01).
② 劳凯声.教育体制改革的公益性诉求[J].理论视野,2008,(07).

但是,自20世纪80年代以来,基于新自由主义的理念,许多国家都在用市场精神改革公共部门,以激发公共部门的活力,提高其效率。公共部门改革的成功经验被借鉴到公共教育领域,于是,一场"教育民营化"或"教育市场化"的浪潮席卷全球,人们希望像其他公共部门的改革一样,依靠市场这只"看不见的手",来革除学校这种公共部门存在的弊端。因为,教育的市场提供机制是一种全新的教育运行机制,其典型特征就是以私益作为出发点和归宿,通过一种契约精神,使个人与社会、权利与义务之间求得平衡。政府主要用法律、经济、评估以及信息服务等统筹规划和宏观管理对教育的组织实施。竞争性的教育市场鼓励学校关注于市场化、公共关系和学校形象的符号管理而不是引导学校改进教与学,因为资金从教学资源投入转移到市场化策略中去。同时,市场化运动可能导致一些高质量的学校从中获利,使得质量较低的学校及其学生处于不利境地,这必然使一些利益群体从中获利,结果是个人利益居先于公共利益和教育的外部利益。

3.学校教育的自我封闭。教育的本质特征公共性,决定了公立学校立足于公共领域,是公民社会的一部分,所以公立学校既不是国家领域中的行政组织,也不是市场领域中的商品市场。它运行的原则既不是按照权力运行的原则,也不是按照商品交换的原则。公立学校是作为一个公立场所而存在,作为一种公立教育机构而存在,因而,公立学校必须对所有公众开放,不能带有歧视性和排他性,它的服务对象是整个社会,而不是局限于某个特定的阶层、特定的群体。公立学校属于公众。显示这一点的有效方法,是在不妨碍正常教学的情况下,对所有个人、团体、组织开放学校的教育设施。社区在夜间或者暑假使用学校设施,最终会向社区公众表明,他们所付出的教育税可以给他们带来某种服务。学校是一个社会机构,是为公众服务的,允许公众使用学校建筑、设施,是与学校的这一性质相一致的。而现在,我们的中小学校一到暑假、寒假,就铁门关得紧紧的,不要说周围社区公民,连自己的学生要进去打球、跑步,都颇费周折。原因何在?陈独秀在《新教育是什么》一文中认为:"新教育对于一切学校的观念,都是为社会设立的,不是仅仅为一部分学生设立的。自大学以至幼稚园,凡属图书馆、试验场、博物院,都应该公开,是社会上人人都能够享用,必如此才能够将那个教育与社会打成一片,必如此才能够使社会就是一个大的学校,学校就是一个小的社会,必如此才能够造就社会化的学校,学校化的社会。现在各学校门首大书特书的'学校重地闲人免进',明明白白的是要把学校与社会截为两段。"[①]

学校自传统的封闭系统发展至今,已逐渐转型为社区学校的开放系统,然而多数学校仍基于保护学校内部资源与环境的立场,不愿全面开放资源与设备供社区成员使用,这里主要涉及到学校与社区公民间的伦理问题。

(二) 大众传媒对教育公共性的消极影响

在信息时代,大众传媒对受众的影响力越来越大,人们对其依赖程度越来越高。"受众是社会发展的产物,也是媒介及其内容的产物。"[②]大众传播所创造的公共性类型是一把双刃剑。大众传媒将为受众生产些什么,受众在接受大众传媒的密集信息"枪弹"的时候,又往往因缺少分析的时间或条件而一味听从接受,潜移默化

---

① 顾明远主编.中国教育大系之马克思主义与中国教育(上)[M].湖北:湖北教育出版社,1992.19.
② [英]丹尼斯·麦奎尔.受众分析[M].刘燕南、李颖译.北京:中国人民大学出版社,2006.35.

地受其影响,按教育的说法,叫"可塑性"极强。这个时候听到"上帝"的福音,可能成为天使;受到魔鬼的诱惑,则可能坠入地狱。而人往往存在一定的惰性,加之物欲、放纵、享受、感官刺激等接近"魔鬼诱惑"的东西无处不在,如果没有"上帝"福音的及时呼唤和超度,坠入地狱比跨进天堂的几率大得多。在由大众传媒创造与维持的新政治领域,大众传播既可以是极权主义政治的帮凶,也可能是民主政治的良友(现代民主国家中的所谓民主监督离开大众传播,是不可思议的)。这主要取决于它生存于什么样的社会政治环境中。大众传媒像一把"双刃剑",它在发挥巨大作用的同时,各种负面效应也逐渐凸显出来。

大众媒介的"容器人"效应。由于声画并茂的传播优势,电子媒介对许多人产生不可抗拒的吸引力,特别是青少年把自己封闭在媒介的"自我"之中,成为所谓的"容器人"。他们的思想、感情沉浸于传媒内容之中,耗费大量时间,对未来漠不关心,视野狭窄,极端自我内化。法国社会学家布尔迪厄指出:"电视并不太有利于思维的表达。""电视是一种极少有独立自主性的交流工具。"[①]在电视领域,那些戴着光环的专家、学者只是受操纵的"木偶而已"。

造成文化"快餐化"和智能降低。大众传媒传播形式的通俗化、游戏化,让一些原本庄严、崇高的人文精神大大弱化,加上大众媒介传播的直接性和快捷性,不可避免地对人们的理性思维能力产生一种抑制和弱化作用,使人的智能降低,思维简单化、平面化,缺乏深刻的内涵和底蕴,容易形成一种庸人哲学的泛滥。

---

① [加拿大]马歇尔·麦克卢汉.理解媒介——论人的延伸[M].何道宽译.北京:商务印书馆,2000.7.

发达国家形成文化霸权。文化帝国主义的实质在于发达国家通过媒介对第三世界进行全面文化渗透、文化支配和意识形态的潜移默化。在现代社会信息爆炸式递增的传播环境中,拥有先进技术的信息传播者成为信息传播的主体,而传播技术相对落后国家或民族则被动地成为信息传播的弱势群体。这种差异造成了强势文化对弱势文化的渗透与侵略,迫使弱势文化不得不接受或许是不适合本民族本文化传统生存与发展需要的文化形态和生活方式,导致发达国家形成文化霸权,出现文化的不平等与差异的扩大化。

消极价值观念侵蚀精神家园。在感性发展上,青少年信赖于大众传播媒介,他们往往视媒介为权威。拜金主义、享乐主义、唯利是图等一些消极价值观念渗透大众媒介作品中,潜移默化地侵蚀着青少年脆弱的精神家园。一些广告的消极示范效应扭曲人们的心理常态,导致"炫耀性消费"等畸形社会行为的出现。大众媒介凭借其特有的"欲望的模仿"机制,重塑社会消费行为,引导社会消费。而社会消费又制约和影响着个人家庭消费,个人收入的变化往往滞后于消费观念的变化,与高消费者攀比,导致低收入阶层的超前消费,从而带来一系列社会问题。

暴力色情信息对社会的危害。随着媒介竞争的加剧和在全球范围的展开,为迎合部分受众的收视欲望,暴力色情信息成为大众媒介挥之不去的附属品。大众媒介中暴力节目直接影响儿童的侵犯行为和健全人格的形成。一些意志薄弱、未成熟的青少年会因模仿媒介的暴力行为而走上犯罪的道路。

对受众生理健康的影响。强烈光电、噪声对视听感官的刺激和电磁污染会诱发多种疾病。目前被认定与电视有关的病症有50多种——多动、痉挛、头痛、睡眠障碍、厌食、恐惧症、孤独症、胃肠道功能紊乱、近视或散光以及皮肤斑疹等。长时间看电视的儿童常表现听力和视力降低,体能下降,作业效率低,缺乏求知欲和耐心等。

在以计算机为核心的现代网络信息技术作为先进的科学技术似乎听到胡氏的呼唤,试图绕开科学技术这一陷阱,努力避免人的意义的陷落。网络的到来直接给了后现代主义生长的温床,人的主体性得到充分张扬,传统的社会秩序的金字塔纷纷坍塌。同时,随着网络技术的发展和网络技术消费的普遍化,网络生活是人类不可逆转的生存境遇。为了追求网络发展带来的经济利益,人们对网络技术的需求远远超过网络人文的需求。目前,追逐网络技术与利益已成为塑造人们价值观和思想的强势力量。全社会尤其是网络技术发明、经营者和管理者对网络失去了自我审视、反思和批判意识,也失去对社会应负的责任,而使网络成为一匹脱缰的野马。这种不幸首先在青少年中蔓延开来,使人们对网络的抱怨、指责不绝于耳。

事实上,历史上伴随着每一种媒体技术的进步,在促进儿童发展的同时都有负面效应产生。媒体能为儿童提供可供模仿的形象模式,但过多的形象模仿模式,会使儿童的创造性想象受到限制。荧屏形象能长时间吸引儿童的注意力,过多的荧屏刺激,快速移动的图像,屏幕频道间的跳跃,使儿童注意凝聚力短促。电子游戏和网上游玩能左右儿童的思维与之互动,刺激儿童一定的参与性,但这种主动性是被限定在一定范围内和设置好的程序里的,因此这种主动性不仅是有限的,而且当儿童的大部分时间被其占有的时候,儿童的主动性便不能在更大的范围里发挥。尤其是信息本身的污染问题也很棘手,最令人担忧的问题似乎是社会性的发展。儿童对现实生活的体验和感受刚刚开始,大量时间便被一个虚拟的世界占有,这个世界对儿童来说是真实世界的模拟和压缩,其效应是时间一致性和地理一致性的丧失,在短时间里信息过量,感觉系统的过分刺激。最终,儿童只能在虚拟世界里拥有主动,在真实的世界里却无所适从。这确实值得深思。

但是,学生的精神价值及其判断,面对着强有力的挑战。胡晴舫在《读书》2008年11期撰文《暴露狂年代》,其中写道:

> 在这个人人记录、人人寂寞的博客时代,越来越多产品必须冠上一个英文小写的"i"(大写的"I"为我,小写的"i"为小我),以诉求看似微不足道的个体,深化他们的独立存在,颂赞伟大的个人力量。什么东西都是"你的"或"我的"("你的"其实就是指涉"我的"),不再是"人人的"、"全家的"、"全国的"。
>
> 且不论这份权力是否被过度夸大,或"小我"是否真的更不容易沉醉于权力的虚妄性,我们的确已经活进一个人人自创频道的时代。由于现代人学会了怀疑国家政府与主流新闻媒体,我们更愿意采信业余者的说法。当我们睁眼检视机构权力,却忽略了业余者的人性与专业训练,我们总以为业余者没有利益动机去说谎或犯错,而政府或媒体大部分时候却很难逃脱这层嫌疑。
>
> 就某方面,台湾高中男生把激情照贴上网络相簿等,都分享了相同的心态,他们都追求个人的网络点击率。这已不是旧有认知上所谓精英文化对抗大众文化的拉锯战,而是小我要求被注意的锐利尖叫。

文章随后分析认为,"我秀,故我在"已经取代"我思,故我在",成为人类存在的本质。于是,一种新形态的暴露狂主义诞生了。

人们因此自愿或被迫地分享许多陌生人主动公布的生活细节,从电影品味、性幻想对象、心情故事到日常流水账,无一不括。

更值得深思的问题是,那些我们在网络上读来的信息究竟可不可靠。每天每时每分每秒,就在我们说话的这一刻,全世界各地都有人正在键盘上飞快敲进新的信息,而另一个人正在搜寻他刚刚写下的信息。由此,身边的网络正在改写人类的知识体。当网络开启一道门,让知识免费流通,信息自由散布,意见免除审查,网络便逐渐成为人类的集体记忆库。人们去网络上查询信息,就像以前上图书馆找数据一样。然而,这个日渐庞大的记忆库,如同以往人类的历史记载,已经难以避免地充满人为的操弄与虚伪的记录。

如同我们当年对大型机构与主流媒体的质疑,现在对网络上所搜寻来的知识与信息也要小心看待。当年大型机构与主流媒体的问题是垄断性权威,所以当网络被发明出来时,仿佛是在一池静水边开了个口,令新鲜泉水流入。而今,这股泉水汇成大河,成为众人饮水之地。当河面加宽,河流加深,奔向大海之时,难免开始夹带未经删选的杂质,影响到知识的纯度。更何况由于网络的匿名性,让文本来源更难查证。不像传统媒介,所有作者与编辑身份公开,公司注册在案,若是报道不实,你随时能上法院控告该公司与责任编辑,在网络上,你找不到文责的对象。一名大气科学教授上到维基百科试图修改一条错误的基本知识,却被愤怒的无名网友一再删除,对方的唯一理由是"你的数据不过是另一种说法"。

但是,就像饮食必须注重均衡,如果传统信息产业不该是我们偏食的对象,网络也不应成为唯一摄取信息的来源。何况,获得信息从来不是知识的终极目标,而是如何形成自己的价值判断,作出有益的决定。但必须清楚的是:浏览网页时,就像我们收阅主流媒体一样,都需要适当的怀疑、反思,以为每一个博客之后都是一个知识达人,乃是我们时代的危险认知。

大众传媒消极意义的根源在于网络信息技术的快速发展。网络信息技术发展历程虽然短暂,却以惊人的速度和力量颠覆着人类的时空观念、交往方式、思维方式、生活方式。它作为一种先进的生产力,极大地促进人类全球化进程,推动人类文明的发展,同时,也激发着人们狂热的崇尚激情、占有欲望和想象力。在网络信息时代的背景下,网络的工具理性被日益推崇和提升,甚至片面强调并夸大网络的存在性,致使其统治意志姿态与主导价值地位日盛,凌驾于人之上,渐渐淹没了人的主体价值和能力,引发网络对人的异化。人的主体价值和能力是人主体间性存在的基础。人的主体价值和能力的不足带来的交往对话能力的式微,使人们失去网络与人之间交互主体共存的可能,从而造成人们与网络交互主体间性日趋黯淡和没落,彼此日渐对立。根据哈贝马斯交往行为理论,交往行为是交互主体间和谐统一的基础,只有从交互主体的交往行为意义上,才能把握社会行为的本质内涵。网络危机就主要体现为交往行为合理性的不足或缺失,而交往的手段和媒介就是网络文化。网络文化合理性的不足或缺失才是网络道德危机的深刻社会根源。[①] 网络道德危机的本质就是网络文化的危机。网络文化是网络技术在社会中得到普遍认可和运用,并成为人们日常生活方式时衍生的一种文化,它是人们网络行为的核心体系,主宰着人的网络行为。如,人们在网络生活中,以自我为中心,以实现自己的目的为方向,按照功利化的行为准则来进行行为抉择。

---

① 张茂聪、王培峰.网络交往伦理:青少年网络道德教育的新视野[J].教育研究,2007,(07).

以自我内部的主观世界为前提,通过网络在大众面前表达自己的感情和愿望,展示或宣泄自己。这些网络行为理性的不足和缺失主要体现为目的性行为和网络戏剧性行为的膨胀对交往行为的遮蔽,以及网络规范调节行为的不足。

在文化失范的网络空间里,青少年的网络伦理道德的失落,不能不追问网络交往媒介异化这一深刻渊源。人们在享受网络科技的同时备受网络的欺凌、异化,而浑然不知,这就如同正在温水中被不断加热的青蛙,死都不知怎么死的。尤其是当前网络时空里越来越多地使用金钱、权力、技术作为交往的媒介,各种网络利益的延伸与链接,结成了庞大、复杂的网络利益结构关系,支配着人们的网络生活行为,日益严重地排斥着以理解和共识为目的、以语言文化为媒介的交往,扭曲着青少年网络生活价值与意义的追求。"人的意义世界丧失","社会的非人性化与道德危机",皆可在此找到答案,追溯根源。网络道德危机正是现代社会病态特征之一。

网络文化危机是网络背后的经济结构和法则使然。长期以来,人们将网络作为一种生产力、一种科技,追求经济利益,没有作为一种文化存在、一种生活状态和生存境遇而关注人文涵养。新的技术的推广运用必然带来新的文化,可我们对这种网络文化特性的研究没有足够的重视。网络的产生、运营表现出的仅仅是消费的价值、交换的价值,追求的是利润。它一经产生,就像商品交换过程一样遵循经济法则。因此在市场经济下,国家对网络危机的干预并不会带来多大的改变。历来几次政府干预(如由事故引起而发动的校园周边网吧清除,未成年人禁入网)效果并不理想。

利益冲突必然带来政府作为的危机。这种危机不可避免,这是网络在上述利益危机的矛盾从市场转移到政府管理系统。危机的根本在于政府干预与网络社会化间的矛盾。政府干预必然体现为政治、经济手段（惩罚、停业、罚款），但网络需求的市场并不会消失。在市场经济逻辑下网络经营与网络需求具有利益的一致性。一昧的政治、经济手段模式并不解决矛盾，只要利益根源存在，政府的干预就只能在经济的逻辑框架内循环，甚至恶性循环，于问题解决并无多大益处。在此并不是否定政府的干预，而是置疑政府干预的模式。因为，作为责任政府和服务政府，只有和媒体建立一种和谐互动的良性关系，才能最大限度地满足公众的知情权、参与权、表达权和监督权，才能推进民主法治社会的进程。而媒体只有充分利用政府的新闻资源，才能增加自己的公信力和影响力，真正成为公众利益的守望者。但是，由于网络在社会系统中凸现的价值地位和固有的经济结构体系，一方面，造成政府干预的先天不足；另一方面，在网络世界里，文化、思想、价值观等意识形态明显碎片化和后现代化，日趋削弱着人们对普遍价值观的认同，造成文化价值观念的危机。这种危机是个人与政府干预在现有网络文化价值观念认同方面表现出的矛盾。目前，青少年及其他网络消费者、网络经营者在网络生活中对政府干预不感兴趣或兴趣不高，不愿参与文化合法化过程，他们热衷的是消费、安逸、利益，关注的中心是自我生活的境遇，而疏于对政府和社会秩序的关注。另外，动因存在于一定的文化传统。在目前，网络文化尚未健全成熟的情况下，积极动因常常遭遇冲击破坏，而逐渐被衰变异化。例如，学校教育对学生上网的动因教育，常常遭遇网络中暴力、欺骗等文化观的冲突，导致学校教育给予的动因维护变得十分艰难。同时，后现代思潮对一切既成的规范价值所抱的意义虚无态度，以及当今非理性主义、怀疑主义弥漫，更增加青少年的动因危机。

(三) 教育公共体系内政府与市场的迷乱

社会阶级背景对学生可能是帮助,也可能是阻碍。学校对中产阶级者所产生的"不公"态度,与中产阶级学生的价值观、行为模式密切相关。学生的社会阶级由家庭环境所决定,并反映在成绩、学业成就的表现、智力测验分数、课业失败、逃学或停学处分,以及追求高等教育的企图和未来的教育计划。其实,社会阶级并非唯一影响学生学业成就的变项,而且每一阶级内部也有很大的变异,不过,阶级与成就之间有明确而显著的关系。①

实际上,每个社会摆在儿童面前的机会,都被视为是合宜而有价值的,社会也企图让每个儿童都有均等的机会在此架构内竞争。但有些具备特殊能力的儿童可能在特殊的社会中并不获赏识。美国与其他异质性社会中都存有许多互相竞争的价值系统,那些受到冷落漠视的少数民族者,认为在他们所属的价值体系内,学校并未给他们公平的成功机会。冲突大都起因于学校中的差别待遇,以及教育过程在财富、职业地位及机会上之不均等。假定学生有不同的能力与需求,能期待他们有某种结果上的均等吗?假使不均等的结果打破种族、族群、社会阶级或性别界限呢?但是,单凭公平地对待学生,并不能产生均等的结果。

长期以来,由于就近入学政策的限制,处于社会地位上升阶段的大多数阶层无法通过合法途径满足在重点中小学就读的需要,于是越轨的择校行为出现了。各教育阶段的择校亦呈现不同的特点:基础教育阶段的择校多指家长放弃义务教育阶段适龄儿童按

---

① [美]珍妮 H.巴兰坦.教育社会学[M].黄德祥 林重岑等译.台湾:心理出版社,2007.6.

学区免费就近入学的优惠政策,主动选择其他学校就读的教育选择现象;高中择校是指初中毕业生未达到学籍所在区域所报考志愿的高中录取分数线,要求选择非教育部门指定的普通高中就读现象;对于高等教育阶段而言,由于中国最好的一部分高校属于公办学校,在招生和收费上按国家规定标准严格执行,因此,受教育者的择校余地较小。择校问题愈演愈烈,遂成为教育发展过程中亟待解决的难点问题和教育体制改革的焦点问题。

按照择校的途径,可将择校划分为三类:建立在家庭的社会资本基础上的择校;建立在家庭的经济资本基础上的择校;建立在家庭的社会资本和经济资本基础上的择校。现实中的择校绝大部分是通过家庭的经济资本实现的。因此,家庭经济水平成为择校的重要影响因素。

择校形成的原因是多维度、多层次的。首先是国家的教育政策。中国大规模的择校现象,是在 20 世纪 90 年代初教育部(原国家教委)宣布实施就近入学政策后出现的,对社会和教育发展产生一定的负面影响,成为教育发展和改革的负面形象。政府对教育利益分配的不均是择校产生的根本原因。其次是学校办学条件存在差异,优质资源短缺。家长对短缺的优质教育资源的渴求是择校的直接驱动力。再次是根深蒂固的文化传统,片面的"唯学历至上"的人才观,应试教育的弊端,是择校的深层次原因。深入反思这种集中的择校矛盾,择校绝非简单的优质教育资源匮乏问题,而是长期以来困扰基础教育的经费短缺、应试教育弊端和片面人才观的综合反映,而优质教育资源的短缺又与中国教育投入的总体不足有关,是教育公共体系内部的必然选择。

优质教育资源短缺还存在重点学校和非重点学校分配不均状况,这和中国教育投入机制有很大的关系。重点学校是通过占用大量本来应该投入到其他学校的经费而建立起来。教育部门对重点学校和普通学校的倾斜度有轻重缓急之分,由此造成教育资源不均衡状况。公办重点学校享受国家教育高投入的优惠,更有师资力量雄厚的优势,对民办学校产生一定的不利影响。

在美国,特许学校的出现是一个有趣现象。特许学校的建立是教育主管部门重点关心学生利益走出的第一步。[①] 虽然设立特许学校的目的是摆脱传统上对学校教育的制度性束缚,但教育主管部门的本职工作就是组织、监督和规范这些特许学校。有证据显示,在特许学校方面,一些政府实际上赋予教育主管部门以更大的权威。政府教育政策通常是粗线条的,具体落实前需要进一步诠释,教育主管部门总是尽量把政策制定得具体些,以保证学校执行起来方便,同时不至于束缚地方学校的自主权和创造性。教育最基层的具体活动,通常可以阻隔甚至颠覆政府原始教育改革目标的实现。政府需要以更适宜的方式向学校澄清教育改革目标,以便让这些学校更深刻地认识政策,教育主管部门还应该向地方学校提供关于他们工作成效的反馈信息。特许学校虽然反对公立学校的做法,但本身性质还是公立学校的。从某种角度看,特许学校试图回归到100年前的教育管理制度,那时学校是由自己的董事会治理的,学校治理体现社区的价值观。特许学校没有体现激进的改革意识;相反,特许学校能够存在,更多的是出于这样一种出发点:应该由政府确立教育标准,测评办学水平,而让消费者选择教育服务提供者。通过特许学校和政府直接订立合约,政府获得新的自主权——它们可以越过学区,直接安排或重新安排教育

---

① [美]戴维·T.康利.谁在管理我们的学校[M].侯定凯译.上海:华东师范大学出版社,2005.197.

管理架构。主张教育选择权的人们所追求的是这种特许学校可以把学校和社区紧密结合起来。现有公立学校完全有能力,而且的确实现了这样的密切关系。然而,特许学校似乎更在立法机构和家长之间建立和谐关系。

由于教育是人们实现向上流社会流动的最直接、最有效的途径,社会阶层结构的变化不可避免地会导致处于不同地位的社会阶层对教育这种相对稀缺的资源进行重新分配的愿望和要求,进而促使社会各阶层对教育资源进行争夺。这种对教育资源争夺的实质,是对优质教育资源的争夺,在中国具体表现为对作为优质教育资源的重点中小学的就读机会的争夺。

择校,尤其是城市中的择校已经到了必须整治和规范的程度,否则,将妨碍中国和谐社会建设,妨碍教育公平和社会公正目标的达成,同时也会使得教育均衡发展的目标难以实现。但是,不可回避的事实是,择校的存在有其合理性。择校在一定时期内长期存在,具有内在的合理性,我们不能简单地加以否定。择校之所以出现诸多弊端,并受到来自多方面的指责,其实并不是择校的过错,而是教育体制改革不到位,择校机制被扭曲的表现。群众对于优质教育资源的选择性要求的择校是合理的。只要让这种择校"合法化",在相同的竞争规则下,择校可以提高教育机会的供求双方自我完善。

从公平角度讲,择校并没有违背公平的原则。[①]择校并没有以损害别人的利益为前提,并没有对他人的受教育机会产生影响。正因为优质教育资源稀缺,才会出现对教育资源占有的竞争。只要有竞争的存在,就必须要有一定的规则决定谁将占有这部分资

---

① 杨秀芹、杨晓霞.择校:教育寻租视角下的探析[J].教育探索,2007,(01).

源,这才是公平的体现。群众对优质教育资源的选择性要求的择校是合理的,但是择校也是需要规范的,而满足群众的择校要求和治理择校问题的途径主要是不断提高公办学校的办学水平,努力促进公办义务教育阶段学校均衡发展,另一方面,创办一些民办义务教育学校,满足广大人民群众更高的选择性的要求。

我们认为,每一个儿童都有权获得适应其个人需要的教育,因此它不应当为提供所需学校和教师的成本所限制,也不应当为社会的需要所限制,这种需要使得特定数量的儿童以一种特有的方式接受教育。必须提供充足的教育资源,以确保儿童在获得各种形式的教育方面不会受到阻碍,使他们能够从中受益。尽管他们可能无力付费,但对于集体主义原则来说,这些限制性因素是从作为一个整体的共同体的权利中产生的,福利国家无法对它们视而不见。只要存在这样一种情况,竞争性选择就将一直存在下去。这种情况将存在多长时间,我不想妄加猜测。但无论如何,只要存在竞争性考试,教育管理机构就必须作出某种决定,使用最好的办法达到其目的。客观性测试或考试所承载的重要性并不是一种在新的世纪里尚存的现象,它与分配理念的发展是同步的。当面临着只能从 20 个申请者中选择 5 个人填补学校的最后几个时,而且这 20 个申请者都得到了父母强烈而坚定的支持,你可能会认为最好的选择办法要么是遵循从高分到低分的原则,要么是以电脑派位或抽签的形式决定。公众可能希望你采取前者,尽管你知道从一个更大的范围来说,最终的分数根本就不具有什么真实有效性。因此,"从分配理念的角度衡量,教育系统的不充分反而证明了使用这种不完善的选择方法是合理的"[1]。

---

[1] 郭忠华、刘训练.公民身份与社会阶级[M].南京:江苏人民出版社,2007.68.

现在看来，如果真正用分配取代选择，也不会给考试带来多大的改善，使之能为否决家长愿望的决定增添分量。因为在这种情况下，所要回答的问题将不再是：这个孩子是不是真的比其他孩子更适宜于上该学校呢？如果是的话，我们就必须告诉其他孩子说我们已经满员了。而是最适合于这个孩子需要的教育到底是什么？它要求的答案必须像通过绝对标准所得出的答案一样准确，而不能参考其他什么竞争性要求。我敢肯定，在大部分情况下，诸如此类的问题是无法通过测验或考试来回答的，也就是说，在答案能够成为管理行为的基础之前，它们无法以所要求的肯定程度进行回答。因此，我们应该发现，我们所需要的不是下述意义上的分配，即以一种确定的形式将每一个孩子分配到合适的学校或课程中去，我们更需要的是某些类型的咨询服务，而把决定的责任留给孩子的父母。在我看来，这也就是迄今为止分配原则在进入我们的教育体系之后所发生的情况。

从许多方面来说，这种理想听起来都是有吸引力的，虽然在支持它以前，我们对父母的愿望是如何运作的有必要进行更多的了解。后文将对此做详细探讨。但我认为，它与福利国家的集体主义原则是相互抵牾的。按照我的理解，这一原则指的是所有人都必须通过相同的程序得到判断，必须尽可能公正和无私，必须消除偏私和特权，同时去除不同社会环境对人生转折点所产生的影响。这些方面做得越彻底越好，使这一原则发挥其全部效力。从这一点来说，这一原则是支持客观测验的，因为孩子们在 11 岁以上参加考试，他们所自来的学校和生长的邻里环境的质量高低不同。他们不应仅仅通过成绩得到衡量，必须试图去发现其天赋的能力，这些能力可能由于环境而被抑制，但如果给予公平的机会，它们仍然能够结出丰硕的成果。然而，潜在的能力是隐而不现的，需要以更加科学的手段来发掘它们,而不是依靠教师的判断和学校的记录。

(四)"二元结构":我国义务教育财政体制下剪不断的纠葛

义务教育在中国主要是地方政府的责任。在农村是县乡政府的责任,在城市是市或区政府的责任。这种安排从体制上将经费投入和地方财力密切联系起来。由于中国是一个具有严重的城乡"二元性"和地区发展不平衡的国家,因此教育投入的公平问题域城乡之间以及不同地区之间的发展差异密切相关。过去几年中中央加大义务教育的财政转移支付力度,重点针对贫困偏远的未普及九年制义务教育(后简称"普九")地区。政府投入和非政府投入的关系对不同社会人群有不同的体现,主要的特征是纳税人的义务教育负担城乡有别。城市居民除了承担自己子女的杂费和其他学校收费以外,不再承担任何其他费用,而且非在校学生父母的纳税人也不再直接承担任何义务教育费用。由于这种福利多元化框架,政府对于如何以及在多大程度上承担其"主渠道"作用有了很大的灵活性。简而言之,政府投入和非政府投入的关系有两种可能性。一种是替代关系,一种是互补关系。互补关系的发生即政府财政支出增加导致非政府支出同方向增加。替代关系式扩大政府财政支出导致非政府支出的下降。义务教育由于其法制性和较高的私人收益,政府及学生和家长对义务教育的消费都具有一定的"底线性"。如中国中部地区,人们已经让孩子完成义务教育作为父母的基本责任。而在城市的中产阶级的子女中,高等教育已经不再是"奢侈品",而成为"必需品",因而导致对高质量义务教育的旺盛需求。这种现象在其他收入的社会人群中,尤其是在西部的贫困地区中,尚未出现。国家于近年采取宏观的积极性财政政策,其隐含的假设乃是财政支出和居民消费呈"互补关系"。不同与此,过去数年中这种意义上的教育财政政策的理论基础是不一致的。例如,"九五"期间的国家贫困地区义务教育工程在中央财政提供的资金之外,要求地方提供配套资金,其中相当一大部分来自社会捐集资和农村教育费附加。这种政策的设计乃是以"互补关系"为依据的。2000年3月2日,中共中央、国务院《关于进行农村税费改革试点的工作通知》,确定在安徽省以省为单位进行农村税费改革试点。其主要内容包括取消乡统筹(包括农村教育费附加)和取消农村教育集资等专门面向农民征收的行政性收费和政府性基金、集资等改革措施。这些资金缺口将通过财政预算安排。这种政策又是以这样的假设为前提的:现实中的农村居民和社区对义务教育的支出并非效用最大化之结果,而是包含非自愿支出,造成了负面的社会影响。值得注意而常常为学界所忽视的是,这次"税费改革"政策在较大程度上限制农民和社区通过国家学校自愿为义务教育支出的选择。[①] 我国城乡义务教育公共财政经费投入现状是:

1. 政府公共财政性教育投资总量与支出规模偏低和结构不合理。近几年,由于我国国民经济持续增长,对于财政性教育经费投入总量也逐年持续增长,但从相对量来讲依然很低。如表2-1所示,"十五"期间,财政性教育支出从3057.01亿元增长到5161.08亿元。财政性教育经费在2001年相比上年,增长速度达到19.29%,"十五"期间保持着年均增长15%左右。但是也从中看到相对量来言,"十五"期间的财政性教育经费投入还非常不足。第一,我国的财政性教育经费只能占GDP的2.8%左右,与期望的国家用于教育的财政支出占GDP比重4%的水平线还

---

① 闵维方.探索教育变革:经济学和政策的视角[M].北京:教育科学出版社,2005.90.

有一定距离①。第二,我国的财政性教育经费占国家财政支出的比重由 2001 年 16.17% 降至 2005 年 15.21%,这进一步说明我国的财政性教育经费增长速度还落后于财政支出的增长。与韩国(1997 年)为 20.5%,泰国(2000 年)为 22.44%,墨西哥(1999 年)为 25.54% 比较,还属于较低水平。第三,在"十五"期间,国家财政性教育经费由 2001 年 65.92% 降至 2005 年 61.3%,呈现逐年降低。国家财政性教育经费所占全国总教育经费比重的降低,意味着政府教育支出总量有所减少。但是,应该全部由国家支出并承担的义务教育经费,却由于政府的宏观调控能力较弱,造成财政对教育整体投入不足,造成义务教育领域投入的"缺位",直接导致义务教育的福利性和公平性受到损害,不利于促进教育公平。以山东省为例,山东省位于我国东部沿海,辖 49 个市区 31 个县级市和 60 个县,9417.23 万人,陆地总面积 15.71 万平方米,近海域面积 17 万平方千米,是我国的人口大省、教育大省和资源大省。由于历史因素和现实原因,山东省各县市区的经济和教育发展极不协调,对一些欠发达县和地区,政府对农村义务教育的投入明显不足,一些农村中学教育却一直处在经费拮据的窘境之中。如平原县从 1986 年开始实施初中义务教育,1996 年普及九年义务教育,但基于财政困难、制度调整等诸多外患内因,县政府对义务教育的投入始终未能"达标"。2003 年的义务教育经费总投入为 6670.43 万元,初中生年均公用经费仅为 258 元。② 到了 2008 年全国普通

---

① 1993 年,中共中央、国务院颁布《中国教育改革和发展纲要》,规定到 2000 年财政性教育经费投入占 GDP 的比重要达到 4%。结果没有达到。2010 年颁布的《国家中长期教育改革与发展规划纲要(2010-2020)》规定"提高国家财政性教育经费支出占国内生产总值比例,2012 年达到 4%"。——作者注

② 张茂聪 冯永刚.公平与均衡视域下义务教育资源有效配置的研究[J].教育研究,2009,(12).

初中生均预算内公用经费支出为936.38元,比2007年的614.47元增长52.39%。其中农村普通初中生人均预算内公用经费支出为892.09元,而山东省2008年初中生人均预算内公用经费支出仅为828.60元,2007年为568.10元,列全国21位。投资结构的不合理表现在,同一县市区的校际之间,教育投入是不尽相同的。与普通初中相比,重点初中、示范学校获得的资金投入遥遥领先。政府财政性投资总量的捉襟见肘和投资结构的比例失调,是阻滞义务教育资源优化配置的一块"短板"。

表2-1 财政性教育经费投入情况

年份	教育经费总投入(亿元)	教育公共财政经费(亿元)	财政性教育经费增长速度(%)	教育公共财政经费占教育经费总投入的比重(%)	教育公共财政经费占财政支出的比重(%)	教育公共财政经费占GDP的比重(%)
2001	4637	3057.01	19.29	65.92	16.17	2.79
2002	5680	3491.40	14.21	63.71	15.83	2.90
2003	6208	3850.62	10.29	62.02	15.62	2.84
2004	7242	4465.86	15.98	61.66	15.68	2.79
2005	8419	5161.08	15.57	61.30	15.21	2.80

资料来源:《2007年中国统计年鉴》

2.城乡二元经济结构拉大城乡教育资源的差距。城乡二元经济结构、城市引领农村发展战略的影响,导致了城市经济和农村经济的失衡。以城乡居民收入差距为例,1998—2005年山东省"城镇居民的收入增长速度快于农村居民的收入增长速度。城镇居民的人均可支配收入由1998年的5190.79元增长到2005年的10744.8元,年均增长率为10%;而农村居民人均纯收入由1998年的3561.87元增长到2005年的5676.98元,年均增长率为7%。城乡居民人均收入比值从1998年的1.51增长到2005年的

1.89,城乡人均相对收入差距拉大。"[①]特别是"以县为主"的农村义务教育投入政策旨在从体制、制度上实现农村义务教育经费,主要由农民负担转变到由政府负担,投入责任主要以乡镇为主转变到以县为主。事实上,从全国范围讲,由于县级财政的种种困难,县级政府也不是都能够承担辖区义务教育投入的主体责任的。因此,造成了我国义务教育阶段城乡预算内生均教育经费支出存在较大差距,尤其是预算内公用经费,城镇小学和初中都要比农村高出近50%。城乡之间的义务教育经费来源渠道也存在很大的差异。例如义务教育基建费。在城镇由当地人民政府列入基本建设投资计划,由财政承担,或通过其他渠道筹措;而在农村主要由乡、村负责筹措,县级人民政府对有困难的乡、村予以补助。而贫困地区乡、村筹措教育基建经费的主要途径是农民集资,致使农民负担了新校建设和危旧房改造、修缮的大部分支出,政府则负担很少,这就使得本来就经济落后的农村地区背上了沉重的教育负担,使义务教育的有效实施面临重重困难。城乡政府财政拨款的分配极不公平。如表2-2列出的分地区地方义务教育阶段生均预算内教育经费支出:

表2-2 义务教育阶段生均预算内教育经费支出 (单位:元)

预算内生均	2004年				2005年			
	普通小学		初级中学		普通小学		初级中学	
	城镇	农村	城镇	农村	城镇	农村	城镇	农村
经费	952.44	823.22	1096.98	889.69	1159.21	1035.27	1296.13	1101.32
事业费	931.42	810.07	1051.72	871.79	1128.99	1013.80	1245.84	1073.68
公用经费	83.45	60.91	127.12	85.01	116.44	95.13	164.40	125.52
基建经费	21.02	13.15	45.26	17.90	30.23	21.48	50.29	27.64

资料来源:《中国教育经费统计年鉴》,2004年,2005年。

---

① 吴艳美.山东省城乡收入差距研究[J].北方经济,2007,(12).

另外,从城乡义务教育经费总投入情况看,农村义务教育经费不足,农村学生负担沉重。从表2-3和表2-4看出,农村义务教育学生数占全国总义务教育学生数的84%,义务教育经费只占全国义务教育经费的55%。无论是小学还是中学,对城市义务教育的支出超过对农村的支出,城市初级中学的经费支出大概是农村的2倍多。

表2-3 2005年城乡基本教育经费投入情况 (单位:亿元)

学校类别	合计	国家财政性教育经费	社会团体和公民个人办学经费	社会捐资和集资办学经费	学费和杂费	其他教育经费
普通小学	2031.52	1669.04	54.93	26.84	152.58	128.13
农村	1239.48	1079.49	0	12.73	95.22	50.17
城市	792.04	589.55	54.93	14.11	57.36	77.96
初级中学	1502.01	1085.90	105.75	19.36	147.19	143.80
农村	699.19	574.97	0	6.14	68.08	47.20
城市	802.82	510.93	105.75	13.22	79.11	96.60

资料来源:《2007年中国统计年鉴》

表2-4 2006年城乡基本教育经费投入情况 (单位:亿元)

学校类别	合计	国家财政性教育经费	社会团体和公民个人办学经费	社会捐资和集资办学经费	学费和杂费	其他教育经费
普通小学	2299.06	1990.06	61.49	25.40	96.49	51.23
农村	1392.30	1282.58	3.25	11.58	48.27	20.18
城市	906.76	707.48	58.24	13.82	48.22	31.05
初级中学	1674.26	1290.70	122.76	19.11	102.74	44.17
农村	784.97	694.90	4.08	6.40	35.00	15.58
城市	289.29	595.80	118.59	12.71	67.74	28.59

资料来源:《2008年中国统计年鉴》

2006年,城市普通小学生生均固定资产值为5179.92元,农村生均固定资产值为 2978.15 元,城市是农村的 1.74 倍;城市初级中学生生均固定资产值为 6259.68 元,农村生均固定资产值为 3479.54 元,城市是农村的 1.80 倍。见表 2-5,农村小学生和中学生生均计算机数和生均图书显著低于城市水平,生均校舍面积和城市基本相当,但从校舍中的危房面积看,尽管各级政府为农村学校危房改造做了很多工作,并投入大量资金,但是,农村校舍中危房面积所占比重大大高于城市学校。以上情况表明农村义务教育的硬件设施要比城市差,直接影响农村义务教育的环境和质量。

表 2-5 2006 年城乡义务教育的硬件设施比较

项目	生均固定资产值(元/人)	生均计算机数(台/人)	生均图书量(册/人)	生均校舍面积(m^2/人)	校舍中危房面积比重(%)
普通小学生	3307.77	0.04	13.84	5.47	4.97
城市	5179.92	0.08	16.82	5.30	0.76
农村	2978.15	0.03	13.31	5.51	5.69
初级中学生	4260.41	0.05	15.07	6.39	3.24
城市	6259.68	0.08	14.31	6.35	0.75
农村	3479.54	0.05	15.22	6.40	3.71

资料来源:《2006 年中国教育年鉴》。

3. 生源的逐年减少和优质师资流失严重,农村教学质量的阻滞不前和农民及其子女对优质教育的期盼。教师是重要的教育资源。师资队伍的均衡发展,是实现义务教育资源优化配置的关键因素。然而,近年来,由于教学环境、条件较差,工资待遇水平低,山东省平原县、高唐县、阳谷县、莘县等地农村中学师资流失严重。仅 1999—2004 年,平原县农村中学外流教师达 213 人,外流的教师大都是骨干教师和有丰富教学经验的教学能手。加之师范院校的优秀毕业生又不愿到农村中学从事教学工作,致使乡镇中学的优质师资短缺,直至农村中学教师年龄老化、结构失衡,使得不少初中生纷纷走向城镇就读,直接导致了农村中学生源的大幅度递减。如在 2004 年,平原县共有 19 所农村中学,在校人数是 16414 名,校均人数不足 864 名。在这些学校中,办学规模有 20 个教学班可容纳 1000 名学生的前曹中学仅剩 266 人,而有 18 个教学班可容纳 900 名学生的张士府中学也仅存 338 人。平原县在实施初中生进城前,每年大约有 1000—2000 多名初中生到城里读书。如 2002 年为 1500 人,2003 年增至 2300 人。

教学质量是义务教育的生命线。由于优质师资队伍的流失以及新生力量难以为继,一个无可回避的事实是,部分农村中学的教育教学难以得到有效保证,教学质量持续下滑。办学质量的低质低效,严重阻滞了农村中学教育的健康发展。如,平原县有一半左右的农村中学不能开设外语、计算机、音乐、美术等课程,尽管个别学校创造多种条件努力中去实施,但效果并不容乐观。2004 年,全县城市初中以高达 34.1 分的中考成绩之差,将农村中学远远地抛在身后。这在一定程度上表明,城镇地区的初中生享受到了优质教育,而农村地区的初中生得到的仅是低效的教育,乡镇初中难以跨越教学质量门槛,形成明显的"断层"与"反差",陷入质量停滞的泥潭,有违义务教育均衡发展的初衷。但是,随着家长对子女教育的高度重视,越来越多的农民及其子女对优质教育的渴望日渐升温,更加迫切希望获得高水平、高质量的教育。在 2004—2008 年的 5 年间,高青县乡镇中学仅到县外中学就读的学生就有近 500 人,农村中考成绩与城区中学相比,有着较大的差距,这种状况引起了农民的忧虑和不满。从表 2-6 城乡义务教育专任教师学历层次看,农村普通小学和初级中学的教师学历合格率都低于城市。城市小学教师大专及以上比例是农村的 1.41 倍,中学是农村的 1.94 倍。

表 2-6　2006年城乡义务教育专任教师学历情况　（单位:%）

项目	全国	城市	农村
普通小学教师学历合格率	98.87	99.73	98.72
普通小学教师文化程度在大专以上的比例	62.07	82.54	58.50
初级中学教师学历合格率	96.34	98.78	95.82
初级中学教师文化程度在大学及以上的比例	41.11	68.47	35.28

资料来源:《2006年中国教育年鉴》

二、制度与责任的缺失:我国教育公共性的追问

为了促进教育公共服务均等化,缩小地区差异,我国从2006年开始实施农村义务教育经费保障机制改革,全面促成教育公共服务均等化实现。但是,基本公共服务均等化不等于基本公共服务平均化。[①]《中国人类发展报告2007/2008》明确提出,基本公共服务均等化主要指在提供基本公共服务应在基本公共服务的供给上要有全国统一的制度;全体公民享受基本公共服务的机会均等,结果大体相同,并尊重社会成员的自由选择权;要将基本公共服务的差距控制在社会可承受的范围内;要特别关注困难群体,首先保障弱势群体的基本公共服务供给。报告还认为,我国现阶段基本公共服务均等化的重点,应是努力推进城乡基本公共服务均等化,加快推进区域间基本公共服务均等化,重点推进不同社会群体之间基本公共服务均等化。在具体实施过程中,仍存在突出矛盾与问题,实现基本公共服务均等化面临诸多挑战。

(一) 我国农村义务教育经费缺乏有效的保障机制

公共服务的均等化要求公共服务在机会、过程和结果方面大

---

① 张雁.文化教育理论新闻[N].光明日报,2007.11.15.

体相等。而农村义务教育的地区差异以东西差异最为突出。表现在农村义务教育经费缺乏有效的保障机制,各级政府投入责任不明确,经费供需矛盾比较突出,教育资源配置不尽合理,农民教育负担较重等突出问题。农村税改后,由中央和地方各级政府进行财政转移支付,实行"在国务院领导下,由地方负责、分级管理、以县为主"的体制。这一体制有利于教育资源的优化配置,有效地解决乡镇财政薄弱、调控能力差而产生的各种弊端,同时我们应该清醒地看到新体制在实施过程中出现一些亟待解决的问题。

1. 投资主体的重心仍旧偏低。根据义务教育经费在各级财政中分担比例中的大小,人们把承担义务教育经费比例较大的那一级财政,称为义务教育的财政重心。它反映了各级政府在义务教育中投资责任的大小。[①] 在确定投入主体,即在选择哪一级政府分担义务教育投入主要责任问题上,必须谨慎。应该在全国范围内仔细调查这一级政府的财力现状与地方经济发展趋势,分析其能否支撑教育投入负担,方能最后确定。

"以县为主"的农村义务教育投入政策,旨在从体制、制度上实现农村义务教育经费主要由农民负担转变到由政府负担,投入责任由以乡镇为主转变到以县为主,具有创新意义。事实上,从全国范围讲,由于县级财政的种种困难,县级政府也不是都能够承担辖区义务教育投入的主体责任的。其原因在于[②]:

首先,我国 62.34% 的人口在农村,农村要用仅占全国 14.53% 的 GDP 承担占全国适龄儿童大多数的教育投资任务,超出农村应

[①] 常万新 吕建国 潘洪建.提高义务教育财政重心的必要性和可行性分析[J].绵阳师范学报,2003,(12).

[②] 张茂聪 侯娓娓.农村义务教育投入体制的问题与思考[J].山东师范大学学报(社会科学版),2009,(01).

有的经济承受能力。分税制后,地方政府财政收入锐减,中央与地方政府之间的财政收入结构发生了重大变化。2005年,我国财政总收入为31649.3亿元,其中中央财政拥有16548.5亿元,占总量的52.2%。在我国,教育经费按来源,可以分为中央和地方两级。2005年,全国财政性教育经费为5161亿元,其中中央仅为409.59亿元,占7.9%,而地方为4751.48亿元,占92.1%。2006年,全国财政性教育经费为6348亿元,其中中央为538.3亿元,占8.5%,而地方为5809.7亿元,占91.5%。2007年,全国财政性教育经费为8280亿元,其中中央为1076.35亿元,占13%,而地方为7203.65亿元,占87%。2008年,全国财政性教育经费为10449亿元,其中中央为1603.71亿元,占10.4%,而地方为8845.29亿元,占89.6%。从数据看,地方是财政性教育经费投入的绝对主力。

其次,税费改革使县域在教育经费投入上出现缺口。农村税费改革以前,维持农村义务教育运转的经费,除了国家财政拨款之外,由农民提供的农村教育事业费附加和农村教育集资是仅次于国家预算内拨款的第二大经费来源。《2001年中国教育经费统计年鉴》显示:2000年全国农村教育事业费附加为151.97亿元,农村教育集资为26.42亿元,两项合计为178.39亿元,占当年农村小学和初中教育经费919.97亿元的近20%和国家财政预算内拨款597.66亿元的近30%。

农村税费改革以后,这两项收费被取消,县乡税费总量普遍减少,加之虽然《关于完善农村义务教育管理体制的通知》规定"对因取消农村教育费附加和经批准的教育集资而形成的教育经费缺口,要从增加的农业税收入和上级转移支付资金中予以安排",但是如果经费没有固定来源和比例规定,即使增加了农业税收入和上级的转移支付资金,义务教育从财政拨款中所得到的仍然只不过是一个浮动的数字①。在地方四级政府中(逐渐取消地市一级),县级财政缺乏自给能力最高,有将近一半的县级政府存在财政缺口。目前的县级财政,很大部分属于"吃饭财政",甚至不少是"欠债财政",难以保证农村义务教育财政经费的足额投入,相应整体上难以保证农村义务教育的均衡发展。

第三,县级财政收入构成中,非税收比重过多,财政收入受政策因素影响大,收入来源不稳定。成为占县级财政支出重头的义务教育经费支出,却是刚性支出,而且还要保证支出的稳步增长。县级财政收入增长的不确定性与义务教育支出的刚性特征不相适应,致使农村义务教育经费投入短缺问题不但没有得到缓解,在一些地区反而加剧。

2. 农村义务教育经费投入总量不足。探讨政府对农村义务教育经费投入总量,可以从教育占政府公共投资比例算起。

第一,财政性教育经费占 GDP 的比例低。财政性教育经费,包括国家财政预算内教育经费,各级政府征收用于教育的税、费,企业办学经费,校办产业、勤工俭学和社会服务收入用于教育的经费。它代表了国家教育的基本条件和水平,其投入规模可以反映出国家对教育的重视程度。国际上通常用财政性教育经费占国内生产总值(或国民生产总值)的比例来衡量教育投入水平②。

---

① 尹玉玲. 义务教育"以县为主"新体制的难点及对策[J]. 江西教育科研,2003,(04).

② 李竹宇. 我国农村义务教育财政体制现状与改革对策[D]. 南京师范大学(硕士论文),2007,(04).

表 2-7 2001—2008 年财政性教育支出占 GDP、
财政总支出的比重　　　　（单位:亿元）

年份	财政性教育支出	财政性教育支出占GDP 的比重(%)	预算内教育支出占财政支出的比重(%)
2001	3057.01	3.19	11.7
2002	3491.40	3.28	14.7
2003	3850.62	3.32	14.8
2004	4465.86	2.79	14.9
2005	5161.08	2.81	14.6
2006	6348.36	3.01	15.18
2007	8280.21	3.32	16.26
2008	10449.63	3.48	16.32

资料来源:1.《中国统计年鉴》,2007 年;2.《2006 年我国财政性教育经费占 GDP 3.01%》;3.《中国统计年鉴》,2008 年。

以上数据表明,尽管政府教育投入总量持续增加,国家财政性教育经费占 GDP 比例仍长期徘徊在 2%—3% 之间。自 2004 年,这一比例已连续三年呈上升趋势,2006 年全国教育经费为 9815.31 亿元,其中国家财政性教育经费为 6348.36 亿元,占国内生产总值的 3.01%。如果参照世界平均水平,世界平均稳定在 4.7%—4.9%,较发达地区为 4.9%—5.1%,欠发达地区为 3.8%—3.9%[①],我国则远低于发达国家,亦低于很多发展中国家。

第二,财政性教育经费年增长幅度少于财政收入的年增长幅度。由表 2-8 可以看出。

---

① [美]保罗·萨缪尔森、威廉·诺德豪斯.经济学(第 17 版)[M].萧琛主译.北京:人民邮电出版社,2004.29.

表 2-8 1996—2008 年财政收入与财政性教育经费年增长情况表 （单位：亿元）

年份	财政收入	增长比例(%)	财政性教育经费	增长比例(%)
1996	7366.61		1671.7	
1997	8651.10	16.7	1862.34	11.4
1998	9853.00	14.2	2032.45	9.1
1999	11444.00	15.9	2287.18	12.5
2000	13052.39	17.0	2562.61	12.0
2001	16386.00	22.3	3057.01	19.3
2002	18903.60	15.9	3491.40	14.2
2003	21715.25	14.9	3850.62	10.3
2004	26396.00	21.6	4465.86	16.0
2005	31649.29	19.9	6217.23	39.2
2006	39373.20	24.4	6348.36	21.1
2007	51321.78	30.34	8280.21	30.43
2008	61330.35	19.5	10449.63	26.2

资料来源：1.《中国统计年鉴》，2007 年；2. 人民教育出版社《中国教育统计年鉴》，2005 年；3.《2006 年全国教育经费执行情况统计公告》；4.《2007 年全国教育经费执行情况统计公告》；5.《2008 年全国教育经费执行情况统计公告》。

第三，农村义务教育经费增长少于财政性教育经费的增长。

表 2-9 1996—2004 年农村义务教育经费与财政性教育经费年增长情况表 （单位：亿元）

年份	农村义务教育经费	增长比例	财政性教育经费	增长比例(%)
1996	738.95		1671.7	
1997	788.67	6.7	1862.34	11.4
1998	811.99	3.0	2032.45	9.1
1999	862.09	9.8	2287.18	12.5
2000	919.98	6.2	2562.61	12.0
2001	1102.23	19.8	3057.01	19.3
2002	1265.98	14.9	3491.40	14.2
2003	1321.00	4.3	3850.62	10.3
2004	1644.77	24.5	4465.86	16.0

1996—2004 年,农村义务教育投资在总量上逐年递增,2004年达到了 24.5%,但各年增长不平衡。2000 年以后,增大对财政性教育经费的投入,但总体发展不平衡。1996—2004 年农村义务教育经费与财政性教育经费年平均增长率分别为 11.15% 和 13.1%。与财政性教育经费投入相比,农村义务教育的投入在总量上是不足的[①]。

3. 教育投入结构失衡。世界银行一项研究指出:"中国的多样性是异常显著的,它是一个地区之间、城乡之间发展不平衡的大国。在中国,第三世界和第一世界共存。"农村义务教育资金分配存在明显的城乡差异和区域差异,使农村义务教育朝向公平、均衡发展面临经费的困境。

义务教育投入的城乡差异。我国的城乡二元结构不仅在经济上将发展城市置于优先地位,导致农村在经济上远远落后于城市,而且在义务教育投入上存在城乡间分配极不平衡,主要表现在生均教育经费支出和基本的办学条件的差距上。生均经费是指一国(或地区)各级各类在校生人数平均的教育投资量,是衡量教育投入水平的一个重要指标。如表 2-10 所示。

表 2-10 分地区地方义务教育阶段生均预算内教育经费支出

(单位:元)

预算内生均	2004 年				2005 年			
	普通小学		初级中学		普通小学		初级中学	
	城镇	农村	城镇	农村	城镇	农村	城镇	农村
经费	952.44	823.22	1096.98	889.69	1159.21	1035.27	1296.13	1101.32
事业费	931.42	810.07	1051.72	871.79	1128.99	1013.80	1245.84	1073.68

---

① 何小芳.新中国农村义务教育经费投入体制研究[D].湖南师范大学,2006,(11).

续表

| 公用经费 | 83.45 | 60.91 | 127.12 | 85.01 | 116.44 | 95.13 | 164.40 | 125.52 |
| 基建经费 | 21.02 | 13.15 | 45.26 | 17.90 | 30.23 | 21.48 | 50.29 | 27.64 |

资料来源：1.《中国教育经费统计年鉴》，2004年；2.《中国教育经费统计年鉴》，2005年。

我国义务教育阶段城乡预算内生均教育经费支出存在较大差距，尤其是预算内公用经费，城镇小学和初中都要比农村高出近50%。城镇地区的生均基建经费也大大高于农村。政府在对中小学公用经费的投入上，农村明显低于城镇，城乡政府财政拨款的分配极不公平。

义务教育投入的区域差异。基尼系数是国际上普遍认同的衡量一个国家居民收入分配平均程度的指标。通常认为基尼系数低于0.2，表示收入分配高度平均，0.2—0.3表示相对平均，0.3—0.4表示比较合理，0.4—0.5表示差距过大，0.5以上为差距悬殊，0.6则被称为动乱线。此处可以用基尼系数法来衡量地区农村义务教育投入经费的公平程度。

表 2-11　我国农村基础教育财政分配的基尼系数[①]

	东部经济带	中部经济带	西部经济带
参数	0.621492	0.866748	0.886764

由表2-11可以看出，我国东、中、西部农村义务教育在教育规模、教育结构、生均经费、教学设施等方面，尤其是经费投入上差距悬殊。而地区间教育投入水平的不平衡必然会引起地区间教育机会的不平等。

[①] 李斌.我国各地区农村基础教育财政投入的比较分析[J].中国软科学，2004，(09).

以生均教育费用支出指标为例。1998年,我国普通小学生均教育经费支出625.36元,最高数额为上海2621.16元,最低数额为贵州296.44元,最高额与最低额的比值(即极差率)为8.84;2003年,我国普通小学生均教育经费支出平均数额提高到1295.39元,最高额与最低额的比值扩大为10.38;2008年,我国普通小学生生均教育经费支出为2757.53元,最高数额为上海13016.14元,最低数额为河南1640.03元,最高数额与最低数额的比值为7.94。表明各地区之间在义务教育投入上差距的扩大。城乡之间在公共服务供给上的严重失衡,使农村居民尤其是农村贫困群体难以获得基本的公共服务,直接限制了农村人口素质的全面提高。有学者估计,城乡间义务教育、基本医疗和社会保障等公共服务的差距将2004年我国城乡收入差距3.2∶1的比例扩大至5∶1—6∶1的水平,公共服务因素在城乡实际收入差距中的比例大概为30%—40%。也有学者估计,在导致收入分配差距的各种因素中,教育因素大概占20%。

(二) 政府间财政责任模糊,财权与事权不对称

无论《中共中央关于教育体制改革的决定》,还是《中华人民共和国义务教育法》(以下简称《义务教育法》),都将义务教育的举办责任交给地方各级,虽未明确各级的具体权限和责任分成,但一个明确的意义是省、市(地)、县、乡都是责无旁贷的。基础教育财政的分权化改革调动各级地方政府发展教育的积极性,同时产生一些负面效应。

《义务教育法》对农村地区义务教育所需事业费和基本建设投资的投入责任,即中央、省、市和县级政府各应承担多少,怎么承担,表述笼统。2002年《关于完善农村义务教育管理体制的通知》

中"以县为主"也没有给省、市两级政府的职责以清晰、明确的界定,造成体制运行中两级政府功能的缺失,这两级政府恰恰是地方政府中财力最强的。

发达国家对各级政府的义务教育投入分担比例均有明确的法律规定。例如,德国法律规定,教育投入中,联邦政府应占10%左右,州政府应占65%以上,州以下政府占20%左右;美国实行教育分权制,教育投入中州政府占40%以上,州以下政府占50%以上;日本则规定,中央政府提供51%以上,地方政府提供48%以上的教育经费;英国规定,中央政府提供60%的教育经费,地方政府提供40%的教育经费。①

一方面,财力层层向上集中,事权却逐步下移。分税制后,中央财政收入逐年上升,地方财政却变得薄弱起来。各级政府财力格局变了,教育的投入体制并没有做出相应的调整。据国务院发展研究中心调查,目前全国义务教育投入中,乡镇负担78%左右,县财政负担约9%,省地负担约11%,中央财政只负担2%左右。如,2006年,全国教育总支出为4780.41亿元,其中地方教育支出为4485.18亿元,占93.83%,中央教育支出为295.23亿元,仅占6.17%;2007年,全国教育总支出为7122.32亿元,其中地方教育支出为6727.06亿元,占94.44%,中央教育支出为395.26亿元,仅占5.56%。尽管近几年中央和省级财政增加投入,还是没有得到根本的改善。这种政府间财力与义务教育事权责任的不对称,被形象地称为"小马拉大车"和"大马拉小车",是义务教育特别是农村基础教育经费短缺的重要制度原因。

另一方面,教育经费的预算的编制权,经费的分配权和管理权

---

① 周运浓.现行义务教育投入体制的弊端及改革思考[J].教育与经济,2003,(04).

不统一。教育事业费属于财政部门,教育基本建设投资属于计划部门。从拨款程序说,教育部门所需经费由财政部门拨给教育部门,再由教育部门拨付给所属学校,政府其他部门管理的高等和中等教育,其经费由财政部门拨付给非教育的政府职能部门,再拨付其所属学校。这种教育经费管理体制,弊端很多,突出的问题是教育部门人权、事权、财权不统一,教育经费预算软化,导致一些地方教育经费不能按时足额到位,截留、挤占和挪用教育经费,教育经费安排与实际需求脱节,教育资源浪费等现象的发生[1],造成"管事的没有钱,有钱的不管事"的局面。

(三) 区域教师资源流动与配置均衡化难以保障

师资配置均衡化是实现基础教育均衡发展和实现教育公平的必然要求。基础教育均衡发展是我国当前教育政策的重大课题,也是一个长远的实施计划。由于国力有限,短期内不可能实现全国范围内的教育均衡发展,但在县市区域内实现教育的均衡发展是完全可能的。因而,关于区域基础教育均衡发展的研究在我国方兴未艾。区域可以分为省域、市域、县域等,随着教育改革深入进展,县域在基础教育发展中的重要地位日益凸显。师资配置均衡化首先在县域内实现有着重要的意义,它是进一步推进市域、省域师资配置均衡化,进而实现基础教育均衡发展和教育公平的必由之路。[2]

人才流动是社会发展的一种普遍现象,是市场经济的一种积

---

[1] 王勇 卢长娥 杜学元.试论新形势下农村义务教育经费保障机制的构建[J].内蒙古师范大学学报,2004,(10).

[2] 李拉 张茂聪.县域教师流动制度:区域师资配置均衡化的重要保障[J].教育科学研究,2007,(09).

极调整机制。教师流动是促进教师资源合理配置的重要手段。在追求教育公平与社会和谐发展的今天,教师流动问题越来越成为社会所关注的焦点,引起教育界广泛的探究和讨论。从大量调查数据分析看,当前我国教师流动基本是一种无序流动,这种流动造成师资配置的失调,影响了教育事业的均衡发展。这种流动现象在县域内表现得尤为突出。教师流动可分为市场流动与行政流动两种情况。市场流动是指教师与学校间以市场交易为原则实现的人事流动,行政流动是指教师与学校间按照教育行政决策与教育制度安排实现的人事流动。① 当前县域教师流动的主要形式是市场流动,从趋势分析,表现为从乡镇学校指向城区学校的城乡流动,从普通学校指向重点学校的校际流动。这种流动拉大了城乡之间、校际之间师资力量的差距,影响了教育的均衡发展目标,造成教育的不公平。因而,要实现县域师资配置均衡化,迫切需要建立县域教师流动制度,一方面要适当控制教师无序的市场流动,阻止城乡之间、校际之间师资力量进一步拉大;另一方面,要强调政府对流动的行政干预,对县域内教师资源统筹安排和合理配置。

(四) 政府公共服务的职能没有得到较好体现

公共服务的本质是公共机构能够维护正义,能够提供优质高效的公共服务。② 这是公共权力的本性的回归。公共权力的本质都是服务社会,这是对公共权力持有者的个人任性的最高限制,也是规整他们日常行为的价值指导。如果一个公共权力机构把自己凌驾于社会之上,虽然致力于以极大的财力和人力来提供一般的

---

① 周彬.透过"教师流动"筹划"教育动态均衡"[J].上海教育科研,2006,(11).
② 詹世友.公义与公器——正义论视域中的公共伦理学[M].北京:人民出版社,2006.192.

社会秩序的保障,却追求预算最大化,并把手中的公共权力视为商品,进行权钱交易、权色交易,贪污腐化,官僚主义盛行,玩忽职守,行政效率低下……那么,公共机构的伦理性本质即公共性就大大丧失了,从而产生某种程度的异化。这种异化现象是比较容易产生的,特别是在没有建立有效的社会监督机制时期更是如此。原因恐怕还在于,权力虽是社会成员赋予的,却是一种强势的存在,因为权力的含义是掌握较多的公共人、才、物资源,以及分配权。由于这种分配能够影响社会成员个人的所得或生活前景,它会诱使一些权力持有者利用这种分配权来谋取私利,带来破坏社会公正的严重后果。

我们知道,国家作为公共权力机构,掌握着绝大部分公共资源,由于日常公共管理事务盘根错节,又由于专业化要求,所以,国家机构有不断膨胀的内在冲动,从而可能形成"大政府,小社会"。这种大政府的国家是不是就是能力强大的国家呢?不是这么回事。大政府的国家会出现很多问题,主要表现在以下几个方面:(1)机构重叠,冗员众多。我们国家的政府机构在改革过程中曾陷入一次接一次膨胀的怪圈。他们的工资要在公共财政中支付,他们有些人还要利用手中的权力,从人们收取各种费用,名目繁多,豪夺巧取,使人民群众(特别是广大农民)不堪重负,怨声载道。(2)人浮于事,效率低下。(3)干预社会的市场经济的运作,扭曲其信息过程和竞争的公平性。政府机构既当裁判员,又当运动员,从而使市场竞争失去基本公平的起点和规则。(4)从政治上损害公共官员在公民中的形象,浊化社会空气。所有这一切,不是增强而是大大削弱国家能力。

一个真正强有力的国家,它要弥补市民社会在伦理上的不足。它有服务市民社会、服务市场的一面,这是它的民政政府的职能,但是它更有为公民提供公共产品(这是市场经济中的私人没有积极性来提供的),同时也要利用公共财政来对市场经济所必然造成的社会中的贫富悬殊进行扶正,消除贫困对公民的损害,并提升公民的政治品格,在更高程度上实现社会正义的职能。因此,国家有其自身目的性的存在,它的功能不仅是服务市民社会。[①] 政府是市场规则制定者,显然不能参与市场经济的竞争过程;政府不能成为增加公民就业的场所,它的规模大小要视发挥功能,实行科学管理的需要而定。它应该管好自己的事情,而市场经济能很好地解决的事情,国家不能因为其他目的而干预;但市场经济不能解决或不能很好解决的问题,国家则应该尽力做好。

因为,政府是公共利益的信托者,肩负着重大的责任。管理者的政治责任是要及时回应公民的要求,捍卫民族的尊严和利益,捍卫并实现公民获取优质教育的公共利益;行政责任是要在智能和职权的范围内行政,依法和依理行事,要在公共服务的专业领域内追求卓越;伦理责任是要成为道德的典范,在家庭生活、社会生活、公共管理中展现正直、诚实、仁爱、简朴、廉洁等高尚的美德。公平和具有社会包容性是由政府公共服务的性质所决定的,社会中的任何群体、任何个人都不应该被排除在政府公共服务乃至整个社会的机制之外。这意味着政府要维护公民的一切教育基本权利,因为公民最基本的教育权利是平等的,政府理应为公民权利的实现创造公平机会,尽管每一个人掌握和利用机会的能力存有差异,但政府理应保护困难群体的权利和利益,不断扩大公共服务范围,使其能够享受到最基本的教育公共服务。

---

① 詹世友.公义与公器——正义论视域中的公共伦理学[M].北京:人民出版社,2006.194.

（五）权利与义务、权力与责任的失衡，导致公共精神缺失

中国最古老的经典《诗经》中记载着"雨我公田，遂及我私"。表达出了一种先公后私、公私兼顾的精神。但不管在周朝的兴盛时期，还是以后的列朝列代，这种精神在实践中的体现则并不乐观。即使在现代社会，无论是在政府还是社会各个生活领域，公共精神的缺失已成为一种普遍现象，而致使公共精神缺失是由于权利与义务、权力与责任之间的失衡。

早在1892年美国传教士明恩溥出版的《中国人的素质》一书中，以中国道路的荒废状况为例，谈及中国人缺乏公共精神时说：所有的人都认为，只要自己的个人财产不受损失，就不必去关心或者没有责任去关心公共财产，事实上，道路等属于公众，这样的概念，中国人心里根本就没有。"江山"（即这个帝国）属于当今皇上，他能拥有多久就多久。道路也是皇上的，一切与道路有关的事情都让皇上去操心好了。这段话实际上已揭示出国人之所以缺乏公共精神的根本性原因，即在封建专制的社会政治体制下，"普天之下，莫非王土；率土之滨，莫非王臣。"封建君主视国如家，垄断了全部的国家事务和社会事务，不允许各级官吏乃至平头老百姓过问，正如梁启超后来所指出的，"国家与人民全然分离，国家者，私物也。"而欧洲体现的是，"国家与人民一体，国家者，公物也。"与此相应，前者"立法权在一人（君主）"，"无公法、私法之别"；而后者"立法权在众人（国民），其法以民间公利公益为标准"，"公法、私法界限极明"。同理，各级封建官僚则垄断了自己管辖范围内全部的公共事务，不允许民众参与公共事务的决策和管理。[①] 驯服的臣民

---

① 蒋云根 金华. 发展中的公共行政[M]. 上海：华东师范大学出版社，2007.54.

们只需按照来自国家、家族或社会的各种指令来安排自己的生活，以至于无法形成独立自主的个体意识不能自主，自然也就难以形成社会责任感。

以维护和宣传君主专制为终极目的的儒家政治思想与伦理道德学说以其官方意识形态的优势对民众灌输"三纲五常"的理念，宣扬君主专制的"天理性"与尊卑从属的"天然性"，把君主的绝对权威引申给父权和夫权，封建君主能够做到"君要臣死，臣不得不死"，专制家长也可以做到"父要子亡，子不得不亡"，使得"官本位"、"权力本位"、"伦理本位"成为我国传统社会的重要特征。受此影响，我国传统行政文化突出表现为权力化与人格化取向，崇尚人为树立的权威，"唯权是尊，偏爱特权"，形成一种人格化的权威服从关系和人格化的人际交往关系。表现在当前行政过程中，就是人们常见的"上行下效"，"唯上是从"，只对人，不对事，以及"人情风"、"裙带风"盛行，置原则于不顾，混淆公私界限，搞人情交易和裙带关系。

在这种行政文化及与此相应行政体制的影响下，权力与责任、权利与义务关系出现了严重的失衡：一方面，掌权者切切实实地拥有着权力，却忽略了所承担的相应责任，如保障民众行使合法权利的责任、约束自己过度自私行为的责任、接受民众监督的责任；另一方面，民众又实实在在地承担了自己的义务，但却不清楚、也无法行使相应的权利，难以保障自身的权利不受侵犯。可以说，权力与责任、权利与义务的失衡是造成官场乃至社会公共精神缺失的根本愿意。

因此，政府的公共性意味着政府将公民的意志作为公共治理的首要原则，公共利益得到切实的保障和实现。公共精神是指引政府公共治理的价值导向，它反映着政府人员行为及价值观，要以

"公开、公平、公正、公心"的原则为民服务,并重视所提供公共服务的优质与高效。公共精神的确立、公共权力规制的实现、公共领域的培育是克服权力异化、实现政府公共性的基本途径。如果没有公民利益、没有公民参与、没有公共舆论和监督、没有公务人员的公共精神,可能最终要失去政府的公共性。美国公共治理学会公布的伦理责任包括:公务员个人不能利用不当的方式执行职务而获得利益,公务员不应有抵触职务行为的利益或实际行为,公务员要以尊敬、关怀、谦恭、回应的态度,为民服务,公共服务要高于为自己服务。这些都明确提出了对公务人员公共精神的要求。

"社会群体鉴别一个社会制度是否合法的依据,是看它的价值取向与他们的价值取向如何相吻合"①。公共治理需要公共精神的支撑,这是政府公共性的要求。政府属性意味着,政府必须把公民的意志作为公共治理的首要原则,并确保公共利益得以实现,它是政府合法存在的前提和基础。这种公共人格的确立、公共权力的界定以及公共领域的成长,是实现政府公共性的基本途径。政府人员作为公共治理具体的执行者,以及政府理念具体的传达者,他们所具有的"公共精神"状况,必将决定着政府在自利性与公共性之间扮演着多种角色,并最终决定政府形象。"如果人们确信民选的或者任命的公共官员所关心的并非是选民们的利益,而是这些官员的自我利益的话,再也没有任何一种事情,如判断的失误、浪费、低效、高税率、过度的管制、甚至战争的伤亡,会比这种信念更能动摇政府的根基。"②如果选民普遍长期持有这样的信念,那么,公民不仅会对从事公共治理的官员失去信任,而且也必将会对

---

① 蒋云根 金华.发展中的公共行政[M].上海:华东师范大学出版社,2007.56.
② 同上书,2007.57.

政府失去信任。如果将社会整体视为一种道德秩序的话,那么,政府公共精神将会对这种道德秩序的维护起着关键且重要作用,就此而言,政府的公共治理精神发展与完善是优化整个社会公共精神的一条重要途径。

在现代法治观念中,个人与国家是一种相互负责的关系。具体而言,公民如果生活在一个对公民负责的国家,就一定能够激发起公民对国家、对社会负责的精神。在英国,一个学生从他4岁起上学一直到上大学之前,都不需要交纳任何学费,甚至连郊游的钱也列在政府的教育预算里。这个国家通过一系列的医疗、教育、福利政策把公民个人的利益与这个国家紧紧地联系在了一起,乃至一旦有什么险情危及这个国家的生存,就等于是危及了所有公民赖以生存和热爱的全部生活方式,在这种情况下,他们一定会奋起保卫自己的国家,因为这和保卫自己的利益是完全一致的。一位英国的中学教导主任曾自豪地说,他们这里很多学校都不开公民教育课,因为这种公民教育、公民与国家的关系、爱国主义、公共精神早已渗透在每个学生自己的生活之中了。可以说,真正的爱国主义与公共精神,并不需要特别的强调,而应该浸润在国民生活的每一个细节中。当国家选择为它的每个公民都负上相应的责任时,它的公民也会毫不犹豫地选择为这个国家奉献和牺牲。

第三章 教育公共性的保障：教育公共服务

> 任何因其与社会团结的实现与促进不可分割、而必须由政府来加以规范和控制的活动，就是一项公共性服务。
>
> ——[法]莱昂·狄骥

教育公共性是建立在一套完整的教育公共服务体系之上的。没有教育公共服务体系的建立就无从保障教育公共性。教育公共服务是确立教育公共性应当遵循的首要价值选择，是当代教育发展的基本趋向。

一、教育公共服务路径选择

教育公共服务是指在教育领域提供的公共服务，即是由法律授权的政府、非政府公共组织及其他企业单位，在教育的生产和供给中所承担的职责和履行的职能。[①] 它以满足广大公民及其组织特定的教育需求为宗旨，以教育公平为导向，对公共教育资源进行优化配置，实现为社会培养人才，提高公民素质，促进经济发展，建

[①] 谢炜 陈进红.教育公共服务的国际经验及其借鉴[J].内蒙古师范大学学报（教育科学版），2008,(03).

设和谐社会目标的社会生产与供给过程。①随着我国行政体制改革深入和政府公共性服务职能加强,作为我国公共服务体系基本内容之一的教育公共服务,必须加强公共服务体系的创新,提高公共服务水平。

(一) 完善教育公共治理体制,培育公民公共精神

教育公共治理不是行政系统单方面的行为,而是表现为政府与公民之间双向互动的一个过程。就此而言,公民的公共精神,对于教育公共治理的发展也有着非常重要的意义。就公民是教育公共治理的参与者这一意义而言,教育公共治理精神要求公民不应当仅仅追求自身的利益,还应该追求公共利益。因为真正的公共精神的培养,就是要使公民树立起良好的公共环境下发展个性的意识,真正认识并理解自身与他人、个体与社会、权利与义务、需要与责任之间的关系,以"社会人"的身份参与公共事务,融入公共社会,发挥公共作用。可以说,具有现代公共精神、充满活力的公民是有效的教育公共治理的基础所在,为此,可通过多种形式开拓公民参与教育公共治理实践的渠道,激发和强化公民公共精神的潜能。

良好的教育公共治理运作体现出政府和公民之间有益的相互交流、互动反馈。这种交流—反馈机制不仅能够有效地遏制行政权力的自我扩张,同时也有助于启蒙公民意识,使广大公民对公共事务保持热切关注的态度,养成独立思考和批判的能力,培育公民的公共精神。② 任何一个人,如果他只对个人私事感兴趣,而对公共的事务漠不关心,则其个人利益也将难以维护,因为个人利益也

---

① 蒋云根.我国现阶段教育公共服务存在的问题及对策研究[J].天津行政学院学报,2008,(01).
② 蒋云根 金华.发展中的公共治理[M].上海:华东师范大学出版社,2007.60.

是公共利益的一部分,"皮之不存,毛将焉附",就此而言,所谓的"独善其身"实际也就是置自身利益于不顾。

对于社会成员来说,确立公共精神的前提是能够参与社会管理与行使政治权利,因为只有参与社会管理、行使政治权利,人们才会有参与社会管理事务的热情,由此培植出超越自身利益的现代公共精神。如果社会与政府不致力于提供这样的平台,人们不能对包括自己事务在内的公共事务发言,势必使他们失去关心社会事务的兴趣,导致公共精神的萎缩。

从一些国家的实践来看,社群组织的发展及功能发挥,对于培育教育公共治理精神也有着不可忽视的作用。社群"公共事务"的特征,使得其成员在"输出"或"输入"公共服务的同时,心灵上也承受公共精神的教育与熏陶,并在这种"获取"或"付出"的过程中逐渐养成乐于助人、服务社会的良好习惯与责任意识。同时,公民通过社群组织参与教育公共治理过程,也有助于促进行政机关公务人员的公共精神。由于种种因素的影响,社群组织在我国现行社会中一是发展不平衡,与国外比较有很大差距,尚有诸多空白。二是还有社群组织或多或少依托政府机构,缺少独立运作的经验与能力。教育公共治理的发展,需要不断拓宽公共服务主客体的活动空间,扩大公民参与教育公共事务管理的权利与范畴,实现社群与政府在教育公共服务过程中的良性互动,为公共精神的培育与发展提供更为广泛和扎实的基础。

以公民为中心的教育公共治理是人民主权原则在教育公共治理中的核心体现。公民对政府的认同、支持和拥护是政府合法性的来源和基础,也是我们各项事业取得成功的保证。从根本上讲,人民满意不满意,高兴不高兴,答应不答应,是判断教育公共治理是否成功、是否有效的标准。以公民为中心的教育公共治理,意味着教育公共治理要从以机关为中心转变到以公民为中心。公共部门和教育公共治理者要以保障公民的基本权利、促进公民权利的实现为要务,倾听公民的呼声,为公民的参与、诉愿和救济提供必要的途径。教育公共治理者要经常思考:我们为谁服务?公民对信息和服务有什么要求?如何做才能满足公民的期待和要求?是否为公民提供快捷、满意的服务?公民对政府所提供的服务是否有选择权等等。服务型政府就是要坚持以公民为本位、社会为本位,当有效地提供了公共服务时,政府才能够获得自身存在的合法性。建设服务型政府,就是要让政府由管理型向服务型转变,由政府本位、官本位体制转向社会本位、公民本位。

现在,政府也越来越强调一种以"公共精神"为内涵的"公共性"行为。由于现代政府是一个由各种类型的公共组织纵横联结所构成的网络,包括政府组织及各类非政府组织,公民可从各个方面亦各种形式参与公共事务管理。正是出于这个原因,作为政府核心价值的公共精神,不仅意味着一般意义上对"公共"的包容与承诺,也包括了在具体过程中对公民和公民团体的回应。20世纪以来,政府逐渐确立了"社会本位"、"公众本位"的人文精神,它在公共利益与个人利益关系的价值方面寻求一致与协调,在道德观念的价值取向方面寻求信任与配合,肯定了在公民有效参与下所开展的一系列服务过程,将服务与合作确立为政府人员行政行为关系方面的基本理念。从理论上说,政府人员是全社会成员共同利益的代表者和各社会成员个人利益的维护者,他们所拥有的各项公共资源和公共利益,不是用来供其自身或其工作人员享受的,而是为了满足公众合理、发展、多样化的需要,这是政府精神的核心所在。由于单个的社会成员无法或难以实现自己的种种利益需要,因此,他们需要这样的公共服务机关。"一切国家机关和国家工作人员必须依靠人民的支持,经常保持同人民的密切联系,倾听人民的意见和建议,接受人民的监督,努力为人民服务。"如:行政处罚行为是为了给公众提供一个良好的社会秩序,行政征收行为是未来给公众提供公共设施服务的需要,行政许可行为是对资源和机会的一种公平合理的分配,等等。政府人员通过行政行为维护社会公众的利益,绝不是一种恩赐,而是社会成员应当拥有的并受到法律保护的权利。①

(二) 把教育公共服务作为政府的基本职责

要推进教育公共服务观念的创新,就要进一步强化政府在教育公共服务方面的职能和责任。满足公共需求,提供教育公共服务,是现代政府的一项基本职责,是衡量政府管理水平和能力的极为重要的指标。一个国家教育公共服务效率、水平如何,关键在政府。要进一步转变政府职能,更新思想,转变观念,不仅要重视经济发展,重视经济指标,还要重视教育公共服务建设,重视人文指标;不仅要满足公众的物质需求,还要满足公众的精神需求。要把为公众提供更有效的教育公共服务,作为政府工作的一项核心内容。

要推进教育公共服务观念的创新,就要始终坚持以人为本。要从满足人民群众的需求,方便人民群众的生活,改进人民群众的生活质量着眼,创新教育公共服务体制,改进教育公共服务供给方式,确定教育公共服务标准和项目。要始终把维护好、实现好、发展好最广大人民群众受教育的根本利益,作为加强教育公共服务建设的出发点和最终归宿。改变教育公共服务成本意识淡薄的做法,疏离教育公共服务的成本意识和效率观念,强化对教育公共服

---

① 《中华人民共和国宪法》第 27 条。

务项目的经济核算和预算控制。树立教育公共服务的公平意识,注意处理好效率与公平的关系;树立教育公共服务多样化观念,努力为不同群体提供多样化教育公共服务。

政府是教育公共服务主要提供者,是教育公共服务的主体,这并不意味着政府要包办一切教育公共服务事务①。英美等国在转变政府职能的基础上适当引入市场机制,有效地促进教育公共服务的发展,提高教育公共服务的效率和质量。我国教育事业一直以来都是政府投资、管理,这种政府既是办学者又是管理者同时还是投资者的"三位一体"的角色,一方面使政府不堪重负,另一方面,也没能保证教育公共服务的效率和质量。义务教育是公共产品,但超出国家基本提供标准以外的特殊教育费用则由使用者从私人提供者那里购买,基础教育以外的其他教育都应当算做准公共产品。在这个领域的公共服务,法律应授权政府主导和监督,借助市场机制,由政府、企业和非营利组织三方共同参与生产和提供。因此,我国应努力尝试建立多元参与的教育管理机制,具体措施包括:明确各级教育行政主管部门的职责,以"投—管—办—评"分离为突破口,给予各级各类学校更多的办学自主权;②积极培育各种教育中介组织,推动学校与家长、社区的合作协商;鼓励民间团体或基金力量参与教育事业,扶持各级各类民办学校或教育团体。美国前总统布什在《美国2000:教育战略》中指出:"一所学校,无论是由私人教育者、宗教组织还是地方政府开办,只要是服务于公众并对公共机构负责,就是在提供公共教育"。

---

① 钟智 李伟涛.教育公共服务的比较研究[J].教育发展研究,2008,(09).
② 同上.

1. 明确政府的权责分配。义务教育是公共产品,而非义务教育是准公共产品。而公共产品应由政府提供,准公共产品应由政府和市场共同提供,义务教育应由政府提供。在市场经济条件下,政府在教育资源的配置中起主导作用,其基本特征之一是教育经费主要由政府提供,教育的定价或消费主要由政府调控,而不是由市场供求决定。[①] 公共教育职能需要由各级政府分别承担。各级政府间的教育责任和权力的划分,与本国的社会历史文化传统、地理环境、经济发展水平、行政体制、财政税收体制等许多方面密切相关,但多数情况下都由地方政府举办的公立学校直接提供教育服务或资助私立学校。但是,地方政府的教育生产责任与其资金供应能力之间有可能存在矛盾,中央政府具有税收的优势,集中大部分财政收入,而直接承担教育生产责任的地方政府的财政能力较差。[②] 我国地域辽阔,人口众多,区域间自然地理环境迥异,经济发展严重不平衡,除少数发达地区外,县、乡级政府,特别是乡镇政府的管理能力和财政能力较弱,必须由中央和省级政府通过转移支付为教育发展提供相应的资金支持。如前所述,中央和省级政府在教育经费负担中的比例过小,是目前我国政府投入不足和公共教育资源分布不均的重要因素。因此,一方面要继续强化中央政府和省政府在义务教育方面的应尽之责;另一方面,要建立中央政府和省级政府义务教育财政责任制度,如建立规范的中央政府对地方政府义务教育转移支付制度,以及省级政府对下级政府义务教育的转移支付制度等。

---

① 王善迈 袁连生 刘泽云.我国公共教育财政体制改革的进展、问题及对策[J].北京师范大学学报(社会科学版),2003,(06).

② 孙霄兵 孟庆瑜.教育的公正与利益——中外教育经济政策研究[M].上海:华东师范大学出版社,2004.53.

2.改革中央与地方政府间财政分担的责任。所谓政府间责任的区分,主要就中央政府和地方政府对教育的财政投资责任的分工而言。政府责任的区分应当根据公共产品的受益范围来决定,受益范围覆盖全国的由中央政府负责,受益范围覆盖地区或地方的则由地方政府负责;同时,当地方公共产品存在收益外溢性时,地方政府会作出某些无效支出的决定,此时要求上级政府要对这些决定进行纠正;另外基本公共服务的最低供应原则是任何公民无论居住在哪里都应当获得同等的最低水准的基本公共服务,当地方政府由于经济不发达而不能保证本地居民在正常条件下获得与其他地区同等的最低的基本公共服务时,上级政府有责任在财政上帮助这些经济不发达地区的政府。

(三)实现教育公共服务供给主体多元化和供给方式多样化

教育公共服务体制创新是教育公共服务创新的核心内容。① 第一,根据不同教育服务项目的性质和特点,采用不同的供给模式,实现教育公共服务供给主体的多元化,是教育公共服务体系创新的重要举措。例如,对于那些不具备规模经济特点,进入门槛不高,而政府独立承担又有些力不从心的教育服务项目,如远程教育服务,就可以向民营企业和民间组织开放。因为当下远程教育还只是学校教育的一种补充形式,它的建设需要专业的信息网络技术做支持,一些民间企业和组织具备这样的技术和设备,并有多年的实践经验,因此,政府可以将一部分远程教育服务的技术项目交给民间组织和企业来完成。对于那些带有地方服务性质的教育服

---

① 张茂聪.我国教育公共服务体系的创新及构建[J].中国教育学刊,2009,(05).

务项目,如高中教育和职业技术教育等,要采取"谁受益,谁负责"的策略,提高地方政府和有关部门的投入积极性和投入力度。至于那些关系到社会公平、公民基本权利的教育服务项目,如义务教育,需要依靠国家公共部门来保障其服务的数量和质量。

第二,要从我国经济发展的实际状况出发,建立和健全公共财政体制,加大政府对教育公共服务的投入。要通过教育公共服务体制的创新,实现供给方式多样化。要根据城乡之间、区域之间存在着较大的不平衡的情况,提供不同的教育公共服务,分步推进,逐步消除城乡之间、区域之间在教育公共服务方面存在的差别。

第三,通过教育公共服务体制的创新,不断扩大教育公共服务覆盖范围。一是不断扩大教育公共服务项目的范围,以满足人民群众不断增长的多方面的物质和精神需求。二是不断扩大教育公共服务不同群体的覆盖范围,满足不同职业、不同年龄人群的公共需求。三是要不断扩大教育公共服务区域的覆盖范围。当前,特别要抓紧制定教育公共服务的范围和标准要求,保证人民群众的最基本的教育公共服务。实现教育公共服务供给主体多元化和供给方式多样化,一方面可以减轻政府的财政负担;另一方面,可以提高教育公共服务的质量和效率,还能够扩大服务范围,惠及更多国民。需要注意的是,教育公共服务供给主体多元化建设要切实体现教育服务的"公共性",更要体现教育服务的公平原则。

(四)完善教育公共服务的监管和评价体制

追求公平性是教育公共服务的基本特征,建立以中介评估为主导的多元化教育监管和评价体系,是实现教育公共服务公平性的重要手段和途径。

目前我国的教育监管体制存在的主要问题是:政事不分,管办不分。教育行政部门集政策制定者、执行者和监督者于一身,既承担监管执行机构的职责,同时要对各自所管辖的办学机构的发展负责。这样的监管体制极易导致监管规则的制定和执行公正性不强、监管的有效性不强、教育腐败等问题。所以,构建有效的教育服务监管体制,首先要实现教育行政部门与监管部门分离,成立独立的教育监管机构。虽然我国各级政府都有教育督导机构,但这些机构主要是针对下级部门和学校,其权力归属不明确,对同级政府部门缺乏制约性。在我国整个行政监督体系中,行政监察以其监督的专门性、全面性、权威性而居于非常突出的地位,因此,建议在监察部门下设教育监察部门,这样有利于对教育行政进行有效监督,同时,在全国人大常委会设立教育法律监察委员会,地方设立相应机构,组建监督信息网络[1]。第二,完善教育监管法规。目前我国教育监管法规还不完备,从《义务教育法》、《学校条例》、《教师法》等现有法律中不难发现,有关"监管"的法律规定很少,而且在这些仅有的规定中又以原则性要求居多,缺乏详实的实施细则和责任分工,不够系统,也不够具体,导致在实际的监管工作中常常出现难以操作的问题。所以,完善教育监管法规是对教育公共服务进行有效监管的一个重要前提和基础。第三,要充分发挥社会监督的作用。只有将政府的专门监管和社会监督结合起来,才能形成一种多线形监督网络,才能有效地对教育行为进行监管。其中最重要的就是发展社会性教育评估中介组织,对政府某些政策、规定、行为进行调研、评估,并通过舆论的作用,对政府行为进行评价。同时可以引入"专家小组"或"顾问团"等监督机制。因为

---

[1] 胡蓉 柯佑祥.强化教育监督——我国教育公权规制改革的必然选择[J].信阳师范学院学报(哲学社会科学版),2005,(12).

"专家小组"或"顾问团"常常为教育行政主管部门的教育决策提供建议,他们对于一项教育决策的产生、实施以及结果有着专业的认识,可以通过他们,对教育行政主管部门的决策结果提出异议和批评。同时,还可以通过他们对决策者和决策过程进行监督,从而实现决策的科学化、合理化。第四,将"听证制度"引入教育行政部门政策的制定和执行中。所谓"听证制度",是指政府组织在作出直接涉及公众或公民利益的公共决策时,听取利益关系人、社会各方及有关专家的意见,以实现良好治理的一种必要的规范性程序。这一制度的功能在于公民直接参与公共决策,听取不同利益代表的声音,保障社会公正,规范决策机制,使决策公开化、透明化、规范化,提高效率及理性决策[①]。虽然,听证制度在我国的历史并不长,但鉴于以上优势,将它引入教育监管体系还是值得尝试的。

　　长期以来,我国的教育评价,不论是教育系统内部的教师评价、学生评价和学校评价,还是对整个教育系统的评价,都是政府组织进行的,这样的教育评价并不利于教育公共服务公平性的实现。因为政府本身就是教育事业承办者,学校管理者,这样的身份使其难以客观、公正地对教育公共服务进行评价。要实现教育评价的公平性,评价机构的中立性是关键。事实上,世界上许多国家建立独立于政府教育行政部门的教育评价机构,取得良好效果。我国应当借鉴国际经验,积极建立以中介评估为主导的多元化教育评价体系,努力实现政府行为由集权模式到宏观指导模式的转变,鼓励各学术团体、专业协会、民间组织等民间评估机构积极参与教育评价,促进独立、权威中介机构健康发展。[②]

---

　　① 胡蓉 柯佑祥.强化教育监督——我国教育公权规制改革的必然选择[J].信阳师范学院学报(哲学社会科学版),2005,(12).

　　② 张茂聪.我国教育公共服务体系的创新及构建[J].中国教育学刊,2009,(05).

（五）优先、均衡、效率：政府配置教育公共资源的基本原则

教育公共资源是一定区域内全体人员共享的、非排他的、无差异的教育资源。公共资源属全体人员所共同享有，它指向区域内每一个公民的教育，突出表现在对公共财政经费的使用以及对社会资源的开放与整合，它影响着社会成员对教育服务与教育过程的参与与共享。教育公共资源具有以下特点：社会性和间接性，公共性，不可分性，外部性。①教育公共资源的社会性和间接性，特指教育公共资源价值属性。教育公共资源不同于其他资源的最大特点，就是其配置追求社会价值最大化。一个社会最大的社会价值，就是公平公正。教育公共资源的不可分性或者整体性，决定公共资源如受到破坏，将影响到教育公共资源的整体价值。教育公共资源的外部性是指，一旦公共资源遭到破坏时，对其他使用者来说会产生一种额外支出。教育公共资源还有非排他性，即一个使用者使用公共资源不会引起另一个使用者的效用的减少。

1. **教育公共资源的优先配置**。公共财政拨款相对于其他款项要优先保证教育投资。经济社会发展规划要优先安排教育发展，财政资金要优先保障教育投入，公共资源要优先满足教育和人力资源开发需要。

公共资源要优先满足教育和人力资源开发需要，是办好人民满意教育的重要保障。这就必须坚定不移地推进教育公平，不断优化教育资源配置。从加强政策导向和经费投入等方面入手，解决教育发展中存在的不公平、不公正问题。要建立科学合理的办

---

① 楼惠新 王黎明.论公共资源开发中的参与式管理问题[J].中国农业资源与区划,2002,(10).

学条件和教育质量评价机制,使考核评价工作制度化、科学化、规范化。通过优化资源配置和提高教学质量,使人人都能享受到正规的、良好的学校教育。教育发展是一项系统工程,涉及面宽,必须有社会公共资源加以保障,这就需要全社会尤其是各级政府的支持和配合,如土地规划、水电供应、道路交通、项目审批、政策优惠、安全保障、社会舆论等等。公共资源优先满足教育和人力资源开发需要,要求各级政府乃至全社会,都要为教育和人力资源开发提供各种有形和无形的公共资源服务。①

社会具有教育意义的公共资源免费向教育开放。比如美国在对待公共资源方面的行为,几乎是无可挑剔的。只要是有教育意义的场所,几乎无一例外地免费开放。就美国首都华盛顿而言,有大大小小20多家博物馆,都是免费对公众开放的。馆藏非常丰富,每天吸引数以万计的学生来参观。在自然博物馆里,世界上各种珍贵的飞禽走兽标本应有尽有,让人们大开眼界的同时不得不由衷地赞叹公共资源利用的实效性;在艺术博物馆里,展现的300万件千奇百怪的现代艺术品以不同的姿态展示着它们的教育意义;在历史博物馆中,真实反映美国的社会、文化、科学技术传统以及美国国体演变的农业、服饰、民俗、工艺、天文、医药、军事、文书、货币、纺织、交通、科学、音乐等方面的藏品共1700多万件,无不在向人们展示美国人的别具匠心。无论校园内,还是街头、广场、绿地、海边、楼前、走廊,都有各种人物雕塑、纪念碑、历史遗址。如雄伟壮观的华盛顿纪念碑,象征美国首任总统华盛顿伟大的人格,宏伟的建国思想,超人的政治智慧。还有巴尔的摩市郊外独立战争遗址,永远回荡着年轻军人创作的美国国歌《星条旗永不落》。据

---

① 凌有江.落实"三个优先"办人民满意的教育[N].光明日报.2008-01-19.

导游介绍,每个展馆都能看到不同年龄段学生在教师带领下到这里寻找答案,追忆过去,探索未来。据说一些展馆的生物标本和模型还可以借给教师带入课堂。更可贵的是展馆展出的多是真品,例如里根总统的空军1号专机、专用轿车,"阿波罗"飞船登月舱,航空母舰等,各种航天航空器内部构造,设计制造原理一览无余,激发人们强烈的求知欲和创造欲。

当我们抱怨国内学生和国外学生之间的差距时,我们是否想过,在美国把公共资源免费向所有人展示并在无形中收获教育意义的时候,我们国家却把公共资源作为直接的经济收入,所以差距是必然存在的。世界遗产和国家遗产资源是保护性资源,同时也是典型的公共资源,就应该为所有的公众享有。中国大部分遗产地门票趋向高额化、市场化、贵族化,从根本上改变了资源的公共性质。社会如此,教育又会怎样呢?[①]

2. 教育公共资源的均衡配置。教育公共资源的分配和教育机会平等是教育界一个永恒的话题。在教育公共资源不足以满足所有学生的时候,教育机会平等总是难免给人"镜中花,水中月"的感觉。教育公平本质上是和公共资源的享有密切联系在一起的。在教育经济学中,教育公共资源指教育活动中投入的一切人力、物力和财力的总和。公共资源本身具有与其他资源的共性——稀缺性。同其他各种资源一样,教育资源也是稀缺的,有人享受这部分资源,就意味着他人享受不到或者享受得少,导致教育公共资源分配上的不公平。教育公共资源的分配应以个人对社会的贡献或预期贡献为基础来衡量。但是,个人接受教育后对社会的贡献或预期贡献具有不确定性,而且很难衡量,因此,教育公共资源的分配

---

① 李斌.公共教育资源共享[J].大连教育学院学报,2008,(01).

的公平就很难衡量。

教育公共资源的优先分配不是完全均等的教育资源分配。教育公平不仅要体现每个公民都同等地享有接受教育的基本权利，而且应当同不利群体或者弱势群体享受教育资源的多少联系起来，实现教育公平要求在分配教育资源时对教育弱势群体进行倾斜。教育公平应当在承认教育机会上存在差别的前提下，尽可能地缩小差距。如果将较多的教育资源用在培养天赋较差的学生身上，使得这种差距相对缩小，从而逐步接近公平，那么，这种资源分配方式可能会一定程度上影响教育效率。

教育公共资源本身是一种带有一定程度的公共产品性质的特殊资源，一方面，公共部门在提供这种公共产品的时候需要以均等化为原则，以保障不同阶层、不同区域的公民接受教育机会的公平性；另一方面，公共部门也需要注重调控市场在配置这种公共产品过程中的不公平现象，通过公共支出来矫正现实中教育公共资源分配的不公平。[①] 公共部门的主要职能在于以均等化为导向，向公民提供公共产品，矫正市场失灵，调节由于市场竞争带来的不合理的收入分配差距，实现社会资源在不同群体和不同区域之间的公平分配。实现教育公共资源公平分配的关键在于公共部门运用财政等手段，实现资源在不同主体、不同区域分配的均等化。但是，市场经济又是一种交换经济，市场交换会带来不同主体之间获取资源量的差异，同时由于不同区域之间资源配置效率的差异，也会带来经济资源向资源配置效率高的区域流动。这种资源在不同主体以及区域之间分布不均匀，也会带来教育公共资源在不同主

[①] 刘宛晨 罗中秀.经济学视角下的教育公平探讨[N].光明日报，2007-09-02.

体和区域之间分布不均等现象,从而造成不同主体、不同区域之间公民接受教育的机会的不均等,影响教育的公平性。

在我国,教育公共资源不平等一直是教育界关注的焦点,并引发出很多热点问题,包括城乡教育差异和择校热等现象。城乡教育差异的一个重要表现就是师资力量差异。在乡村学校任教的老师大多是民办教师,他们的学历通常都是初中到高中水平,没有受过正规的师范教育。乡村教师的工资往往很难按时发到手。久而久之,农村教师流失严重,对资源匮乏的农村教育来说无疑是雪上加霜。与此形成对比的是,城市里师资过剩。"小升初"是近年来取代重点中学的一个新的入学政策。政府倡导"小升初"方案强调免试就近入学。但是,择校热并没有因此而降温。校际之间的差距,仍然不能避免。大面积择校择优还会导致两极分化,加大初中办学差距,从而进一步刺激家长择校的欲望膨胀,形成恶性循环。另外,一个择校的孩子少则上万元,多则几万元,这种凭借金钱与权利来取得教育机会的行为严重危害到教育公平,明显将贫困家庭子女排除在高质量的教育机会之外。主要表现在:教育公共资源分配呈现东中西部的不均等和城乡不均等。区域经济发展不平衡导致教育投入不均衡,经济发展较快的东部地区在教育投入方面明显要大于中西部地区;城乡教育投入差距巨大,在农村义务教育不合理的筹资机制下,农村特别是落后地区农村的义务教育投入远远少于城市中小学教育的投入,教育公共资源分配呈现城乡不均等现象。另外,在中国转轨期间居民收入差距不断扩大的情况下,一部分相对贫困的民众难以在短期内支付高昂的学费,影响到这些人公平地获得受教育的机会。

另外,从教育公共资源分配的内部结构看,我国教育公共资源明显过多地向高等教育倾斜。我国基础教育发展水平不高,义务教育普及水平不高的情况下,过多地将资源投向高等教育,无疑会阻碍属于基础教育的事业的发展。从这一点看,"中国教育公共资源分配似乎落入效率与公平的陷阱,即在无法提高效率的情况下公平的目标也难以很好地实现"。①

何以公平分配中国现有教育公共资源?关键在于,政府应以均等化为导向,注重实行差异性的教育公共资源分配;必须打破目前由政府主导的教育公共资源分配模式。改变政府主导的教育公共资源配置模式,就要合理引导市场(企业或财团)、第三部门(非政府组织或团体,非营利组织)等主体参与教育公共资源分配。目前,我国民办学校制度发展水平不高,运用社会力量参与教育筹资的机制不顺畅,政府部门主办的公立学校却存在普遍挤占民办学校发展空间的现象。"名校办民校"、"独立学院",就是明显的例证。实际上,应该是政府、市场和第三部门共同提供教育这一公共产品,各层次学校也应形成差异性学校体制,政府在教育公共资源分配上主要注重维护公平,同时发挥各种办学力量的活力,实现中国教育公共资源分配公平与效率的良性互动。

3. **教育公共资源的效率配置**。教育公共资源除资源闲置,教育系统内效率低下,师生比例不协调,教育质量低下,教育评价的非教育性特征等行政配置的效率缺失外,也形成市场配置的效率漏洞。导致在基础教育产品供应上的市场失灵,即市场在基础教育产品配置上产生低效率。其原因主要有两个方面:

首先,如果某基础教育产品具有消费上的非竞争性,这就意味着每增加一个人消费所引起的边际成本为零。按照价格等于边际成本的资源有效配置原则,就不应该对这一基础教育产品的消费

---

① 刘宛晨 罗中秀.经济学视角下的教育公平探讨[N].光明日报,2007-09-02.

收费。但是,新增消费者的边际成本为零,并不等于说提供这一基础教育本身不需要花费成本。而如果由市场提供该基础教育产品,那么,提供者必然会通过收费方式弥补自己的成本(还要获取一定的利润)。另一方面,对该基础教育产品的收费又会妨碍对这一产品的充分利用。因此,如果由市场提供该基础教育产品,则往往导致基础教育产品闲置现象,从宏观看,无疑是一种效率损失。

以义务教育为例,在义务教育尚没有普及的情况下,任何适龄儿童接受义务教育并不会妨碍他人的享用,因此接受义务教育的边际成本为零。如果对接受义务教育者收取学费,就会降低人们对义务教育的需求,从而减少上学人数,引起效率损失。

在图 3-1 中,P 表示对义务教育所收学费,Q_c 表示可以接受义务教育的最大人数,Q_e 表示收费后实际上学人数,则($Q_c - Q_e$)表示因收费而减少的上学人数。图中阴影即表示对义务教育收费后所造成的效率损失。

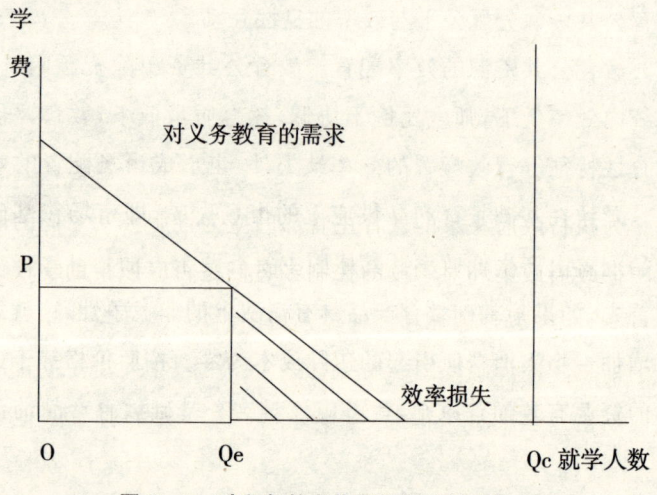

图 3-1 对义务教育收费引起的效率损失

另一方面，从非排他性特征看，由市场提供基础教育产品还会引起另外一种效率损失，即可能导致基础教育产品供给不足。在增加消费者使边际成本不为零的情况下，由于不可能使用排斥原则，人们不必支付价款就可以消费基础教育产品，这样就会产生大量的"免费乘车"现象，使得没有任何人愿意对这种物品产生投资激励，从而导致基础教育产品供给不足，并带来效率上的损失。

所以，在无法像私人产品那样完全由市场提供物品的情况下，为了满足人们对基础教育产品的需求，必须由政府出面，通过财政投资提供基础教育产品。也就是说，政府通过征税取得所需财政资金，然后以预算支出方式投资于基础教育产品的生产。在这里，基础教育产品供给是由一系列政治过程决定的，消费者对自己该花多少钱、生产多少、消费何种基础教育产品的影响是间接的，即通过不同层次、不同范围的投票决定税收制度和预算支出结构。

总之，在向市场经济转变过程中，政府一身三任，扮演着重要的角色，不仅要解决类似于发达的市场经济国家中存在的"市场失灵"现象，其次要解决发展中国家存在的"市场欠缺"现象，还要担负起扶植重点产业发展以推进工业化进程的重任。而基础教育正是政府在这三方面行使职能的主要着力点，从教育资源配置的角度看，政府应当保持积极有效的干预。

作为执行政府决策的教育主管部门应为谁服务？它们的职责是否贯彻政府政策和对学校的控制？它们是否应该帮助学校设计整改方案，实施教育标准和评估体系，并提供有关学校和学业成绩方面的信息？对于那些不能提高教育质量的学校，教育主管部门是否应向这些学校提供帮助，实现观念共享以及教师及其他资源的交流？它们是否应该在立法机关面前替学校说话，以便让学生从政府预算中拿到更多的经费？它们是学校的合作伙伴吗？如果是,这样的合作关系又意味着什么?教育主管部门一个重要的角色——为学生而不是为学校利益服务。一个以学生利益为上的教育主管部门的工作方式,与一个只能监督或仅仅为提高学校水平的教育主管部门是完全不同的。为维护学生利益,教育主管部门必须保证所有学生都有平等地接受高质量教育的机会。教育主管部门需要考虑的是:这样的使命应该由传统学校承担,还是通过其他途径?教育主管部门的目标不是保护学生和学校,也不是取消地方控制权和社区学校。相反,教育主管部门应该意识到,教育结构应该和社区的需要和能力相匹配;政府的角色就是保证所有学生拥有平等的学习环境。

二、推进教育公共服务均等化

公共服务均等化是指政府要为社会公众提供基本的、与经济社会发展阶段相适应的、体现公平公正原则的大致均等的公共物品和公共服务。也就是说,在基本的公共服务领域,政府应尽可能地满足人们的基本物质需求,尽可能地使人们享有同样的权利。[①]教育公共服务是社会性公共服务的一部分,实现教育公共服务体系的构建目标则是实现公共服务均等化。因此,具体到教育服务的均等化,就包括受教育机会的均等、接受教育质量均等和结果的大致平等的内容。需要注意的是,均等化不是平均化,更不是毫无差别。均等化是基于公平原则和社会平均水平,把贫富差距控制在合理范围之内,促进区域之间、城乡之间、经济社会之间协调发展,使不同社会阶层均衡受益,由此确保全体人民公平分享经济社

---

① 邓蓉敬.公共服务均等化研究综述[J].资料通讯,2007,(05).

会发展成果,保障公民基本权利,消除不和谐因素,有效解决我国转型期出现的各种社会问题;而平均化则是对公共资源进行单纯的份额等同的分配,既不公平,也无效率,有碍于全体人民共享水平不断提高的基本公共服务。①

实行基本公共服务均等化,坚持以人为本,就是坚持发展为了人民,发展依靠人民,发展成果由人民共享,就要既满足全体人民的物质生活需要,也满足其精神生活需要、生命健康需要、安全需要以及参与政治生活和社会生活的需要。为了达到这一目标,必须实行基本公共服务均等化。发达国家的经验和我国改革开放的经验都说明,在提供私人物品和私人服务方面,市场机制的作用是不可替代的;在提供公共物品和公共服务方面,市场机制却存在失灵或局限性,需要通过基本公共服务均等化的机制来弥补。

从国际角度来分析,基本公共服务均等化是当今世界大多数国家社会政策的发展趋势。现在很多国家把基本公共服务的供给作为治理国家的重要政策。一些国家之所以比较稳定,甚至在国家神经中枢出现变化的情况下依然能够保持秩序稳定,与其基本公共服务均等化密不可分。我国逐步实行这项制度安排,是一个必然趋势。②

(一) 教育公平:教育公共服务均等化的政策核心

要区分基本、非基本的公共教育服务和非公共教育服务,必须厘清政府权责边界,逐渐推进教育公平制度化。③ 按照中央政府

---

① 邓蓉敬.公共服务均等化研究综述[J].资料通讯,2007,(05).
② 常修泽.逐步实现基本公共服务均等化[N].人民日报,2007-1-31.
③ 国家教育发展研究中心编.2008年中国教育绿皮书:中国教育政策年度分析报告[M].北京:教育科学出版社,2008.98.

关于"明确各级政府提供教育公共服务的职责","要把促进教育公平作为国家基本教育政策"的要求①,可以预见,今后我国教育政策的走向是,重点向"促进教育公平"倾斜,逐步实现在不同地区之间基本公共教育服务均等化,不断拓展非基本公共教育服务,开放并监管好非公共教育的服务贸易领域。② 相应地,政府责任需要进一步细化:一是政府对基本公共教育服务(义务教育、特殊教育等)依法全面负责,中央财政要在年度预算内明确支出经常项目(如中小学校校舍建设维修改造,教师基本工资)。二是政府重点选择某些非基本公共教育服务(尤其是市场不易调节的),予以相应的拨款、资助和补贴,或动员社会资助。三是对某些近乎全成本分担的非基本公共教育服务,政府不直接作为,而是通过授权、许可或托管来作为,也可视情况部分购买。财政对城乡、区域、校企等多方面合作办学提供非基本公共服务,应予以政策优惠或资金补助。四是对非公共教育服务,政府不具体作为,引入市场运行机制,制定准入和竞争规则并依法监管③。

2006年,《中共中央关于构建社会主义和谐社会若干重大问题的决定》曾指出,"基本公共服务体系更加完善","逐步缩小地区间基本公共服务差距","完善公共财政制度,逐步实现基本公共服务均等化","逐步形成惠及全民的基本公共服务体系"。至于公共教育服务和促进教育公平,该《决定》又强调:"坚持公共教育资源向农村、中西部地区、贫困地区、边疆地区、民族地区倾斜,逐步缩

---

① 胡锦涛.在全国优秀教育代表座谈会上的讲话[N].人民日报,2007-09-01.
② 全国人大2002年颁布《民办教育促进法》,2001年签订WTO教育服务贸易减让表,2003年国务院颁发《中外合作办学条例》。但是,近年来实施过程中,各地遇到不少有关教育属性及产权界定等问题。
③ 转引自[英]乔治·亚罗夫.公共服务供给的政府监管[J].比较(第16辑),2005,(141).

小城乡、区域教育发展差距,推动公共教育协调发展。明确各级政府提供教育公共服务的职责……落实农村义务教育经费保障机制,在农村并逐步在城市免除义务教育学杂费,全面落实对家庭经济困难学生免费提供课本和补助寄宿生生活费政策……完善高等教育和高中阶段国家奖学金、助学金制度,落实国家助学贷款政策。"对于其他方式的教育服务,《决定》则要求:"规范学校收费项目和标准,坚决制止教育乱收费。""鼓励社会捐资助学。……引导民办教育健康发展。"在我国社会建设领域,政府针对公共服务所施行的政策,将被统统称为公共服务政策,目前对教育已开始采用公共教育政策(包括民办教育监管)的概念。

其中,促进教育公平是公共教育政策调整的基本方向,一个非常重要的基础条件,就是党政部门切实担负起第一责任,特别需要较为健全的公共财政制度作为支撑。实际上,我国公共财政制度健全的过程,也是社会主义市场经济体制不断完善,政府职能加快转变的过程。党的十六大以来,中央越来越重视通过健全公共财政制度而更加关注和促进社会公平。十六届三中全会提出"推进财政管理体制改革,健全公共财政体制,明确各级政府的财政支出责任"[1]。十六届五中全会强调"调整财政支出结构,加快公共财政体系建设"[2]。按照中央的战略部署,目前的国家教育财政政策导向正在发生重大变化,更加注重公平优先,向困难地区和弱势群体倾斜,注重统筹协调与资源配置问题。2006年,胡锦涛总书记指出:"教育涉及千家万户,惠及子孙后代,是体现发展为了人

---

[1] 中共中央关于完善社会主义市场经济体制若干问题的决定[N].人民日报,2003-10-22.
[2] 中共中央关于制订国民经济和社会发展第十一个五年计划的建议[N].人民日报,2005-10-19.

民,发展依靠人民,发展成果由人民共享的重要方面。保证人民享有接受教育的机会,是党和政府义不容辞的职责,也是促进社会公平正义,构建社会主义和谐社会的客观要求。"① 这一论述阐明教育在满足人民群众需求方面的重要性和迫切性。当代中国,教育公平是人民群众最关心、最直接、最现实的利益问题之一,实现好、维护好、发展好最广大人民的根本利益,始终是党和国家一切工作包括教育工作的出发点和落脚点。党的十七大报告明确提出:"教育是民族振兴的基石,教育公平是社会公平的重要基础。"从 21 世纪以来国务院总理历次政府工作报告来看,国家层面的教育政策一直沿着促进教育公平和提高教育质量两条主线前进。对此,政府与公众的宏观关切方向一致,各有侧重,成为两大公共教育政策的基点,而统筹协调政策基点的关系,对于中国的长治久安、和谐发展至关重要。要逐步使均衡化的基本公共教育服务覆盖城乡全体居民,使更加公平运行的各级各类教育事业基本上满足人民群众的需求②。

目前,我国已经向基本公共教育服务均等化迈出决定性一步,但地区之间依然存在显著差距。经济发达地区财政相对宽裕,不仅能较好保障免费义务教育,在高中阶段也能给以有力支持,高中及高等教育阶段居民分担学习成本能力较强;中等发达地区将优先保证免费义务教育的实施,对高中阶段投入增幅可能不会很大,非义务教育阶段居民分担成本水平也不够高,但是社会对教育的需求依然旺盛;欠发达地区大多集中在西部地区,即使未来巩固普

---

① 胡锦涛.优先发展教育 努力建成人力资源强国[EB/OL]. http://www.china.com.cn/17da/2007 - 10/15/content_9055615.htm.
② 张力.促进教育公平是建设和谐社会基本政策取向[N].中国教育报,2006 - 11 - 24.

及义务教育成果,尚需在中央财政不断支持下付出更多努力,对高中阶段教育发展势必感到格外吃力,非义务教育阶段居民分担成本水平十分有限,高等教育阶段有赖于国家专门支持,需要覆盖更大范围贫困学生的资助体系,包括需要教育资源丰裕地区承担为西部地区非义务教育服务的部分责任和义务。随着农村劳动力向城镇和非农产业的大幅度转移,进城务工人员随迁子女和留守子女接受义务教育乃至以后非义务教育的问题显得越来越突出,①直接影响到西部农民工流出地及其他流入地的教育资源的统筹配置。国家高度重视这一问题,出台许多政策措施,今后迫切需要在义务教育免费范围逐年扩大的新形势下对此问题予以更为有力的政策关注。应加大统筹不同地区的教育发展的力度,继续促使公共教育资源包括财政经费向西部的贫困地区、民族地区等倾斜,为区域教育协调发展,缩小区域教育差距创造越来越好的条件。

(二) 教育公共服务最低公平:实现教育公共服务均等化的基本策略

实现教育公共服务均等化,大体有"人均财力的均等化"、"公共服务标准化"和"基本公共服务最低公平"三种模式。在这里,"均等化"不是平均化。"平均主义"必然导致效率损失和影响公平的实现。人均财力的均等化是指中央政府按每个地区受教育人口以及每万人应达到的教育公共支出标准来计算向地方政府补贴的制度。该模式被欧盟和加拿大采用。公共服务的标准化指中央和上级政府对教育公共服务颁布设备、设施和服务标准,并以此为依

---

① 国务院研究室课题组.中国农民工调研报告[M].北京:中国言实出版社,2006.228.

据建立专项转移支付模式。该模式比较适用于地域不大、经济发展水平差异较小的国家。教育基本公共服务最低公平也称教育基本公共服务最低供应,由英国学者布朗和杰克逊于1978年提出。该模式将政府间职能分工与经费保障结合起来,包括多样性、等价性、集中再分配、位置中性、集中稳定、溢出效应纠正、基本公共服务最低供应、财政地位平等等原则。由于该模式注重财政公平与效率的统一,解决了财政资金转移支付中的一些难题,因而需要重点关注。

教育基本公共服务最低公平模式的主要特点是:一是确立教育基本公共服务最低公平原则。国家应让每个公民确信,无论他居住在哪个市或县,其子女都会获得教育基本公共服务的最低保证,现阶段是接受免费九年义务教育。为此,国家应制定具体的教育公共服务项目,确定最低提供标准要求,通过各级政府分担经费的模式,保障政府有能力提供这类服务。二是根据公共服务标准中的行业特点和标准要求,通过绩效评价等形式来确保服务质量。三是允许有财政能力的地方政府或财团提供更多的、质量更高的教育公共服务,经费由提供服务的政府承担。①

教育基本公共服务最低公平模式比较适合于中国。一是中国正处于人均财力水平较低,加上经济建设的巨大支出需求,尚无力达到全部公共服务均等化。国家有选择地将部分重要的公共服务列为基本公共服务,并以国家的名义保证最低供给水平。二是它为解决欠发达地区与发达地区在教育公共服务水平上的矛盾,提供可行方案。该模式将基本公共服务最低公平原则与等价性原则结合起来,既保证欠发达地区居民获得必要的公共服务,又不妨碍

---

① 李善峰.城乡基本公共服务均等化[J].开放时代,2009,(08).

发达地区政府提供更多的质量更高的教育公共服务。三是它符合公共财政改革渐进性的要求。在中国,任何一项公共服务的全国性改革都需要上百亿乃至上千亿元财政支出,基本公共服务均等化应该考虑国家财力可能,采用渐进策略,其标准、范围应随着国家财力提高而逐步提高。基本公共服务最低公平模式适应了这一点,既顾及现实财力的可能性,也为国家提高最低标准留下政策空间。近年来,中国出台的一些重大政策,如农村义务教育经费保障机制、新型农村合作医疗制度等,都是按最低公平的思路制定的。

从中国目前所处发展阶段和所面临的主要矛盾和问题出发,要从发展与改革的结合上规划,从财力与制度的结合上操作,从供给与需求的结合上实施,从政府与市场的结合上运作。发展的目的是增加财力,改革的目的是改变不合理的制度。所以,均等化不是财政部门单枪匹马就能解决的问题,需要各个部门、整个社会协调联动加以推进。① 从中国国情来看,教育的基本公共服务均等化主要锁定在对义务教育的保障上,即普及和巩固城乡义务教育。只要是适龄儿童,不论在城镇还是在乡村,不论在东部还是在中西部,都有权利享受九年义务教育。为此,一方面应提高财政性教育经费占国内生产总值的比重,保障义务教育阶段的均衡投入;另一方面,应深化教育体制改革,从体制上为义务教育均等化提供保障;第三方面,应加强政府部门的责任,构建服务型政府。

公共财政制度。 应调整财政支出结构,建立和完善公共财政体制。财政资金应逐步退出一般竞争性领域,加大对目前比较薄弱的义务教育、就业再就业服务、基本社会保障、公共卫生和基本

---

① 刘尚希.基本公共服务均等化:目标及政策路径[N].中国经济时报,2007-6-14.

医疗、公共文化、公益性基础设施、生态环境保护、公共安全等方面。同时,加大财政转移支付力度,通过中央财政转移支付来缩小东西部之间在公共服务上的差距。

城乡协调发展制度。机会不均等阻碍着教育公共服务均等化的进步和发展。在城乡分割体制中,进城务工子女乃至部分农民子女上学也较少享有应享待遇,这就需要尽快构建有利于改变城乡二元结构的运行体制。在不断推进城镇化的进程中,着力解决进城务工子女受教育身份的问题,各级政府着力把基础设施和社会事业发展的重点转向农村,并加大对农村教育公共服务的不断投入。

公共服务型政府制度。我国公共服务供给的短缺与政府的"缺位"、"越位"有关。政府的"位"定在哪里?应该定在"服务型政府"。为此,应尽快实现政府职能转变,健全公共服务均等化考核体系,强化政府的行政问责;尽快推进政府机构改革,逐步解决层次过多的问题,推进与政府机构紧密相关的社会事业单位改革,对于与公共服务均等化密切相关的教育、卫生、文化等事业单位,按照公共性、准公共性和营利性区别对待的原则和办法分类改革。

三、重组制度、经费、法律等基本元素,促进义务教育均衡发展

任何社会改革、组织变革、新体系建立,都离不开来自制度、经费、法律等方面的保障;相反,如果没有这些方面的保障,任何改革和创新,哪怕是最细小的改变,也难以成功。教育公共服务体系构建也是一样,需要制度、经费、法律等各方面的保障。

(一) 教育投资主体重心上移,促进教育均衡发展

根据公共产品理论,农村义务教育必须由政府承担。义务教育是公共产品,按照公共财政的要求,提供公共产品是政府的责任,政府应该通过财政手段向义务教育提供充足的资金,即农村义务教育必须由政府承担。公共产品受益的是全体国民,则支出责任应该属于中央财政;受益范围是区域公民,则支出范围应属于地方财政。义务教育受益的既有全体国民,也包括区域公民,还包括受教育者本人,但它更多的是全体国民受益,正如经济学家弗里德曼所说,"基础教育对社会来说具有正邻近影响"。因此,维持和接受义务教育的全部费用应由政府的财政部门承担。[①]

根据社会公平理论,农村义务教育必须由中央和省级政府承担。对于农村义务教育,公平问题是国家提供该公共产品的重要原因。义务教育是一个社会发展所必需的,也是每一个公民在社会化过程中必须拥有的,所以公平性是首先需要满足的。均等的教育机会能缩小收入分配的差距和实现社会公平,因为在现代社会经济条件下,"要缩短个人贫富之间的差距,设法增加贫困者的所得,一个最有效的捷径就是投入更多的资本在低所得者的身上,使他们因为接受较多的教育与训练之后,加速增加他们的投入"[②]。这样,社会就有责任和义务来保障每个人都能享有平等地接受教育的权利,即实现教育的机会均等。

近几年,我国经济发展迅速,财政收入以每年 20% 的速度增长。从当前政府财力状况看,中央财政收入提高,使中央和省级政

---

① 张茂聪 侯妮娓.农村义务教育投入体制的问题与思考[J].山东师范大学学报,2009,(01).

② 盖浙生.教育经济学[M].台湾:三民书局,1985.14.

府成为农村义务教育投资主体,在实践上具有可行性。1993年分税制改革前,每年增收200亿—300亿元;1994—1999年每年增收1000多亿元;2000—2003年每年增收为2000—3000亿元;2004与2005年平均增幅为20.8%。2006年财政收入为39373.20亿元,增幅为24.4%。2007年财政收入为51321.78亿元,增幅为30.3%。2008年财政收入为61330.35亿元,增幅为19.50%。按这一增长势头,我国政府完全有实力解决农村义务教育经费短缺问题。按照国际通行标准,人均国民生产总值600—2000美元的国家,中央和省级政府应承担义务教育经费的约70%,我国应努力向这是一目标前进。

(二) 明确各级政府权责及其教育投入机制,加大对农村教育经费总量投入

适应农村税费改革的新形势,当务之急从调整、完善现行财政投入体制和农村义务教育管理体制入手,建立与农村税费改革相适应的从中央到地方各级政府合理负担的农村义务教育投入新体制。

根据各级政府的财政和经济状况,对农村义务教育所需各项经费的初始来源和责任作出明确的分工,以法律形式界定各级政府在农村义务教育方面的财政范围,实现农村义务教育公共产品的分层合理供给,确保地区农村义务教育发展大体均衡。经济发达省份,中央政府基本可以不管;经济欠发达省份,中央政府要加大转移支付;经济贫困省份,建立以中央为主的相对集中的新分担机制。对于县而言,经济发达县实行"县负全责"体制,由县财政承担农村义务教育大部分经费;中等发达县实行"以县为主"体制,省财政可对教师工资、危房改造等适当补贴;经济落后县实行"以省

为主"体制,省财政应该承担起除公用经费以外的大部分教育经费[①]。

首先,在预算安排上,要确保《义务教育法》规定的教育经费"三个增长"的落实,即中央和地方政府教育拨款的增长要高于财政经常性收入的增长,年均教育经费要逐步增长,教师工资和公用经费要逐步增长。在此基础上,根据经济发展状况,将财政收入超收部分更多地用于教育投入,确保教育支出稳定增长。

其次,尽快实现国家财政性教育经费支出占 GDP 比例达到 4％的目标。1993 年国务院颁发的《中国教育改革和发展纲要》第 43 条明确规定:"逐步提高国家财政性教育经费支出(包括:各级财政对教育的拨款,城乡教育费附加,企业用于举办中小学的经费,校办产业减免税部分)占国民生产总值的比例,本世纪末(20世纪末)达到 4％。"而 2006 年至 2010 年目标是,从 2006 年的 3.01％提高到 2010 年的 3.05％。中共中央、国务院在 2010 年印发的《国家中长期教育改革和发展规划纲要(2010—2020)》第五十六条提出"提高国家财政性教育经费支出占国内生产总值比例,2012 年达到 4％"。

(三) 完善城乡协调发展机制,实现教育财权与事权的统一

职能管理理论创始人法约尔的"统一领导原则"指出,同一类事物应由同一部门管理。管理学家孔茨认为,"由于职权是执行任务的决定权,职责是完成任务的义务,所以其逻辑结果就是职权应该与职责相符合"。政府部门有多大的事权,就应该拥有与之相应

---

① 李玲.税费改革后完善我国农村义务教育投入体制的对策思路[J].理论导刊,2005,(09).

的财权。

一是赋予教育部门教育经费预算编制权。教育经费预算在平衡教育经费需求与供给的基础上编制,先由教育部门提出教育经费需求预算,然后会同财政和计划部门,根据财力可能,平衡需求与供给,提出教育经费预算建议并纳入国家预算,报同级政府和人民代表大会审核批准。

二是教育经费分配权和管理权划归教育部门。包括教育经费预算在内的国家预算经人民代表大会通过后,由财政部门划拨给教育部门,教育经费在各级各类教育和学校之间的分配、(包括非教育部门举办的教育和学校)管理、监控,由教育部门行使。

完善城乡发展机制是实现基本公共服务均等化的重要保障,也是实现教育机会均等的重要保障。当前阻碍基本公共服务均等化最突出的问题是机会不均等,尤其是城乡分割的体制使广大农民和进城的农民工没有享受到应有的"国民待遇"。要解决这一问题,一方面需要加快建立有利于改变城乡二元结构的体制机制,继续推进城镇化进程,加快劳动力向城镇转移的步伐,并解决农民工的身份问题;另一方面,政府应把基础设施和社会事业发展的重点转向农村,逐步加大对农村基本公共服务的投入[①],尤其对基础教育服务的投入。具体举措包括:

1. 推进农村义务教育改革,完善农村基本的义务教育制度。县乡政府一是要继续实行农村义务教育经费保障机制的改革,将农村义务教育经费全部纳入财政保障的范围,认真落实"两免一补"政策,达到基本实现农村免费义务教育的目标。提高农村尤其是偏远的农牧区和山区的中小学校舍维修改造的长效机制,进一

[①] 邓蓉敬.公共服务均等化研究综述[J].资料通讯,2007,(05).

步巩固完善现行教育工资保障机制。①

2.合理配置城乡教育资源,逐步缩小城乡之间义务教育发展的差距。义务教育是普惠性教育,每个适龄儿童都享有平等接受义务教育的权利。这里的平等不仅包括入学机会平等,也包括受教育过程平等。因此,要求义务教育阶段的教育资源均衡配置,包括硬件设施、师资队伍、管理水平、生源分配等方面。而现实情况是,不论硬件资源,还是软件资源,城乡学校之间的差别是巨大的。当前要全面落实国务院关于农村义务教育经费保障制度改革的要求,为公共教育资源均衡配置创造条件。各级政府要全力配合,合理配置义务教育公共资源,缩小本地区的教育城乡差别,全面提高义务教育质量。

(四)健全教育法律体系,为教育公共服务体系的建立提供法律保障

教育投入是国家教育事业不可分割的重要组成部分,只有积极推进教育财政决策的民主化、法制化,不断健全国家教育财政法规体系,坚持以法治教,才能够做到在教育经费的筹措、负担、分配、使用等方面,有法可依,有章可循,责任明确。

教育的发展需要良好的环境,需要法律的保障。为确保对农村义务教育的财政投入,尽快出台《义务教育投入法》,制定《教育预算法》。统筹安排、调度,保障义务教育支出。我国现有法律法规中,关于教育投入的规定,有些方面几乎没有触及,有的尚不明确,缺乏可操作性,在执行过程中,缺乏明确的责任追究制度,难以受到制度性约束和监督,容易变成"软法"。一个法制完备的教育

---

① 邓蓉敬.公共服务均等化研究综述[J].资料通讯,2007,(05).

体系,才是富有效率的,充满活力的。教育公共服务体系的建立同样离不开教育法律法规的保障。当前我国的教育法律体系建设,虽然取得了一些成绩,但还是存在种种问题。如总体上数量不足,而且教育法法域面过窄,覆盖面不完整,在一些领域仍存有大量法律调整的真空地带,如学校学生安全、社会教育、成人教育、远程教育、教育经费投入等方面,缺乏相关法律的明文规定,使得许多教育实践活动无法可依、无章可循,也给许多教育失范行为提供机会。

教育法律体系的完善过程任重而道远。首先,要坚持与时俱进的原则,让法律制定跟上教育发展速度,要做到国民教育延伸到哪里,教育法律的网络覆盖到哪里,可以随时随地为教育的发展提供有力保障。其次,加大执法力度,做到有法必依,执法严格。最后,要加大宣传力度,提高教育法律意识。事实上,这些法律法规绝大多数是保护受教育者权益的,只有人民群众愿意用它,善于用它,它们才能发挥作用,最终实现健全教育法律体系的目的。

第四章 教育公共性的保障:公共财政

> 在这个年代,任何一个孩子假如被受教育机会拒之门外,那么,他们想在日后理所当然地获得成功,是值得怀疑的。这种由政府负责提供的教育机会,是必须平等地赋予所有人的权利。
> ——[美]弗雷德里克森

教育公共服务的价值取向决定提供教育服务是政府的一项基本职责,由此,也决定在提供教育公共资源的过程中,公共财政是主要投资来源。由于公共财政具有公共性、法制性、非营利性的特点,因此,追求教育领域的社会公平和保证教育领域的公共利益,是政府管理教育的基础性责任。

一、政府主体:教育公共财政的政府职责担当

(一)公共财政的基本特征

公共财政是指"机会均等且集体消费的财货",也有学者认为"公共财政是由公共生产且能满足公共欲望的财货"。"是指市场经济中,以国家为主体,通过政府的收支活动,集中一部分社会资源,

用于履行政府职能和满足社会公共需要的经济活动"。其逻辑前提是"市场失灵",核心概念是"公共产品",基本职能是资源配置、公平分配和稳定经济。① 所谓"均等""集体"消费,是只有两人或更多的人共同消费一种财产或劳务,而参与消费的人都能获得相等的利益。

公共财政是国家财政的一种具体存在形态,即与市场经济相适应的财政类型和模式。在市场经济条件下,主要为满足社会公共需要而进行的政府收支活动模式或财政运行机制模式;是国家以社会和经济管理者的身份从市场上取得收入,并将这些收入安排政府支出,提供公共产品、公共服务,矫正市场失灵,调节资源配置以及收入分配等方面,以保障国家安全,维护社会秩序,实现经济社会的协调发展。公共财政从本质上概括,就是政府利用公共权力配置资源的经济活动。它包括财政收入、财政支出、财政管理。其涵盖范围主要有:行政管理、国防、外交、治安、立法、司法、监察等国家安全事项和政权建设,教育、科技、农业、文化、体育、公共卫生、社会保障、救灾救济、扶贫等公共事业发展,水利、交通、能源、市政建设、环保、生态等公益性基础设施建设,对经济运行进行必要的宏观调控等。公共财政具有以下的基本特征:

1. 公共性。财政的公共性源于国家的公共性。早在1819年,瑞士西斯蒙第在《政治经济学新原理》中谈到对财政的看法:"人类形成社会团体以后,就必须管理由自己财富所产生的公共利益。社会形成的初期,就有一部分公共财产必须用以满足公共的需要。于是,如何征收和管理这种不属于个人而属于公共所有的国民收入,就成为政治家的一门重要的科学知识。"②西斯蒙第的认识在

---

① 樊继达.公共财政体制下政府职能转变的五大着力点[J].学习时报,2005,(01).
② [瑞士]西斯蒙第.政治经济学新原理[M].何钦译.北京:商务印书馆,1964.15.

19世纪至20世纪上半叶西方政治学中一直占主导地位。到了资本主义自由竞争阶段,亚当·斯密学说占据统治地位,他主张"廉价政府",把国家的职能限于抵御外来侵略,维护国内秩序和举办必须由政府负责的文化、教育、交通等公共事业。直至垄断阶段,凯恩斯主义把财政看作"公共部门的经济",财政的内涵已扩展到政府运用财政手段调节经济、包括政府一切经济活动。通过上面的变化,我们发现不管财政的职能和作用有什么变化,财政是由社会存在和发展的公共需要决定的这一本质不变,公共财政的职能范围是以满足社会公共需要为标准确定的,不属于或不能纳入社会公共需要领域的事项,财政就不去干涉;凡属于或可以纳入社会公共需要领域的事项,财政就必须介入。因此,公共性是财政客观的、固有的属性。

2. **非营利性**。在市场经济下,每个经济主体均以营利最大化为目的,对那些经营风险大、经营周期长的产品,政府作为社会管理者,其行为的动机不是也不能是取得报偿或盈利,而只能是追求公共利益。其职责只能是通过满足社会公共需要的活动,为市场有序运转提供必要的制度保证和物质基础。如竞争规则的制定,而且这种公共事务是非营利性的。财政收入的取得,要建立在为满足社会公共需要而筹集资金的基础上;财政支出的安排,要始终以满足社会公共需要为宗旨。即使有时提供的公共物品或服务的活动会附带产生数额不等的收益,但其基本出发点和归宿依然是满足社会公共需要,而不是盈利。

3. **法制性**。公共财政的收支行为必须规范化。公共财政以满足社会公共需要为基本目的,与全体社会成员的切身利益直接相关。不仅财政收入要来自于社会成员的缴纳,财政支出要用于向社会成员提供公共物品和服务的事项,而且财政收支出现差额带来的成本和效益,最终仍要落到社会成员身上。既然与社会成员息息相关,社会成员对于公共财政的运作便有强烈的监督意识,从而要求和决定着政府财政收支行为的规范化、法制化,全部政府收支进行预算,财税部门总揽政府收支[①]。

(二) 保证教育领域的公共利益是政府的基础性责任

追求教育领域的社会公平和保证教育领域的公共利益,是政府管理教育的基础性责任。[②] 这包括,构建教育法律法规体系,为公共教育部门提供资金支持的政策基础,维护义务教育的社会公平和公共利益,对弱势群体进行教育补偿和优先扶持,为社会大众提供教育和人力资源的信息服务和平台服务,建立社会参与的公共治理制度和监督制度,为教育提供质量管理和服务平台,等等。然而,在教育治理和服务的现实工作中,政府职能并未达到最充分和最有效的体现,政府职能有"错位"现象。政府治理错位,就会导致一些政府管理部门的领导急功近利,舍弃周期长、效益滞后和成本相对较高的人才培养与教育发展,把重视教育仅仅停留在口头上,使人力资源是第一资源和教育优先发展的战略成为一句空话。

要克服政府职能的错位,就要树立公共教育财政观念,致力于公共教育财政的建立和完善。正如李岚清同志指出的:凡是市场机制能够较好解决的问题,政府就不要介入,不要"越位";对满足社会需要而必须进行的社会管理和提供的公共服务,政府则要更加重视,不能"缺位"……把公共财政建立健全起来,是从体制上

---

① 常忠利.我国基础教育公共财政投入均等化问题研究[D].东北师范大学(硕士论文),2008,(10).
② 中国教育与人力资源问题研究课题组.从人口大国迈向人力资源强国[M].北京:高等教育出版社,2003.75.

解决政府职能"错位"的重大措施……公共财政体制建立和完善了,教育投入的增长也就有了长效的法制保证体制,也可以说,这是保证教育投入以政府为主的根本措施。①

根据具有公共产品性质的程度将教育类型划分为:基本上具有公共产品性质的教育服务,具有准公共产品性质的教育服务和基本上具有私人产品性质的教育服务。基本上具有公共产品性质的教育服务可以包括:义务教育,特殊教育,对有违法和轻微犯罪行为的学生进行的工读教育,以广播电视等形式进行的公开教育等。比照关于公共产品所具有的特性,虽然从严格意义上看,这些类型的教育可能程度不同地在边际成本和技术上可以实现排他的特性,并不完全符合纯公共产品的属性特点,但在实践中多数国家将它们作为一种制度安排而定位在公共产品上。这些类型的教育基本上依靠国家财政支出,即在实践中,政府按照对公共产品的提供方式将以上类型的教育划归为完全由公共经费支持的公共产品范畴内。

公共经济学认为,公共财政应负担公共产品,并对具有外部性的准公共产品和私人产品实行补贴。教育具有明显且积极的外部性,公共财政应该对教育给予财政支持。但是,如果公共财政负担全部教育服务的话,就意味着接受任何类型教育服务的个人不支付受教育的费用。这种完全免费的教育在某些情况下会导致公共资源的过度投资,也会带来公共资源分配的不公平和使用效率低下。一方面,完全免费的教育会刺激人们对教育的过度需求,这种过度需求会导致庞大的教育经费支出。有限的公共财政资源在面对庞大的教育经费支出时,会形成经费需求与供给之间的巨大缺口。另一方面,受教育者通过接受教育可以获得没有受到同类教

---

① 李岚清.李岚清教育访谈录[M].北京:人民教育出版社,2003.56.

育的人得不到的某些个人利益。因此,为了将稀缺资源更加合理、有效和公平地使用,政府必须在有限的资源范围内,有选择地对不同类型的教育给予程度不同的财政支持。[①]

义务教育阶段以上的各类以公立教育机构为主要办学形式的学校,包括高等院校、高中、中等专业学校、职业技术学校、成人教育学院。这些学校所提供的教育服务一般具有拥挤的公共产品的性质,其数量受到限制。一些人享受了这类教育服务,另一些人就无法享受。即这些服务具有消费上的竞争性,而且可以通过向受教育者收费实现排他。政府是否应该支持这类具有准公共产品特性的教育服务呢?教育经济学研究的大量实证分析证明,在一定条件下,教育可以提高受教育者的终身收入,带来私人可分割的经济利益。[②] 而且随着受教育程度的提高,这种私人收益一般显现不断增长的态势。在这种前提下,接受以上教育类型服务的受教育者进行教育成本的分担是合乎情理的。但是,由于这类教育一般具有广泛的社会效益,受教育者个人所获得的知识、技能、态度等,不仅可以为个人带来正面收益,而且会外溢到全社会,促进社会经济的发展,最终使其他社会成员受益。因此,对这类教育政府财政应给予适当补贴,以弥补受教育者付费的不足。特别是这类教育中涉及一些具有巨大外部效应的领域,例如,高等教育中一些对国家发展有重要意义的专业,诸如一些基础性学科,毕业生就业岗位属于经济效益相对低的地区或者行业等,国家财政必须给予充分的支持,否则,这些专业将难以生存。

---

① 闵维方 王蓉.中国教育与人力资源管理发展报告 2005—2006[M].北京:北京大学出版社,2006.61.

② 陈国维.教育宏观管理的目标:构建公共教育管理与服务体系[J].信阳师范学院学报,2004,(05).

利用非财政性教育经费举办的民办学校，收取报酬的家庭教师进行的教育，各种为满足个人自身发展或消遣而开办的兴趣班和补习班的教育等。这些形式的教育可以通过市场运作自行发展，无须主要依靠国家财政而生存。

国家财政究竟应该负担什么类型的教育，在理论上属于规范性问题，在实践中各国做法不尽相同。它既受到国家财政承担能力制约，也是各国对不同价值偏好的公共选择。但在原则上，一般国家都是根据不同类型的教育所具有的公共产品性质的程度来决定财政的负担程度，即某种教育类型所具有的公共产品性质越强，积极外部效应越大，财政支持的力度越大；某种教育类型所具有的私人产品性质越强，财政支持力度越弱。也有例外，如非洲一些国家教育财政的重点是高等教育，基础教育则主要依靠家庭和个人出资。

政府提供公共产品的资金并不意味着它要直接参与公共产品的生产，公共部门筹资也并不排除从私人供应者那里购买它们。事实上，许多公共产品是由私人提供给政府的，例如某种教育服务的公共筹资和私人供应是共存的。美国、日本等国的很多私立高等院校都可以从公共财政方面得到一定程度的支持。不同教育机构之间的竞争会提高教育资源的使用效率，同时，在这种制度下家庭也可以提供资金，以补充政府教育经费的不足。

二、建立义务教育公共财政制度

（一）建立义务教育的政府间转移支付系统：基于区域财政能力不均衡的必然选择

回顾中国教育财政分权化历程，很多观察者认为教育的数量发展相对于教育资源的筹集来说是明显超前的,尤其在贫困、农村地区。目前体制的一个主要弱点是没有一个应该成为分权化教育财政系统的重要组成部分的规范的均等化机制。这样一个机制的建立和发展应该成为今后义务教育财政改革的重点。

关于大力加强中央和省对贫困地区、农村地区义务教育发展的投入,至少有三个理由。① 首先,义务教育可以提高个体生产能力,从而使他们成为合格的社会劳动者。对中国和其他国家的研究都表明,教育可以大大提高农业劳动者的生产率,小学和初中教育可以使农业劳动者获得更高收入和向非农工作转换。随着经济结构的变迁,以加大人力资本投资来促进这些地区经济的发展越来越有必要。第二,中国沿海地区和西部省份、城市与农村的经济发展不平衡程度很高。西部和农村地区在经济生产力和生活水平方面大大落后于沿海和城市地区。造成这种状况的部分原因是过去 20 年里国家政策对这些地区的倾斜度偏低。"平等"成为要求国家关注西部和农村地区发展的重要理由。第三,地区经济发展差距加大,农村税赋过重等因素易引起农民群众不满。为保持政治稳定,也要采取切实步骤,提高农村居民的教育福利和生活水平。中央和省级政府实际上一直在为贫困地区的教育发展提供财政补助。目前的均等化措施有几个方面的局限性。② 如,补助数额较小;中央和省级政府的补助尚不是义务教育财政体制的制度化组成部分;中央和省级补助

---

① 曾满超 丁延庆.中国义务教育财政面临的挑战与教育转移支付[J].北京大学教育评论,2003,(01).

② 闵维方.探索教育变革:经济学和政策的视角[M].北京:教育科学出版社,2005.146.

从类型上看仅局限于工程性专项资金,对用途有特定限制(主要用于学校设施设备),并未用于学校事业性支出等。

建立经常性的切实的义务教育政府间转移支付制度,在未来一些年里会变得越来越紧迫。很多县级政府由于财源有限,根本不具备支撑义务教育的能力,这一点对政府和教育工作者来说已经是显而易见了。拖欠教师工资就是这一困难的体现之一。要使政府间转移支付成为中国义务教育财政的制度性组成部分,尚需一段时间;要使它在义务教育预算内总经费中占有相当比例,则需要更长时间。应该把建立制度性的切实的政府间转移支付制度看作一个循序渐进的、分阶段实施的过程。要想使这一制度有效运作,需要不断努力,改善教育资源使用状况和完善责任制。

在中央和省向县级/学区分配资源的过程中至少有六个相互关联的问题需要进行分析试验[1]。第一个是明确中央和省用于义务教育的资源的使用目的和不同用途。政府间财政联系可以有这样一个原则:中央经费应该用于有关国家整体问题,省级经费用于与地方事务有关问题。因此,中央和省级资金可以用于不同的项目,或有不同的投资方向。保证充足和减少不平等可以是相辅相成、没有冲突的。目前首要的应该是保证贫困和农村地区义务教育投入的充足水平。中央和省级政府应该对这些地区提供帮助,让这些地方的教育发展跟上社会经济发展的步伐,以免落后于其他地区太多。另外,中央和省级政府还应该把资金分配与地方上

---

[1] 闵维方.探索教育变革:经济学和政策的视角[M].北京:教育科学出版社,2005.148.

强化责任制,提高资源使用效率的努力程度联系起来。要特别注意采取措施防止教育经费(包括来自中央和省的教育经费)被挪作他用。第二个问题是合理设计转移支付项目。政府间转移支付资金有几种常用类型,如非专项资金、专项资金和一般收入分享等。可以根据投入资金的目的选择要求配套或不要求配套。不同的选择会对教育支出有不同的影响。第三个问题是确定给每个县/学区均等化资金数量的方法。一个常用的方法是运用因素法拨款公式,综合考虑学生群体的特征、基层财力、财政努力程度和其他因素。第四个问题,加强贫困学生和寄宿制学生资助,使资助真正落实到这些学生身上。第五个是平衡中央和省教育资源分配过程中目标和方法的一致性和多样性问题。第六个问题是"充足"概念的界定和操作化。"充足"可以根据投入或产出来定义,用来量化"充足"与否的指标必须可操作。由于不同区域、不同省和不同县之间有很大的差异,执行过程中在一些地区调整目标和方法往往是不可避免的。

对于转移支付后的效果检测,可用预算约束线的原理来说明。图 4-1 描述实行转移支付后的地方公共产品供给水平。在该图中,假定有 X 和 Y 两种地方公共产品,在地方预算既定的条件下,它们的供给水平为 A 或 B,相应地,地方政府的供求均衡点为 H。这时的福利水平为无差异曲线 I_1。如果上级政府实施转移支付,则由于总预算的量增加了,因而预算约束线由 AB 移动到 CD,这时的无差异曲线将移动到 I_2。无差异曲线向外移动表明居民福利的水平提高了。因而转移支付有利于提高接受地居民的福利水平。

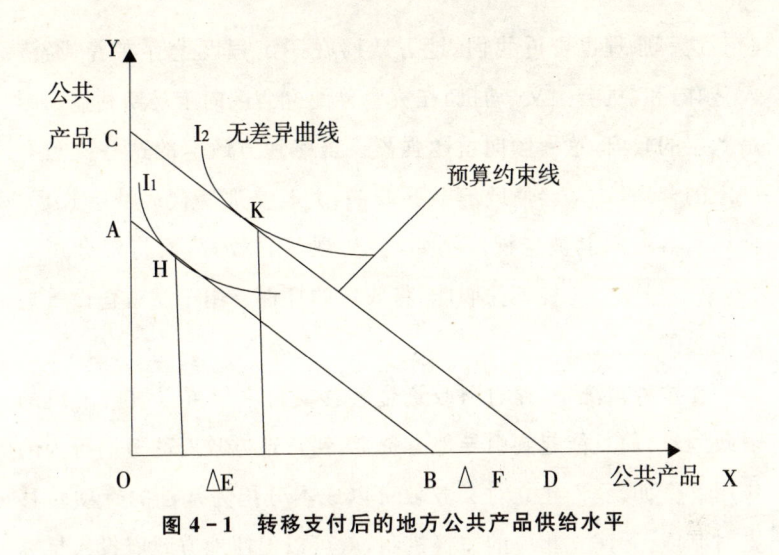

图 4-1 转移支付后的地方公共产品供给水平

总体来说，在多级政府下的中央和地方政府的职能分工是围绕效率和均衡两个原则进行的。这就是，越是基层政府就越重视效率，即利益，而越是上层政府就越重视均衡（见图 4-2）。中央政府由于处于"权力宝塔"顶端，关注的是全国均衡，即地区间在财力、经济发展和公共服务上的平衡或公平。

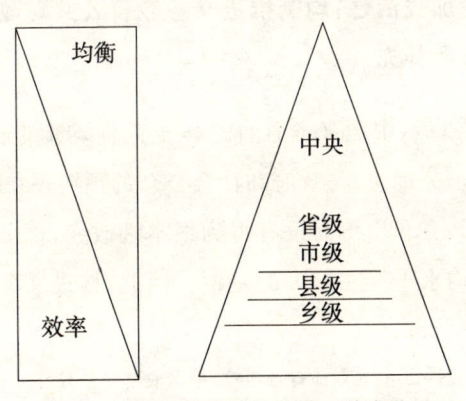

图 4-2 多级政府下的均衡—效率关系

这一原理也告诉我们,地方政府在一定程度上存在着"经济人"倾向和"机会主义"动机,在资金分配上会倾向于短期利益。越是基层的政府,这一倾向就越强烈。虽然地方政府的这些决策有一定的合理性,却会使政府某些职能,尤其是那些代表社会长远、全局利益的职能被忽视。例如,会忽视基础教育,而将资金用于"形象工程";会忽视环保职能,将收取的环保费用于城市建设等短期见效的事业。

在这种情况下,通过财政资金转移支付不仅可以缓解下级的财政困难,而且能起到引导地方资金,纠正地方政府的短期行为的作用。例如,我们建立对义务教育以成本分担为基础的专项转移支付制度,并建立相应的监督机制,就可以促使地方政府投入足额资金用于教育。又如,对于地方排出的污水,如果能在分界线地区设计一个计量和收费系统,实行专项收费,就有利于纠正不负责任行为。因此,转移支付是一种政府干预手段,在引导地方资金流向和纠正地方短视行为方面,起着其他行政手段难以起到的重要作用。①

(二) 增加灵活性:均衡推进义务教育公共财政政策的必要补充

1999年以后,中国义务教育总体上是向均衡方向发展的,推进状况并不十分理想,与政府和社会公众的预期存在较大的差距,区域间义务教育非均衡尚没有得到根本性改变,部分地区义务教育与全国平均水平存在较大的差距。因此,推进义务教育均衡发

---

① 财政部教科文司 教育部财务司等.中国农村义务教育转移支付制度研究[M].上海:上海财经大学出版社,2005.147.

展,实现义务教育公平,是长期的、艰巨的任务。从中国义务教育均衡推进过程看,地区间财政能力的差距是关键因素,进一步推进义务教育均衡发展,必须选择有针对性的教育财政政策。①

1.落实国家义务教育财政"低保"政策。国家义务教育财政"低保"是指国家对义务教育阶段学校完成国家规定教育目标所需办学条件的最低经费投入的保障。义务教育财政"低保"目标应包括:(1)最低保障维持学校教学运转所需基本条件的要求;(2)最低保障完成国家义务教育目标所需要的基本要求;(3)最低保障为国家义务教育可持续发展奠定基础所需条件和要求。从长远看,随着国家对义务教育要求的不断提高,义务教育办学条件需要同步提高,"低保"的标准也不断提高。义务教育财政"低保"问题,不是政府短期的"突击行为",而是实现义务教育财政均衡的"长效机制"。

教育部《关于进一步推进义务教育均衡发展的若干意见》明确提出制定出台各地义务教育学校办学条件最低保障线,建立和完善义务教育学校的"基尼系数"等推进义务教育均衡发展的措施。从义务教育均衡推进与政府财政能力的关系看,贫困地区义务教育均衡仅依靠地方政府的财政能力是不可能实现的,中央政府对贫困地区义务教育的财政转移支付,在推进义务教育均衡过程中起着不可替代的积极作用。在义务教育财政"低保"制度下,地方政府(省级及以下政府)主要负责所辖区域内义务教育均衡发展问题,尤其关注对本地区农村义务教育的投入。中央政府主要平衡全国范围内的非均衡问题,负责协调、均衡义务教育阶段投入低于

---

① 栗玉香.义务教育均衡推进的财政分析与政策选择[EB/OL]. http://www.studa.net 2008-04-04.

全国平均水平的地区,建立义务教育财政转移支付预算,以预算的形式确保贫困地区义务教育财政投入。同时,对已经普遍实施的"两免一补"义务教育财政支持政策,要进一步提高政策执行的实效,有效改善农村义务教育公用经费不足的境况,在保障义务教育机会均等的同时,稳步提高农村义务教育质量。

2. 均衡推进区域内的财政政策,实行义务教育均等化拨款制度。我国地域辽阔,经济差别大,在短时间内全面推进义务教育均衡不大现实。应根据实际情况采取区域推进策略,先小域后大域,即以县域内义务教育均衡为突破口,再到省域内均衡,最终实现全国义务教育均衡。从义务教育均衡推进状况看,省际间义务教育的差距在短时期内缩小基本是不可能的。县域内义务教育均衡的重点是缩小城乡之间的差距,县级教育财政投入和省市级财政转移支付的重点在农村义务教育。贫困地区义务教育均衡的重点在县域内,高于和处在全国义务教育均衡平均水平的地区,推进义务教育均衡的重点在省域内。

不管是推进县域内的,还是推进省域内的义务教育均衡,教育财政政策应是在同一行政区内对于实施义务教育的学校,以学生数量为标准,实行均等化拨款制度。同一级政府管理的公立学校,原则上每个学生应获得相同的教育资源(对贫困生、有特殊需要的学生应有所倾斜)。但目前,多数地区政府对义务教育公立学校拨款,不是按学生人数,而是区别重点校和非重点校,导致同一级政府管理的公立学校之间差距巨大。为解决同区内不同学校间财政资源严重非均衡局面以及义务教育阶段严重的择校问题,应取消重点校与非重点校的划分,对所有学校一视同仁,以学生数为标准均等化拨款。当前,财政资源分配应向薄弱学校倾斜,以缩小学校间财政资源配置的差别。

3. 确定中央政府纵向财政转移支付的规模。接受义务教育是每一个公民的权利，同时也是各级政府应承担的责任。如果按照行政角色而不是按照政府公共财政的职能确定义务教育的政府间转移支付，就会使得政策很少兼顾人口多的区域内公民享受义务教育的权利的实现，就有可能无意地造成对教育公平与效率实现的制约。尤其目前中国义务教育均衡态势已出现新的格局，处于最不利的不是西部省份或者人口少的省市，而是人口居多的中部大部分省份，如湖南、四川、广西、河北、江西、湖北、安徽、陕西、山东、山西、河南等。河南省人口为全国的1/13，义务教育生均指标值却是最低，在全国义务教育生均预算内投入指标值处于谷底的位置。因此，中央政府义务教育财政一般转移支付和专项转移支付相结合的转移支付制度与转移规模的确定，不能仅以行政角色，而必须根据该区域接受义务教育的人口数量的多少而定，让公共财政的阳光惠及接受义务教育的每一个公民。

4. 保障教育公共财政的公平投入：公共财政治理的基点。教育经费供给不足、分配不均和效益不高，是中国教育财政存在的主要矛盾。构建和谐社会落实到教育财政上，就是处理好公平和效率的关系，达到经费分配公平性和使用有效性的和谐统一。周济部长在教育部2005年度工作会议上的讲话中指出："加快构建中国特色社会主义现代化教育体系，必须把握好各级各类教育的发展重点、节奏。教育事业的全面健康发展，既要促进基础教育、职业教育、高等教育和继续教育的协调发展，又要促进各类教育内部的协调发展；既要根据发展阶段的不同突出战略重点，又要兼顾带动整个教育事业的全面发展。"[1]在发展中实现教育投入的公平与

---

[1] 闵维方 王蓉.中国教育与人力资源管理发展报告2005—2006[M].北京：北京大学出版社,2006.86.

效率、数量与质量的有机结合。在进入教育经费投入和分配时,我们不仅要考虑投入的数量和增长率,还要考虑经费投入和分配的系统性和协调性,合理解决地区间、城乡间和学校间教育经费的巨大差异。

完善教育投入保障法律规定,根据经费需求建立经费保障机制,是解决教育经费供给不足的一项重要举措。在中国现行教育法律及其相应制度中有很多关于教育经费投入保障的规定。但由于其中的概念界定不明确,概念不系统,使得很多规定无法落实,或者是无法满足对经费的实际需求。比如,中国《义务教育法》、《高等教育法》和《职业教育法》均涉及的基本概念是经费开支标准,何谓经费开支标准,标准由哪些因素决定,都没有细则明确界定和说明。

尽管中国《义务教育法实施细则》明确规定,省级人民政府应当制定实施义务教育各类学校的经费开支定额,并制定按照学生人数平均的公用经费开支标准、教职工编制标准和校舍建设、图书资料、仪器设备配置等标准,地方各级人民政府应当制定实施规划,使学校分期分批达到前款所列办学条件标准,并进行检查验收,但这一规定实施起来相当困难。一方面,这种定额标准的规定明显不能适应形势需要。中国社会经济发展变化比较快,定额标准与实际需要之间矛盾明显。另一方面,定额标准的依据很难制定。这都要求对教育经费的基本需求和差异需求进行重新的科学测算,以前制定的定额标准已无法满足实际需要。①

我国各级各类学校虽有定额标准,但定额标准的内涵并没有

---

① 闵维方 王蓉.中国教育与人力资源管理发展报告 2005—2006[M].北京:北京大学出版社,2006.87.

得到清晰的定义,科学性不强。目前的定额标准没有体现教育财政的有效性和公平性,其制定原则和方法也不够透明,因此带来实际上经费供需的巨大矛盾。从这一点说,中国教育经费投入保障体制改革的本质是完善现有法律中关于教育经费的定义,科学地界定现有法律中各级各类教育经费需求的定额标准,这样才能从根本上解决经费需求和供给之间的矛盾。

"要建立公平有效的教育财政补助制度和方式,就要从最基本的经费需求分析入手,将拨款制度和模式与经费需求结合起来,确定拨款基准额,并考虑特殊地区、特殊人群的额外需求,对他们给予公平性对待。"[1]特别是要为弱势群体的继续教育建立财政保障机制,如制定针对各种人群尤其是弱势人群的职业培训法律法规,明确各级政府在职业培训方面的责任,提供资金开展各种培训项目,降低门槛提供免费的就业与培训信息,以及利用因特网为基础的各种技术为更多的人参与培训和人力资源开发提供便利等。如,美国政府对失业人员培训十分重视,各州劳工部门主要通过资金支持,以"购买培训成果"的形式实现对失业人员的培训。对于承担失业人员培训的社区学院、培训机构和就业服务机构,符合培训后就业有关规定的,经批准,可以获得培训经费。韩国政府出资对老工人提供培训以及发放学费贷款。综合各国政府在拓展培训覆盖人群方面的各种制度创新,可以归纳出一个共同的特点,就是公共财政对弱势人群培训与人力资源开发的支持和干预力度加大。

---

[1] 闵维方 王蓉.中国教育与人力资源管理发展报告 2005—2006[M].北京:北京大学出版社,2006.88.

第五章　教育公共性的保障：
非营利组织的社会责任

  人类形成社会团体以后，就必须管理由自己财富所产生的公共利益。社会形成的初期，就有一部分公共财产必须用以满足公共的需要。于是，如何征收和管理这种不属于个人而属于公共所有的国民收入，就成为政治家的一门重要的科学知识。

——［法］西斯蒙第

  "非营利组织"（Non-Profit Organization，NPO）是 20 世纪中期以后在世界各国逐渐流行，但由于各国用词习惯以及对非营利组织范围的界定有所差异，出现联合国文件中的"非政府组织"（Non-Governmental Organization，NGO），美国的"免税组织"（Tax-exempt Organization），英国的"志愿组织"（Voluntary Organization），其他常用的还有"慈善组织"（Charitable Organization），"公益团体"（Commonweal Organization），"社区组织"（Community Organization），"市民社会组织"（Civil Society Organization，GSO），"第三部门"（Third Sector）等称谓。其含义宽窄不一，但都是针对政府部门与企业部门之外的社会组织。它不承担政府组织的政治职能，其决策层和管理层也不应当由政府官员担任或直接控制。但这并不是说非营利组织不能让政府组织或政府官员参与其活动，更不意味着非营利组织不能接受政府的支持和资助,而是说非营利组织应当有独立决策权,不为政府所控制。① 非营利组织成立及运作的目的不是为其拥有者或管理者谋求利润,而是以服务大众为宗旨,但这并不是说非营利组织在经营过程中不能产生利润。非营利性即不以营利为目的,或曰组织的存在目的不是积累财富或者创造利润,而是实现社会的公共利益。它可以收费,在运作得当的情况下,一般会有所盈余,但这种盈余必须为其服务于公众的基本宗旨服务,而不能在其所有者或管理者中进行分配,这是非营利组织与以追求利润最大化为目的的营利性组织的最大区别。② 到了20世纪末期,人们逐渐认识到,仅靠政府与市场无法有效解决人类面临的大量政治、经济与社会问题。在这种历史背景下,非营利组织蓬勃兴起,它面向社会弱势群体以福利服务为本,以社会公平为基础,以社会进步为目标,致力于解决人们在成长和发展中所遇到的各种困难,谋求人的发展与社会进步,对社会与经济的发展起到了良好的促进作用。

一、非营利组织在教育中的价值与功用

非营利组织是在政府—市场—社会三元模式中构建的。作为一种社会组织形式,非营利组织与政府组织、企业组织构成功能互补的关系;同时,现代非营利组织作为一种制度安排,它与有限政府、市场机制的制度安排相适应。非营利组织的宗旨导向机制,与政府的行政官僚机制、企业利润导向机制相互补充,共同满足社会中多种不同的需求。③ 本部分主要以美国发展与培养非营利组织

---

① 吴东民 董西明.非营利组织管理[M].北京:中国人民大学出版社,2003.6.
② 张万朋 王千红.基于非营利组织的中小学教育融资问题[M].天津:天津教育出版社,2006.3.
③ 宋大涵.事业单位改革与发展[M].北京:中国法制出版社,2003.328.

在教育发展诸问题上的有效作为为例。

(一) 非营利组织在社会治理结构中的优势

非营利组织在社会结构中的地位,如图 5-1 所示。

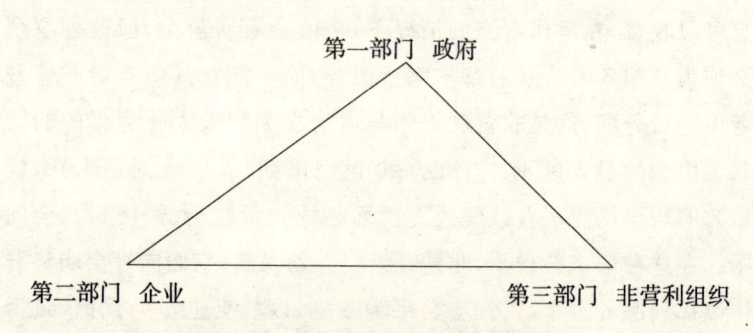

```
                第一部门  政府
                   /\
                  /  \
                 /    \
                /      \
               /        \
              /          \
             /_____\
第二部门 企业              第三部门 非营利组织
```

图 5-1 非营利组织的社会结构定位

非营利组织的特点是[①]:一方面,与政府体系相比,它不按照自上而下的行政官僚体制运作;二是产生于社会基层,由各种不同关注、不同取向、不同动机的人群发起的组织构成,以多元、平等、竞争、志愿参与、相互独立的模式运作,从而更具灵活性、强应变力,能够及时到达社会生活方方面面的细节,在提供某些公共物品时比政府更加低成本、高效率。另一方面,与企业组织相比,它具有强烈的宗旨/使命特征,为实现公益/互益的目标而存在。非营利部门的根本特质决定它在社会结构和公共治理中与政府部门和企业部门不同的角色和地位。非营利组织在治理结构中具有某些特殊的优势,突出表现在以下五个方面:[②]

[①] 崔开华等.组织的社会责任[M].济南:山东人民出版社,2008.225.
[②] 宋大涵.事业单位改革与发展[M].北京:中国法制出版社,2003.329.

1. **非营利组织的倡导功能。**非营利组织不能最终完成社会制度、法律和政策建设,但是它们在制度、法律制定过程中具有推动和政策建议的作用。非营利组织可以反映社会各方的信息以及代表广大民众的需求,有利于政策制定的合理性。

2. **非营利组织作为一种社会自治机制。**非营利组织在维护市场秩序,提供社会服务,满足社会需求等方面发挥的作用,与政府部门的机制不同,是通过自律、志愿服务等机制实现的,反映一种社会自治机制。它们在履行这些功能时,具有较强的社会参与性,扎根于基层社区,进行广泛社会动员,自我行动,自我管理,自我约束。

3. **在政府与市场中间进行协调的中介功能。**非营利组织具有中立性质,在政府与市场中间进行协调活动,这在经济活动领域体现最为突出,即行业协会的作用。在发达国家,行业协会一般比较发达,行业的自律、竞争维护、行业管理等许多功能通过行业协会而不是政府直接进行。

4. **在社会服务方面的独特优势。**许多非营利组织以社会弱势群体或边缘性社会群体为服务对象,恰能在政府无暇顾及的方面发挥作用,增进社会福利,促进社会公平。

5. **在公共部门自身建设中的作用。**非营利机制通过增加透明度、社会公开度,发挥社会监督作用,有利于遏制腐败的产生,增进公共利益,同时也在制度创新中扮演重要角色。

非营利组织在完成公共治理角色、承担社会责任时,也可能产生一些问题。除了其行为具有局限性,难以完成需要达到社会一致的任务外,关键一点是由于这个部门的复杂性而带来的混乱。"非营利部门"或"第三部门"不像政府部门有严密的等级体系,也不像企业组织有明确的经济标准作为评价依据。它们的内涵不明确,边界模糊,没有一个公认的评估标准,因而在调动社会自身的生命力的同时,隐藏着大量的社会问题。

由此可以看出,非营利组织的本质和功能可从与政府和企业的比较中体现出来:"政府力求提供公共秩序和公共商品并运用自身权威筹集资金和创造合意的公共条件,企业力求通过自愿交易机制提供私人商品和服务,非营利组织行动者则力求通过自身独立的志愿性努力以及通过公民团体对企业界和政府的影响来实现公民的价值和目的。"①如果说政府是通过合法的强制和税收来动员资源,企业是通过资源交换来动员资源的话,那么,非营利组织则是通过诉诸价值体系和社会目的来动员资源。企业家的价值取向是私人利益,政府的价值取向是公共利益,非营利组织行动者则专注于社会中社会集团的利益,包括那些在现有社会安排中处于不利地位的团体的利益。非营利组织也被称为"第三部门","非营利组织概念是指相对独立于政治国家与市场经济组织的公民结社和活动领域,包括个人私域、非政府组织(志愿性社团、非营利组织)、非官方的公共领域和社会运动等四个要素"②。

非营利组织作为第三部门进行结社和活动,主要有国际非政府组织和非政府组织联盟、全球公民网络、跨国社会运动、全球公共领域四种主要形式。其中跨国社会运动和全球公共领域影响甚大。跨国社会运动是由非政府组织或非政府组织联盟发起或者由全球公民网络倡议的各种国际集体行动,旨在影响各国和全球决策的制定和实施过程,如绿色和平运动、反核运动、生态运动、女权运动、企业社会责任运动等等。全球公共领域则是公民个体或集

---

① [美]戴维·布朗等.全球化、非政府组织和多部门关系[A].参见李惠斌.全球化与公民社会[C].桂林:广西师范大学出版社,2003.145.

② 同上书,2003.123.

体活动于国际公共空间,公民们通过举办国际会议、创办报刊或出版书籍、建立网站等多种形式,就他们关心的全球性问题或国际政策等开展自由的、理性的、批判性对话、讨论和交流,形成全球性意识、文化价值和国际舆论。①

在具体目标上,非营利组织致力于扶贫、人权、环境恶化和其他社会、经济和政治发展问题。这些组织从事一系列活动,诸如向穷人提供服务,建立地方自助能力,分析和倡导那些支持弱势群体的证词,或者促进研究和信息分享。

(二)非营利组织力量对教育政策与管理的影响

社会非营利组织在教育的宏观管理中,维护教育公平,发挥独立的作用,成为政府、学校和社会共同参与的事务。在美国,分权化的管理缺乏强有力的联邦控制,导致在国家层面上出现管理的"真空地带",这一"地带"在实行教育政策集权化的国家是不存在的。为填补这个真空地带,一大批非营利组织和准政府组织纷纷成立,在广泛领域内指引、影响和协调着教育政策。这些非营利组织力量的影响波及教育系统各个管理层。一些全国性组织在教育政策形成和贯彻过程中发挥着独特作用。这些组织是经选举或任命的各州官员组成的。其中包括美国各州教育委员会,州教育主管委员会,全国教育委员会协会等。另一些组织则致力于扩大教师在国家教育政策中的影响。这些组织包括美国学校管理者协会,全国中学校长协会,全国教育协会和美国教师联盟。

每个组织都热衷于对特定教育问题的分析,提出有利于组织

---

① 晏辉等.公共生活与公民伦理[M].北京:北京师范大学出版社,2007.275.

的解决方案,并为特定的教育政策提出建议。非营利组织扩充政策的实践空间,同时加快政策的制定和实施过程。① 那么,没有联邦政府的强制规定,中等教育与高等教育的连贯性如何实现？在美国主要通过学习能力考试、美国大学测验和教育考试服务中心在协调上行使关键性作用。这里包括两大全国性考试组织大学委员会负责"学习能力考试"和"美国大学测验"。这两个组织负责大学的入学考试。另一个独立的组织是"教育考试服务中心",实际上是为"大学委员会"命题的,其中包括"学习能力考试"和"学习能力考试Ⅱ"的各学科考试。"教育考试服务中心"还为其他领域和用户设计和推广考试。"美国大学测验"则不同,它主要为教育系统内部提供服务。

"教育考试服务中心"是一个对美国教育系统具有重大影响的组织,然而它并不是一个公共性质的服务机构。"教育考试服务中心"与"大学委员会"关系密切,起初主持"学习能力考试",后开发一系列考试形式,如"初级学习能力考试"、"研究生资格考试",最近又为未来的教师和见习教师开发"教师证书考试"。如此独立的机构有其积极意义,也有潜在的缺陷。"教育考试服务中心"、"大学委员会"和"美国大学测验"在为其"产品"定价时必须核算成本,同时要保证有一定收入,以利未来"产品"的开发。这使得这些组织更加关注市场变化,并激励它们继续从事那些具有市场营利能力的考试项目。②

这种趋势可能造成这些组织内部的利益冲突。例如,"大学委员会"和"教育考试服务中心"的拳头产品"学习能力考试",就因明

---

① [美]戴维·T.康利.谁在管理我们的学校[M].侯定凯译.上海:华东师范大学出版社,2005.81.
② 同上书,2005.84.

显的不良社会效应(而不是因其技术缺陷)而遭到批评。非营利组织很难兼顾创收和社会效益的双重目标。联邦政府则没有面临如此重大的冲突,它的工作重点就是社会公平、教育机会之类的政策问题,不用关心特定"产品"或者考试的效果。令人担忧的问题也许就是"大学委员会"正变成"大学委员会.com"①。人们并不十分清楚:作为承载某种公众信任的组织,和作为旨在向高考学生提供商业服务的组织之间的界限究竟应该如何划分。人们也不清楚究竟应该如何平衡公共信任和利润之间的关系。

尽管有教师和家长反对教育改革,但商业利益集团仍是推动教育改革持续深化的强大力量。在过去15年间,美国商界开始对教育政策(尤其是学校教育与就业准备二者关系方面的政策)施加影响。由于大公司的参与,这种影响由州波及整个国家。虽然许多企业与地方学校有联系,但这种联系更多的是建立在校企合作的基础上,而不是由企业直接参与政策或计划的设计过程。②

大企业和公司改革其组织结构,以便更有效地对全国和州的教育政策施加影响。如波音公司的弗兰克·施劳茨(Frank Schrontz)和国际商业机器公司的路易斯·郭士纳(Louis Gerstner),施乐公司的戴维·卡恩斯(David Kearns),都对教育政策有浓厚的兴趣,并对州和全国教育政策产生过一定的影响。他们中的一些人撰写的报告和专著或言论的基调都是相似的:如果没有训练有素、受过良好教育的劳动者,美国在世界经济舞台上就没有竞争力,现在美国的学校并没有培养出这样的劳动者。

随着美国经济从制造业向经济信息管理和服务业转移,雇主

---

① 说明美国"大学委员会"的商业气息越来越浓厚。
② [美]戴维·T.康利.谁在管理我们的学校[M].侯定凯译.上海:华东师范大学出版社,2005.85.

更加注重员工的技能,许多企业把自身利益与高质量公共教育联系在一起,认为教育质量越来越成为影响企业地位的因素。因此,许多商业团体在州和全国范围内游说活动,呼吁人们关注教育问题,其目的不仅仅是提高办学水平,更重要的是希望学校根据新经济的需要对教育体制进行重大改革。从20世纪80年代中期到现在,商业力量参与教育改革的一个显著特点是:许多商业巨头为教育管理体制改革出谋划策,不仅涉及商界与学校的关系,而且进一步讨论教育在社会中的作用,以及如何改革学校组织和教学方法等。过去教育是教育工作者的"独家领地",现在许多教师对商界"名正言顺"的介入深感不满。尽管如此,商业界的提议确实给州和联邦政府的教育政策带来很大改观,为新政策实施创造更大的选择空间。如果没有商业界参与,这一切无从设想。如肯塔基州"普里查德委员会"为具有划时代意义的《肯塔基教育改革法》确立总体框架(Sexton,1995),得克萨斯州"佩罗委员会"(Perot Commission)提出的基于标准和绩效的教育体制至今依然在该州贯彻实施等。

私人和公共基金会始终是教育变革与创新的力量。如,安那伯格挑战基金会(Annenberg Challenge)投入5亿美元,用于城市学区重大变革。① 通过18个地方性的教育改革计划,安那伯格挑战基金会积极推动教育改革。盖茨基金会(Gates Foundation)主要赞助小班化教学改革计划并改造落后学校,通过推广有效教育的经验,创建新型有效的学校模式。皮尤慈善信托基金会(the

---

① 1993年,出版家和外交家安那伯格投资5亿美元成立安那伯格挑战基金会,同时要求参与计划的地方同时募集相应的资金。改革计划中的地区为大城市中的问题学校或学区。该计划框架包括五大要素:学校领导、专业学区、高质量的教学、学生中心式学习、扩大家长和社区参与。

Pew Charitable Trusts)的 K-16 年级教育整合和幼儿教育改革,最终促成学区内整合的教育管理机制。卡内基公司最近致力于提高城市高中的办学水平。其他与教育改革有关的私人基金会,如凯洛格基金会(Kellogg Foundation),强调高中与大学之间的衔接。米尔金基金会(Millkin Foundation)旨在表彰那些对教育事业作出杰出贡献的教师。

有了基金会的资助,地方学区不必自己筹款,这给学区很大的活动空间。基金会涉及的问题通常是其他人不愿面对的。基金会所以能发挥巨大作用,恰恰是因为美国的教育管理体制是高度分散的。这些基金会能从各学区和学校获取信息,并在计划中提出改革的措施。其中有些改革措施成为制度的一部分;有些一开始轰轰烈烈,不久便销声匿迹了;还有些则根本没有付诸实施。但不管怎样,基金会有能力尝试这些改革试验。基金会现在面临的挑战是:巩固和发展改革成果,在更大的教育系统中发挥作用。

在匈牙利,除建立教育公共财政投入的保证体制以外,在教育的宏观管理层次,重视发挥独立的社会非营利组织的作用,使维护教育公平成为政府、学校和社会共同参与的事务。匈牙利教育文化部设有两个专门负责教育公平事务的高级职务。一个是负责吉普赛民族整合事务的国务秘书,主要任务是为吉普赛族儿童提供高质量的教育,负责实施对吉普赛族青年的教育和培训项目,使他们更好地融入社会。另一个是教育权利委员,负责处理任何幼儿园儿童、大中小学生、家长、教师和研究者受到不公平对待、权利侵害,或者他们自己认为面临类似的威胁的个案。另外,教育部还设有"教育机会和民族事务司",专门解决教育公平和质量问题,加强教育服务制度体系,满足求学者的特别教育需求,建设学生资助体系。在中央政府层次,这样的组织安排,就使政府不仅能够着眼于解决结构新、宏观层面的教育公平问题,而且可以致力于教育权利的维护这样的具体个案层面。这些机构的核心职能和政策目标是:①帮助弱势群体,强化教育公正;②阻止吉普赛族学生进入智力障碍儿童就读的特殊学校(督促他们进入主流学校就读);③消除歧视,促进平等。2004年1月,《全面反歧视法》(又称《平等对待法案》)在各方力量推动下付诸实施,教育部为此作出贡献。"教育机会和民族事务司"最主要的职能是整合和促进平等。近年来,国家之间的合作增多,欧盟机制以及本国的教育公平计划,使这个机构发挥职能获得更强大的支持。

此外,匈牙利政府还重视教育公平的监督和预警系统建设,并利用社会非营利组织和公众力量对教育公平事务进行监督、仲裁。由于教育经费的使用权在地方,匈牙利教育文化部和财政部内部都设立专门机构,对地方经费的使用和教育公平状况进行监督。此外还致力于建立"反歧视预警系统",包括实施有关教育公平的培训项目,推动建立维护教育公平的活动网络;推进教育公平倡导者、地方激进主义者、学校评估组织以及"公平对待权力机构",就阻止教育歧视现象发生和仲裁有关案例进行合作。"公平对待权力机构"是一个独立的社会团体,任务是受理个人或公众受到不公平对待的案例,推动公正和非歧视原则的落实。

除直接推动教育公平的机构和机制外,允许社会参与的教育管理机制也为教育发展提供平衡机制。在教育分权体制下,匈牙利教育管理体制的一个显著特点是,代表各方利益的专业组织和社会组织在教育决策中起到越来越重要的作用,在维护教育公平过程中起到"均衡器"的作用。在中央政府层面,公共教育事务有一个广泛的咨询磋商机制,以论坛形式存在;在地区层面,存在多功能的地区协会,为学校与政府之间的教育政策磋商提供平台;在学校和幼儿园层面,家长委员会承担这一职能。专业组织和社会组织在教育部登记,并接受教育部资助。2002—2006年,这些组织从172个增长到202个。

各种基金会也在维护教育公平和公正方面起着积极作用。保加利亚教育部利用高等学校学生资助基金会来落实政府对高校学生的资助计划和资金,学生资助款由基金会直接落实到学生本人。匈牙利公立中小学普遍设有独立的基金会,负责管理和使用学校所得捐款(主要是家长捐款),这种机制对于利用社会资金平衡学校内学生的待遇起到明显的作用。政府促进教育公平职能的明确,专门机构和机制的建立以及教育管理的社会参与,成为匈牙利实现基本的教育公平又一重要的制度保障。①

在我国,非营利组织也通过不同的途径,采用不同的形式发展起来,并在提供社会服务,弘扬社会公正方面,发挥着不可或缺的重要作用,日益受到人们的重视。通过创办各种类型的教育机构、实施希望工程,救助失学儿童、建设希望小学,在保障相关群体受教育权方面发挥了重要的补充作用,极大地促进与弘扬了社会公正。由中国青少年发展基金会发起并实施的希望工程,是以救助因贫困而失学的儿童为宗旨的社会公益事业,包括教育、贫困、儿童三个主要理念,它创造性地把我国社会发展的两大主题——教育和扶贫——与青少年教育事业有机地结合在一起。希望工程实施县的失学儿比例年均降低0.12个百分点。近几年,更是以年均0.3个百分点以上的速度加速下降。这与希望工程在这些县开展的救助活动不无关系。可以肯定地说,在我国目前农村地区社会

---

① 国家教育发展研究中心.2008年中国教育绿皮书:中国教育政策年度分析报告[M].北京:教育科学出版社,2008.261.

救济和保障体制不完备的现实条件下,希望工程的救助已经成为保障贫困地区失学儿童得以继续学业的最重要的方式①。支持贫困地区的教育事业,既是捍卫能力儿童的权利,也是向这种不公正的社会现实提出挑战。作为中国青少年发展基金会发起并组织实施的一项社会公益事业,希望工程积极主动地配合政府的社会经济计划,以民间的方式动员社会力量捐资助学,资助我国贫困地区的失学儿童继续学业,保障适龄儿童接受义务教育的权利,为他们争取公平的发展机会,提高把握公平竞争机会的能力作出了显著的贡献。

二、政府提供公共物品的局限及与非营利组织的合作模式

(一) 政府提供公共物品的局限

随着一个充分表达公益社会的到来,无论从制度安排上还是从社会设置上,"公民优先"的理念逐渐彰显;但是,也由于优先占有社会稀缺性资源的政治如企业或财团,为着各自的收益而损害公民利益和公共利益。于是类似于民间这样的公共组织便应运而生,这些组织大都是以非营利性为目的的公共组织,这些组织也可以称为公民社会或公民组织。这些组织是公民意志的集中表达形式,其集体行动的逻辑就在于它追求同代公正和代际公正,它要通过组织的力量表达个人的意愿。由于政府自身在提供公共物品的

---

① 中国科技促进发展中心 希望工程效益评估课题组.捐款是怎样花的——希望工程效益评估报告[M].浙江人民出版社,1999.136.

过程中存在一些问题和局限,需要这些社会组织的弥补。政府的局限主要表现在:

1. **政府难以满足每一个人对公共物品的需求**。个人对公共物品在量和质方面的偏好不可能是一模一样的。也就是说,人们需求的数量和质量是各不相同的。在任何单位中,个人在收入、财富、教育水平等方面都有着一定程度的不同,导致对公共物品需求的差异性。而政府提供的任何商品的数量和质量都是由政治决策过程决定的,对于公共物品的提供也不例外。在不存在投票交易的简单多数模型中,投票结果反映了部分选民的需求,而一部分人对公共物品的过度需求得不到满足,另一部分人的特殊需求也得不到满足。因此,留下大量不满意的选民群体。特别是对于妇女、儿童、残疾人和贫困者等社会弱势群体而言,他们往往最需要社会的帮助,政府在提供公共物品时却容易忽视他们。当然,在公共选择中也可能采用加权投票的方法,但投票方式的变化只是会较小地改变不满意人群的数量,只要反映为了选民需求的政治决策过程还存在,就仍然不能满足异质性较强的消费者的需求。

出现"政府失灵"之后,消费者可以寻找私人营利组织的产品加以替代,也可以通过非营利组织予以弥补。营利组织可以提供的物品是那些能够私有化物品,如将洁净的空气这样的公共物品转化为自己购买空气净化机。但还有一些物品不能转化为私人物品,它们的提供就只得依靠非营利组织来进行了。在这样一个政府——市场双重失灵的模式中,非营利组织作为一个"政府之外的公共物品的提供者"出现,以补充政府产出的不足,提供私有产品的替代物。

2. **政府在提供公共物品方面存在浪费和低效率问题**。政府提供公共物品也应讲求成本和效率,但政府作为一个庞大的科层体系往往存在着弱点,即缺乏竞争等动力机制。政府作为公共物品与服务的垄断性生产和分配者,他们为自身捞取大量的利益,而工作上缺乏效率:工作人员的高额薪水与优惠福利,受到政治保护,受利益群体的影响,繁文缛节,缺乏减少成本与预算的激励机制与奖惩措施等等。因此往往导致政府在提供公共物品的过程中出现经常的浪费和高成本、低效率甚至贪污腐败等问题。与此相反,非营利组织的自主性赋予其承担社会责任的充足的活力,这种活力首先是在组织的层面体现出来。当一个原先由一个政府来执行的功能变为由众多组织执行的时候,实际上是具有自主性与首创性的"活力点"的增多;而且,由于非营利组织规模小,任务面大,再加上人们是本着共同的志愿精神走入同一组织的,所以组织的活力实际上已经渗透整个组织。①

(二) 政府——非营利组织的合作模式

将非营利组织看作市场失灵或者政府失灵的产物,是没有将它从社会中自发产生的志愿组织置于一个主动的位置上。因而,非营利与志愿领域存在的合理性与非营利组织承担的社会责任只是被简单地归因于政府与市场无法提供某些服务上,而不是说是因为其高质量的、创造性的服务供给上。② 而基于这样的认识,非营利组织被赋予更为优势的地位,它至少应排在政府之前,在它们无法做到的地方,再由政府做最后的"补充"工作。这就是所谓"志愿失灵"涉及的内容,最终又能够从中看到政府——非营利组织的合作模式。

---

① 王名 刘培峰. 民间组织通论[M]. 时事出版社,2004.31.
② Frumkin, P. (2002). *On Being Nonprofit: A Conceptual and Policy Primer*. Cambridge: Harvard University Press:70.

第五章 教育公共性的保障:非营利组织的社会责任

萨拉蒙较早指出,政府为实现自己的目标可以将提供公共服务的任务委托给非营利组织承担,政府负责公共资金支持和对全局的掌握,第三部门负责提供服务,二者之间达成一种依赖各自比较优势的分工,各自发挥特长。这就是所谓的委托政府理论。"委托政府"的形式使非营利组织与政府合作承担公共服务,改善由政府提供公共服务时的等级制和官僚化形象,同时兼顾服务成本和质量方面的考虑,避免政府失灵的不良后果。依据这一理论,随着福利国家的增长,政府将借助非营利组织来更经济、更有效地承担更多的社会服务;又由于非营利组织具有高质量、创造性提供服务的社会基础,它们已经不再是政府或市场的从属者,由此奠定政府为它们提供服务资源的合理基础。因而,非营利组织发展壮大,并承担更多的社会责任。

理论上,非营利组织或者是受制度约束而遵循盈余不分配原则,或者是基于公益和互益动机而工作,因而得出非营利组织与政府合作模式。但这只是理想化的合作,在实际运作中,非营利组织的非理想性导致与政府的合作模式出现诸多问题。政府资助、非营利组织提供服务的模式存在三个方面危险:(1)非营利组织失去独立自主性;(2)在追求政府服务资助过程中扭曲了自己的使命;(3)在过度职业化过程中变得科层化,失去项目设计的灵活多样性。[1]

而这样一些变化都是在朝向被认为是政府的劣势的那些方面发展,即变得越来越像政府。例如,由于非营利组织依赖于政府的合同,而导致非营利组织与政府之间的关系相当紧张以及非营利

---

[1] Salamon, L. M. (1995). *Partners in Public Service: Government-Nonprofit Relations in the Modern Welfare State*. Baltimore: The Johns Hopkins University Press.

组织失去自主性；或者因为追求与政府合作，非营利组织需要满足政府的各项要求，引进专门人才管理公共项目，满足合同条款，由此导致逐渐科层化。

与政府合约下的低效率导致引入市场机制的要求，而促使非营利组织市场化的最大力量还是来自于20世纪80年代以来的新自由主义思潮，其中体现出的是"市场是最佳的"、"非营利组织会像政府一样失去效率"这样一些信条。在西方发达国家，政府对非营利组织的资助减少，非营利组织更多地需要到市场中寻找资源，最为常见的则是服务收费、经营收入等。

由此，可以总结出非营利组织承担社会责任的产生路径，如图5-2所示。

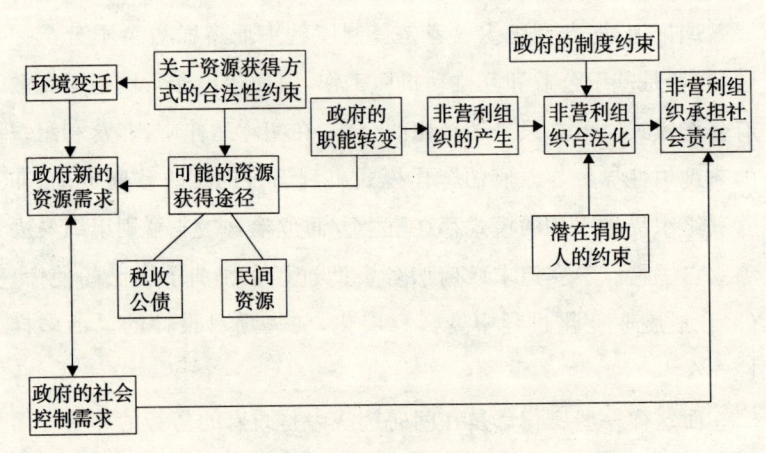

图5-2 非营利组织承担社会责任的产生途径

第六章 教育公共性的保障：
学校与社区互动

> 新教育对于一切学校的观念，都是为社会设立的，不是仅仅为一部分学生设立的。自大学以至幼稚园，凡属图书馆、试验场、博物院，都应该公开，是社会上人人都能够享用，必如此才能够将那个教育与社会打成一片，必如此才能够使社会就是一个大的学校，学校就是一个小的社会，必如此才能够造就社会化的学校，学校化的社会。
>
> ——[中国]陈独秀

在民主社会，学校作为一个公众资助机构，必然要与社区之间发展合理的建设性关系。这是由学校的公众性及其运作的法定框架决定的，而公众的观点在教育政策与管理形成过程中的作用进一步证实这一点。

一、学校与社区的互动形态

为什么同一社区公民会选择甲校而不是乙校？和乙校相比，甲校好在什么地方？不同的人有不同的看法。一些人认为甲校之所以好，是因为在教育简报和新闻报道中，甲校的外在形象较好；另一些人认为，甲校毕业生的成绩比其他学校好；还有一些人认为,甲校多年来形成一种校风,这种校风仍然存在,尽管实际上学校已经发生许多变化。鉴于此,学校如何采取主动姿势,制定社区本位的沟通方案与计划,并讨论学校如何与社区建立建设性良好关系并管理好这种关系至关重要。

(一) 学校与社区互动意义

1. **学校教育促进社区发展。**社区发展是指公民与政府协同改善社区经济、社会及文化条件,以配合国家整体建设的一种过程。其特征有:第一,是一种变迁的过程,目的是使社区居民的生活状况获得改善;第二,是一种组织的过程,强调居民本身的互助合作、群策能力,政府则提供技术或其他服务,使其发挥更大的效果。简言之,社区发展乃是公民与政府协力使社区做有组织社会变迁的过程。

学校是社区中的正式组织,教育是一种社会化过程。在有组织的社会变迁过程中,学校是重要的社区资源,对社区发展方案的拟订与推行,可发挥重要功能。它经历过这样一个过程:人们视学校为一特殊教育机构,隔绝于社会其他机构之外——认为学校乃社区之雏形、社会之模型——到今天人们视学校为社区生活的中心,两者之间协调互动。如,山东省临沂市兰山区为配合社区发展,编订或补充适当教材,透过适当的教法,培养学生成为社区良好公民;经由特别课程安排,培养社区成员参与社区发展的意愿和能力。此外,学校教师也可为社区提供学术智能服务、美化社区指导等支援性工作,协助居民了解并进行社区活动。

2. **社区结构影响学校教育。**社区即为学校的外在环境,社区结构有所变迁,学校教育措施必受影响。如,社区人口结构发生变化,特别是社区人口出生率、性别比例、迁移情形等方面的变化,会直接影响学校及班级数量,也影响学校组织形态及教学方式;从社区权利结构而言,社区行政组织的形态及社区领导阶层的角色观念与行为,对于学校权利体系、决策过程与课程安排往往具有相当的影响。从经济结构分析,社区职业结构中所需人力的数量与种类,影响学校的组织与课程,且经济为决定个人社会地位的重要因素,学生的抱负水准与学业成就,往往受家长社会背景影响。

由于各个社区成立或组建背景各不相同,社区需要与发展又因时因地而异,社区内的学校就应在结构或功能方面力求做到"弹性化"。"通过相互间的活动,公众可以了解教育计划的目的、价值、状况、需求,而教育机构也可以藉此掌握社区公众的状况、需求并提供真实的教育服务情况"[1]。也就是说,这是一个双向交流的机制,社区与学校之间"是要培养公众的一种意识,是他们切实感到教育在民主社会中的重要性,对学校的作用充满信心,提供充分支持以维持其高效运作并在家长的积极参与中完善合伙的概念"[2]。现今的学校公共关系更加重视沟通以及教育决策过程中的更多的民众参与。

3. 社区公民与学校的互动参与。近年来,各个国家的教育改革有共同的趋势,都把鼓励社区成员参与学校管理作为反集权化的纲领性举措。事实上,社区参与学校管理有相当长的历史渊源。最早的学校由地方社区团体兴建,而且是唯一出资者。国家参与其中,是学校出现很久以后的事情了。工业化蓬勃发展带来对义务教育的重视,国家政府开始承担起出资兴办和组织管理学校教

---

[1] Moehlman, A. B. (1938). *Social Interpretation: Principles and Practices of Community and Public-school Interpretation*. New York: D. Appleton-Century Company: 104.

[2] Moehlman, A. B. (1938). *Social Interpretation: Principles and Practices of Community and Public-school Interpretation*. New York: D. Appleton-Century company: 106.

育的责任。家庭和社区开始与学校组织分离。随着"国家教育系统"的演进,政府开始维护它们的权力且完全合法地控制学校系统。所以,目前对社区公民参与学校管理的关注实际上是一种回归。①

调查显示,北京地区中小学 67.7% 的学校在近五年来同所在社区居民进行过共同活动,13.4% 学校从来没有这样的活动。观察现实中各个国家的制度化学校,与外部公众有计划地交流和沟通的活动有的很充分,大多数学校与社区交流的范围是有限的,甚至是不存在的。这种局限性的表现是:社区沟通活动只局限于家长、与学校有关系的少数组织,因而学校获得的支持非常有限。改变这种现状的途径之一是学校组织与社区建立建设性关系。②

在美国社会,鉴于学校——社区关系的背景和现状,学校负有一项明确的职责,就是向纳税人和家长提供完整、准确的信息,介绍学校的需求和活动,并制定反映公众利益和要求的教育政策、教学计划。如何有效地履行这一职责,是学校——社区关系要解决的问题。③

实践证明,没有社区公民的参与,学校将无法适应变化或对课程进行必要的改进,这一事实已日趋明显。正如辛普森(Sumption)和英格斯托姆(Engstrom)指出的那样,"社区居民必须积极地、有组织、有系统地参与学校的教育计划、政策制定,解决问题以及评估"④。正是在这种参与中,公民才得以获得关于学校的第一

---

① 张东娇.公众、事务与形象:学校公共关系管理导论[M].重庆:重庆大学出版社,2005.178.

② 同上书,2005.179.

③ [美]倍根 格莱叶.学校与社区关系[M].周海涛主译.重庆:重庆大学出版社,2003.15.

④ Sumtions, M. R & Engstrom. Y. (1966). *School-Community Relations: A New Approach*. New York: McGraw-Hill.

手资料。他们可以提出问题,获得信息,表达观点,提出建议,对有争议的问题提出自己的见解。他们是决策过程中的重要一员,能促使学校跟上社会变化,促进教育变革。

社区居民亲身参与当地教育事务,不但可以更好地了解学校对其子女的现在和未来提出哪些要求,也可以为当地政府机构及关心教育和公众福利的社区组织之间提供密切合作的机会。一般来说,这有助于促进社区对教育加大投资,从而促进学校和社区融为一体。[1]

社区关系是学校组织所在地的区域公众关系,主要包括地方政府机构、地方社团组织、社区内其他组织和社区居民。社区集结政府、家长、媒体、特殊公众等关系于一身。创造一个稳固的社区关系,以相互尊重、了解的氛围为基础。社区关系产生危机,学校就会受到伤害。社区关系的最大特点是双方都有"咱们感"。社区关系管理的内容包括:自觉地把学校看成社区中的一员,努力做个好邻居;积极参加社区公益互动,主动承担责任和义务;在允许的条件下,学校向社区开放,争取社区公众对学校的了解、理解与支持,营造稳定的"后院"。[2]

(二) 以社区为本位的社区——学校互动

近年来我国城市社区发展很快,大多数住宅小区配建了小学和幼儿园。许多城市街道的主任和书记具备硕士学位,2009年始,部分村干部是大学毕业生。这样,仅仅停留在提升原有小区和街道管理者的素质是不够的,小区和街道的居民共建意识很强,构建和

---

[1] [美]倍根 格莱叶.学校与社区关系[M].周海涛主译.重庆:重庆大学出版社,2003.16.

[2] 张东娇.公众、事务与形象:学校公共关系管理导论[M].重庆:重庆大学出版社,2005.178.

谐文化小区的概念深入人心,但又无从下手,所以希望求助学校。

以社区为本位的社区——学校互动,即学校参与社区。社区希望学校帮助改善社区文化建设,学校以社区利益和需要为中心设计沟通方案,通过提供帮助和支持获得社区资源和公众良好的印象。张东娇博士[①]认为:社区本位的学校沟通中学校对社区要求给予帮助的回应有:制度化学校的参与模式和非制度化学校的直接投入模式。制度化学校[②]的参与模式主要是直接参加社区活动,建立学校职工与社区的良性互动和双向沟通渠道,让社区了解教育决策过程。直接参与社区活动,通过双方专业领域和非专业领域的合作来完成,如帮助社区调查社区娱乐活动的需求,帮助社区调查佩戴眼镜或肥胖学生情况;参与社区建设的讨论,组织夏令营等;参加社区组织机构;向公众介绍学校教育,了解公众看待学校的态度和意见;向社区公众开放学校设施等。学校可以为社区提供的专业指导很多,如问卷设计、科学抽样等。社区是多样的,有城市的、乡村的,也有先进的、落后的。不同性质的社区和学校有不同的需求。

(三) 以学校为本位的学校——社区互动

以学校为本位的学校——社区互动,即社区参与学校。就是学校作为社区的主体,考虑社区对学校的支持要求,以学校需要为中心互动。因为社区内某些机构也想帮助学校,如位于某城市某

---

① 张东娇.公众、事务与形象:学校公共关系管理导论[M].重庆:重庆大学出版社,2005.11.
② 制度化学校是指正规的公立和私立的各级各类学校,有严格的学习管理制度,并能够颁发国家承认的毕业证书,这里主要指中小学。非制度化学校是指各种非正规的成人学校等,不能颁发国家承认的毕业证书。

区的自然博物馆,希望增加和中小学沟通的机会,为社区的孩子和学校服务,并提升博物馆的利用率和社会形象。

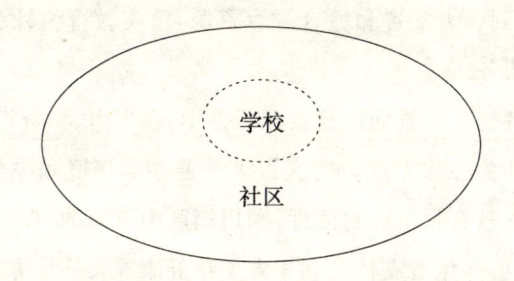

```
        ╱─────────────╲
       ╱  ┌ ─ ─ ─ ┐    ╲
      │   ′ 学校  ′     │
       ╲  └ ─ ─ ─ ┘    ╱
        ╲   社区      ╱
         ╲───────────╱
```

学校为社区生活的中心。一方面,学校直接从事社区活动的领导,提供社区教育的机会;另一方面,学校的学生(包括儿童和成人)积极参与活动,协助社区发展。

如果学校和社区建立互动机制,学校在专业和非专业领域的合作中为社区发展提供帮助,那么,社区就有责任也有权利回馈学校。社区参与学校,需要政治合法性和能力准备两个重要的前提和条件。一般而言,学校不愿意外力介入其管理和决策过程,分享其权利与利益。如果社区要参与、监督学校的话,必须由合法的机构和组织保证社区参与学校的合法权利和地位。[①]

近几年来,各市区积极探索并实现学校与社区的互动。如,成都市青羊区是以宣传、动员社区、家庭关心、支持学校教育,探索并创新性提出了"学校、家庭、社会三结合教育模式"。重点是以大教育服务于社区经济、社会发展,并致力于全区居民的终身教育。2000年10月,教育部和中国教育学会在青羊区召开了经验交流

---

① 张东娇.公众、事务与形象:学校公共关系管理导论[M].重庆:重庆大学出版社,2005.189.

会,专家一致认为:通过宣传,提高社区内各界人士对教育基础性地位的认识,动员全区关心支持教育;通过建章立制、组建队伍、配置资源,做到合力配置和整合教育资源,落实教育为社会服务,社会为教育服务。

全区各公立学校面向社会开门办学,在人力、物资等方面都得到全社区的关心和支持。辖区积极改善办学环境和办学条件,打破学校传统教育教学的封闭性,利用辖区内有效的、现存的教育资源,充分挖掘并免费支持有利于青少年健康成长的地方或场所。

另外,要不断设法引导除了学生家长之外的一般公众参与学校事务。随着有学龄子女的家庭越来越少,学校有必要重新思考学校教育的目的和职能。如果争取社区公众的理解和支持,学校就要考虑向那些家中无学龄儿童的家长提供特别的服务。开办社区教育和提供志愿服务,是学校向普通公众提供服务的两种方法。这两种方法都可以促进人们到学校参观、访问,加深学校事务参与程度。因此,无论什么样的活动,只要能够把公众带入学校,就会有助于形成公众对于学校教育的信任关系,都会比那些从未参观过学校的人更支持学校工作。[1] 下面案例是社区取向的学校沟通与合作,学校很好地利用契机,提升自己的形象。

走进社区 服务社区 提升学校形象[2]

2001年,教育部确定北京市西城区为全国社区教育实验

---

[1] [美]倍根·格莱叶.学校与社区关系[M].周海涛主译.重庆:重庆大学出版社,2003.9.

[2] 这是北京市某初中与社区共建成果的总结资料,在学校与社区合作方面很有特色。转引自张东娇.公众、事务与形象:学校公共关系管理导论[M].重庆:重庆大学出版社,2005.186.

区。S中学作为课题的实验学校,也参加了该课题的研究工作。S中学进一步转化和扩大学校的教育功能,打开围墙,融入社区教育这个大体系,探索、开发、构建月坛社区终生教育体系,尝试以学校为载体,依托月坛社区,创建学习型组织,注册"西城区阳光社区培训学校"这一教育实体,满足月坛社区从零岁到老年,不同人群,不同社会团体在学习方面的不同需求。2002年,阳光社区培训学校正式挂牌,第一批学员是武警部队的40名官兵,在学校计算机房,由校青年计算机教师讲授计算机操作知识,40名官兵全部顺利学完为期两个月的计算机培训课程。

2003年10月,S中学校长对社区教育进行深入思考,提出"青年志愿者进社区"的思路。学校与社区经友好协商,签订书面协议,确立S中学社区志愿者服务机制,建立一支由40名具有良好的个人素质,掌握各学科最新知识,并且热心于社区公益事业,有意在社区志愿者活动中作为优秀青年教师组成"青年教师社区志愿者服务队"。根据社区需要,提供相应的教育服务。

教师在这一活动中,进一步体会到"教师"职业的崇高与伟大,深深理解了"爱岗敬业、为人师表",从而全面提升教师自身素质。教师参与社区实践活动,对学生形成一种激励、一种无声的教育力量,师生共同参与成为社区活动中一道亮丽的风景线。

经过几年与社区的互动,为学校的发展带来新的气象。学校打破办学的围墙,把家长和社区力量带入学校。一方面,把学校的管理和办学状态置于家长和社区的监督下,加强学校办学的紧迫感和规范性,把学校的发展和社区与家长的需要紧密地联系起来;

另一方面,积极调动家长和社区的积极性,社区和家长参与学校教育,了解和关心学校教育,形成对学校的认同感。借助社区的广泛影响力,提高学校办学的知名度,为学校进一步发展做了宣传。家长在教育中发挥积极的作用,了解学生的心理、生理特点,明确自己的职责,采取有效的教育方式方法,给学生创造有利的学习和生活的环境,极大地协助学校教育工作的开展。学生在社区中开展活动,增强动手实践能力,培养责任感和使命感,学习能力、与人相处能力和解决问题能力都有了明显的提高。

可以看出,学校参与社区共建是出于政府的有力组织,出于建设学习型社区的动机。学校朦胧地意识到,这对于学校知名度的提高很有意义,但如何利用这样的机会对于学校形象管理作出系统的认识和系统方案方面意识还不足够,宣传方式简单化。

二、学校与社区互动的路径选择

公立学校属于公众。显示这一点的有效方法,是在不妨碍正常教学的情况下,对所有个人、团体、组织开放学校的教育设施。社区在夜间或者暑假使用学校设施,最终会向社区公众表明,他们所付出的教育税可以给他们带来某种服务。学校是一个社会机构,是为公众服务的,允许公众使用学校建筑、设施,是与学校的这一性质相一致的。

而我们,学校一到暑假、寒假,就铁门关得紧紧的,不要说周围的社区公民,连自己的学生要进去打球、跑步,都颇费周折。[①] 原因何在?陈独秀在《新教育是什么》一文中认为:"新教育对于一切

---

① 许纪霖.回归公共空间[M].南京:江苏人民出版社,2005.178.

学校的观念,都是为社会设立的,不是仅仅为一部分学生设立的。自大学以至幼稚园,凡属图书馆、试验场、博物院,都应该公开,是社会上人人都能够享用,必如此才能够将那个教育与社会打成一片,必如此才能够使社会就是一个大的学校,学校就是一个小的社会,必如此才能够造就社会化的学校,学校化的社会。现在各学校门首大书特书的'学校重地　闲人免进',明明白白的是要把学校与社会截为两段。"[1]学校自传统的封闭系统发展至今,已逐渐转型为社区学校的开放系统,然而多数学校仍基于保护学校内部资源与环境的立场,不愿全面开放资源与设备供社区成员使用。针对这些问题,学校应该在开放资源设备的同时,建立一套校园环境与维护的具体办法,例如制订使用规则,建立使用者付费制度等。此外,也要建立社区民众爱护学校环境设备的观念,使学校得以持续为社区公众提供资源。怎么能够达成学校社区的一致呢?[2]

(一) 资源整合与运用:学校向社区开放

现今,随着人们闲暇时间逐渐增多,学校教育及其教学设施也不再仅仅被认为属于6—18岁的青少年,学校教育设施可以通过各种方式向所有年龄组的公众提供服务。如,社区内老年公民组织可以使用教室或者会议室进行集会。年轻人可以每周使用篮球场一个晚上。

学校餐厅可以被用于社区的特别宴会,学校体育馆可以向许多团体开放,开展舞蹈活动、运动会、展览会、社区交际活动等。学

---

[1] 顾明远主编.中国教育大系之马克思主义与中国教育(上)[M].湖北:湖北教育出版社,1992.19.

[2] [美]倍根 格莱叶.学校与社区关系[M].周海涛主译.重庆:重庆大学出版社,2003.211.

校礼堂每年可以使用几百次,用于各种社区组织开展论坛、会议、播放电影、戏剧表演或者其他娱乐活动。学校的工业实验园区可以用于汽车、家具维修等等,以确保那些价值不菲的设备不会生锈。

教学资料中心(社区里许多人称之为图书馆)可以在不影响教育教学的前提下向社区公众开放。学校图书馆可以向许多公众提供服务,使他们阅读有趣的书籍,查找商业信息或者其他感兴趣的内容。家政制作教室,可以帮助那些感兴趣的公民学习缝纫、烹调、腌制咸菜、室内装饰等等。在晚上或者星期天,办公室设备可以让一些公民学习打字、复印,或者学习使用现代办公设备。学校实验室可以被那些园艺爱好者用来测试土壤的酸碱度,或者帮助那些对自然科学有嗜好的公民实现他们的科学探索之梦。学校的音乐教室可以让社区中那些属于某一音乐组织的成员进行排练。学校的运动场地,可以向那些从来没有想过学校会提供某种有益服务的人开放。所有这一切,使教育真正成为"人民群众满意的教育"。[①] 学校对社区提供服务,社区也表达出良好意愿,那么,上述想法就是顺理成章的了。

如,2004年11月,浦东新区出台"学校资源向社区开放"的相关试点政策。要求浦东新区所有公立学校资源向社区开放,主要是学校体育、文化教育硬件资源向社区居民的开放,包括学校为社区提供智力资源,如教师到社区授课,进行家庭教育方面咨询等等,而社区则为学校营造良好文化氛围,以及为学生提供社会实践

---

① 办人民群众满意的教育,不是办学生家长满意的教育。在这里学校和家长始终存在一种误区,认为"人民"就是"家长",所以许多学校就把家长满意,作为办学的唯一宗旨,却忽视了人民群众是国家政体,是所有国家公民,更不能狭义地将家庭目标代替国家的目标。——作者注

机会等。如,体育场所全面开放,为居民健身、运动提供了丰富的资源。公立中小学都在周末将体育场馆资源开放出来,在寒暑假也按要求每周开放三天,个别职校在每天早晨和下午放学之后也对周围社区居民免费开放。体育场馆开放形式也有不同:一是露天篮球场、足球场免费开放,供居民使用(针对单位比赛等性质的活动,收取一定费用);二是室内场馆有偿开放,收取少量的成本经费。因此,在推进学校资源向社区开放之后,这部分资源补充了新区的体育设施不足和单一。使用学校开放体育资源的人群主要有社区青少年、附近单位职工以及社区中老年人文艺活动团队。居民通过到学校活动,从学校宣传画、展览墙等校园环境设施开始了解学校办学理念和概况,为居民将来参与学校建设打开了一扇了解之门。学校与社区居民之间的关系正是从了解、熟悉到理解、参与这样逐步建立起来的。再如,对图书室、电脑房、多功能活动室等文化教育设施有组织地开放,丰富了社区文化教育活动的资源。如建平实验学校的图书馆藏书资源并不是很丰富,为此,在2005年,他们就与浦东新区图书馆建立起了合作关系,取得了新区图书馆帮助,学生可以通过学校集体向新区图书馆借书,部分地解决了学校藏书资源不足的问题。而2006年,学校图书馆又与金杨新村街道展开合作,经多次协商之后,就将金杨街道的社区图书馆合并了,把整个图书馆的人员、书籍都搬了过来。建平实验学校图书馆也挂牌为"金杨新村街道图书馆",并专门从学校外开了一扇门,居民可以直接上楼进入图书馆。目前,该图书馆的藏书量扩充了一倍。

(二) 公开化、透明化与条理化的制度保障

不管是学校社区互动,还是社区学校互动化的推行,都需要完

善的法规及健全的制度予以配合，才能顺利发展。因为，新政策或新制度的贯彻实施，如果有一些相关地方法令或规章提供支持，则更有利于这些制度或政策的公开化、透明化与条理化，也更容易达成既定目标。

社区组织或社区公众使用学校设施，有助于建立良好的社区关系。需要制定有关社区借用学校设施的详细规章制度，学校应该详细考虑社区可能提出的请求，并把所有的请求涵盖于书面的规章制度中。规章制度应该被广泛宣传，借以防止摩擦，并确保所有群体都能够被平等对待。如果学校没有制定详细的规章制度，那么，不管学校对于某一特定请求怎样作出回答，都有可能被一些社区组织解释为有失公正。如果规章制度不能公平地适用于所有请求，人们就会对学校产生不好的印象，认为学校是根据对象的身份或者其他因素而区别对待的。相反，如果提前制定这样的规章制度，学校在答复来自外界的使用学校设施的请求时，就会有章可循，进退有据。

规章制度应该详细说明社区在什么时候，出于什么目的，才能借用学校设施。规章制度要详细说明社区组织遵从什么程序提出请求，等待批准。同时要说明的还有，在同等情况下，首先确保教育教学的需要，教育教学的需要享有优先使用学校设施的权利。规章制度要规定社区使用学校设施应如何付费。同时还要考虑的是责任因素，借用学校设施者要承担法律责任及其他责任。这应该在规章制度中有所体现，以免出现问题后推诿，这种推诿肯定会抵消因借用学校设施而可能带来的善意。

当然，在制定规章制度时，学校领导必须考虑共用学校设施可能给社区带来的好处，是否批准某一借用设施的请求，一定要根据学校的教育教学需要和学校的教育理念——社区有权借用学校的资源,在两者之间求得平衡。例如,学校体育主管认为,不应该让当地足球队借用学校足球场,因为过度使用足球场地,可能会使草皮出现破损。学校领导当然应该考虑他的请求。然而,学校领导也要考虑让当地足球队使用球场可能带来改善社区关系的好处。他要权衡利弊之后,再作出决定。学校领导应该明确:学校设施属于整个社区,使用学校设施的规章制度必须提前制定。① 如,浦东新区以推进学校资源向社区开放来促进学校与社区的合作,成立"学校教育资源开放工作协调管理委员会",制定健全的各项保障制度,主要建立安全保障机制,建立成本补偿机制,建立奖励激励机制等。然而,学校主导、资源共享、社会参与这种模式虽然能够较充分地利用中小学办学资源,教育行为较为规范。但是,学校在调动社区资源方面存在组织层面的先天不足,致使其"社区资源整合"作用极其微小。社区居民往往将以学校名义开展的社区活动定位在"保育"或课外活动层面上,难以真正起到教育作用。

目前学校大多呈现人力不足之现象,一方面,缺少专职人员办理社区教育;另一方面,缺乏义工制度以协助学校正常运作。因此,在可用资源的整合与运用方面,应建立学校与社区资源充分流通的管道,例如人力资源、物力资源,以及知识资源的共享机制。建立能够代表和体现社区权力机构、家长和社区以及各界人士的意志和利益组织,是家长参与学校管理的驱动力量之一。社区参与学校的合法性解决之后,就面临另一个重大难题。这就是学校是一个专业领域,对于参与者有很高的要求。社区机构居民等参与学校管理面临的问题是:社区成员和家长有没有做好心理准备

---

① [美]倍根 格莱叶.学校与社区关系[M].周海涛主译.重庆:重庆大学出版社,2003.212.

以担当此任？他们对孩子的教育和前途感兴趣，但缺少参与热情，不希望和学校发生专业联系，而只喜欢非专业领域的合作，怎么办？家长和社区应该在此过程中承担多少责任？他们有这个能力吗？培训计划应该由谁来做？这类问题的解决就把学校与社区的公共关系再提升一个层次——社区的政府力量和社会团体力量必须介入，为学校和社区的双方沟通排除这些巨大的障碍。人们逐渐认识到，教育不仅是学校的责任，也是家长、社区和社会的责任。如何建设好的社区环境，让孩子健康成长，是目前世界教育所关心的问题，也是近年来社区积极主动、高层次参与学校教育的新型方式。

2004年，浙江省宁波市海曙区认识到在教育领域，政府权限"无限扩张"，压抑其他责任主体的"责任意识"、"责任能力"和"责任行为"，责任主体多元性被单一化了，社区和家庭失却自身权责意识。学校和教育部门成了"无限责任者"。由此，区教育局结合海曙区社会、经济的发展和学校教育实际，选择广济中心小学实验校区和达敏学校两个学校进行试点"教育议事会制"，分别代表普通、特殊学生的教育类型。其宗旨是体现把学校还给社会、还给家庭的办学理念，旨在吸引社会各方面力量关心、支持学校建设；通过建立科学决策的保障机制和民主监督机制，提高学校的科学决策能力，增强学校办学水平和活力，以促进学校的有效管理和可持续发展。教育议事会通过"议事"促进学校教育理念或办学理念的落实，促进学生、教师、学校获得充分的发展。

教育议事会不同于家长委员会、"三结合"委员会等传统家校组织，而是在权利享有方面，教育议事会拥有更多的知情权、参与权和监督权。从学校规划、校园文化规划、学期工作计划，到课时安排、午餐选择，从教师课堂教学，到家长会的召开计划等学校管理的方方面面，社区和家长都有权获得信息，对改进学校工作提出意见，共同为孩子成长、学校发展出谋划策。议事会还通过章程赋予的权利对学校的各项决策进行监督。通过议事会成员与家长、社区的广泛联系，听取各种反馈，对学校的教育教学进行动态的、经常的监督，加强学校内部管理，提高常规工作效率。议事会成员必须包括家长、社区代表、学校中层领导、教师、教育专家，有一定比例分配。教育议事会的宗旨、构成、运行规则等内容均由章程予以规定，使章程成为学校、社区、家庭共同的缔约。

教育议事会保持相对的独立性，处在公平、公正的位置，作为一个有效联系家庭、社区、学校的互动平台，促进学校改善学校管理，审议学校发展规划和工作计划，举行家庭教育系列沙龙，学校与家庭、社区的互动从临时、杂乱、形式化进入经常、有序、实质性，发挥沟通与协调、建议与参谋、监督与评价、资源整合与提升的功能。教育议事会不仅仅成为学校、社区、家长沟通互动的有效载体，而且开创家长、社区实质上参与学校管理的先河。这种制度很好地结合学校的具体实际，体现民主办学、开放办学的全新理念，探索建构了一种利益共享、责任同担的新型的现代学校管理制度，是一种指向教育和谐的微观教育制度。

（三）让学校教育拥有自主性

学校自主性，是指学校能够自主地处理内部事务（如课程设置、教学方式、招生、教师聘任等）以及教师和学生能够对学术和社会事务自由地发表言论。现代社会，学校教育以其巨大的规模和与社会生产生活间广泛而紧密的关联，在社会整个教育中取得极其重要的地位，以至于谈任何教育问题，甚至谈任何重大社会问题，都不能不谈到学校教育及学校的自主精神。

显然,这种自主性在任何社会中都不是绝对的,毫无限制的,但是,学校有无相对自主性,有多大的相对自主性,仍然能够被清晰地分辨出来,并且其间的差别具有重要意义。首先,这种自主性使得学校在一定程度上摆脱权力集团的有产阶层的控制,从而使学校能够成为一种相对独立的文化力量。没有人天真到这样的地步,认为掌握政治权力的经济资源的集团会给予学校完全的自由,学校会成为完全独立的社会力量,因为,历史和现实都表明,权力集团和有产阶层都力图控制学校,而且它们的意图经常是成功的,就如同学校也力图影响社会并一定程度上达到目的一样。不过,学校充当一种相对独立的文化力量,这一点对社会的健康发展来说还是很重要的:这种力量可以制约权力集团或有产阶层势力的扩张,使各种力量之间构成更均衡的关系,至少,能够避免使自身成为某种力量任意支配的工具。其次,既然学校的自主性还意味着教师与学生的言论自由,它就能使学校成为生产和传播批判思想观念的沃土。没有言论自由,学校也会产生和传播思想观念,但这种思想观念不可能具有批判性,而只能是来自某种外部控制力量,对这种控制力量的意志予以简单认同的东西。

无论从以上哪个角度看,学校自主性对于社区公民伦理的发展都是重要而积极的。作为一种独立的文化力量的学校,能够有效地促进和维持社会利益关系的均衡性,而这种均衡性是一个优良的公民社会所必需的。一个权力垄断在一部分人手里的社会,或一个巨富和赤贫并存、两极分化的社会,不符合我们对优良公民社会甚至公民社会本身的理解。同时也难以想象,在这样的社会里,社区公民伦理、公民美德能够真正确立和发展起来。另一方面,批判性思想观念不仅反映着对社会现实进行反思的思维习惯,还意味着对政府进行监督、对权威进行质疑的态度。可以断言,具备批判性思想观念是公民美德中的重要一项。

以促进社区公民伦理教育的需要来衡量,中国的学校自主性有待提高。尽管 20 多年来,随着教育体制的改革,中国的学校自主性有了很大提高,但学校离成为相对的文化力量和生产与传播批判性思想观念之阵地的目标还相当遥远。在学校教育内部,有一些问题由来已久,人们虽然提出和尝试过多种对策,但并没有妥善解决。比如,"知"和"行"的问题。我们培养出来的学生,往往拥有很多甚至堪称丰富的关于伦理道德的知识,却不具备真正的美德。他知道社会在提倡什么,反对什么,对于应该遵循什么样的伦理规范,应该具备什么样的德行了然于胸,但也仅仅是"知道"而已,而并没有真正认同这些规范,培养起相应的情感,也就是说,并不能真正以这些规范指导自己的行动。再如,应试教育与德育的关系问题。在口头上,学校和教师都承认伦理道德教育的重要性,但在实践中,伦理道德教育被排挤到学校教育的边缘,成为可有可无、有名无实的部分。

学校应该承担起培养公民道德主体意识的任务。这种意识的形成是一个长期的过程,如果不是从儿童阶段开始教育,人们很难带着这样的意识进入社会,也很难在社会环境中迅速养成。但是,学校培养这种意识也存在困难,尤其对我们的学校来说更是如此。在通常情况下,学校被认为是由教师向学生传授某种既定的伦理道德的地方,并且对于这种伦理道德,学生只应无条件地接受,而不能加以质疑。其中的理由主要是,一方面,人们认为学生是一个特殊的人群,他们缺乏足够的理性,并不知道自己需要什么(包括适合于自己的生活方式和道德观念);另一方面,教师和教师所代表的承认社会对自己所设定的伦理道德的合理性深信不疑。这两点看法一定程度上是符合实际的,有道理的。不过,人们往往过于强调学生的理性上的不成熟,对成人社会的伦理道德的合理性过于自信,因而在要求学生接受既有的伦理道德与促进学生独立思考、养成批判精神之间失去恰当的平衡。①

对于学校教育来说,像其他社会领域一样,我们的学校也缺少尊重个体独立地位的批判精神的传统。在学生来到学校之前,学校就已经准备好一套规范和观念,这些规范、观念对学生来讲是不容置疑的,只能无条件地接受,充其量可以讨论接受的具体方式,至于规范和观念是不在讨论之列的。有关伦理道德的各种问题,都被认为有着唯一正确的标准答案;学生要做的只是找到这个标准答案,甚至只是接受教师提供给自己的现成的答案。这种做法既掩盖社会生活和伦理道德的真相,主要是在学校教育中贯彻理性的批判精神。"学校必须教导孩子们如何进行批判性的推理,必须开阔孩子们的道德视野,而这正是公共合理性的基础。孩子们在学校里必须学会的不仅仅是按照权威的要求而行动,而且是对权威的批判性思考——只要他们想要成为能够吻合共享主权的民主思想的公民。"②

---

① 这两种因素之间的失衡还有另一种情况,即完全拒绝向学生传授具体的伦理道德观念。按照一些学者(如 L. 柯尔伯格,参见《道德教育的哲学》,浙江教育出版社,2000,p.24)的看法,这是伦理相对主义的结果。其实,伦理相对主义未必会产生这种结果,也许把它视为极端的自由主义的产物会更妥当些。教师拒绝向学生传授具体的道德观念,让学生通过生活实践去建构自己的道德观念,从直观上说是行不通的。因为学生并不是在形成自己的道德观念之后进入社会生活的,只要过社会生活,就需要预先接受某些规范。另外,这样做对人类道德的发展来说,似乎也是不"经济"的。并不是所有的伦理规范都值得人们通过亲身实践、深入思考来获得。

② [加]威尔·金里卡. 当代政治哲学[M]. 刘莘译. 上海:三联书店. 2004. 555.

第七章　教育公共性保障：舆论环境与大众公共传媒

谁掌握了传播的入口，谁就掌握了世界。

——［澳大利亚］鲁伯特·默多克

在信息时代，大众传媒作为一种独特的公共领域存在，体现着自身特有的公共性，是教育公共性实现自身绕不过去的公共领域。大众传媒的公共性对教育公共性而言，二者既有相互促进的部分，也有相互抵牾的部分。分析大众传媒的公共性特征，按照教育公共性的要求审视大众传媒的公共性，大众传媒不仅为教育公共性的实现提供舆论支持，而且为教育公共性的实现提供更好的渠道、平台保障；同时，教育公共性的实现，又可为大众传媒的公共性提供智力支持和理性判断力。使大众传媒的公共性和教育公共性相得益彰，教育公共性利用大众传媒公共性完成公民理性的生成使命，大众传媒公共性则凭借具有理性精神的公民主人发挥其独有的参与、评判、达成社会共识的历史使命。

一、信息时代的大众传媒及其公共性

（一）大众传媒及其功能

1.信息时代的大众传媒及其产生发展。许多重大的历史时刻或时期,常常以一些中心主体或概念为代名词——"理性时代"、"后现代"、"工业革命"等等。信息(information)已经成为我们这个历史时刻的特征概念,我们生活在信息时代。这个标签的出现还是相当新近之事,不过20年左右。[①]该标签部分意指信息技术的革命性爆发——信息技术牢牢地主宰着我们这个时代,以至于现在常用其首字母缩拼词"IT"来指代之(这个词既令人敬畏,也有几分讥讽之意)。由于IT,我们现在享有——个体而言,作为人、公民、消费者等,集体而言,作为人类——收集、储藏、传播、选择、分析并以其他方式处理信息的能力,其数量之大,速度之快,跨越距离之远,是历史上其他任何时代都无法想象的。

从历史的角度看,在人类历史上的绝大部分时期——IT诞生前的200多万年间,口头表述与手势是人类交流的唯一方式。书写,可以使交流超越时空,出现于约6000年前。印刷,可以使交流扩展至大量读者间,仅出现于约500年前的15世纪。直到20世纪,随着电影、录像、录音机、收音机及广播电视技术的发展,将音—影—文字融为一体的(多媒体)资料,并大规模传播,成为可能。[②]

当然,信息的概念要比"信息时代"这一标签要古老得多。史密森尼博物院的美国国家历史博物馆(Smithsonian Institution's National Museum of American History)举办一次名为"信息时代"的展览。在介绍这次展览时,史蒂夫·鲁巴尔(Steven Lubar)提到一幅发表于1903年的漫画。这幅漫画描绘了一个有兼并狂

---

① 历史学家认为,1733—1878年为工业革命时代;1879—1946年为电时代;1947—1972年为电子时代;1973年至今,为信息时代。

② Robert C. Davis,"The Impact of Mass Communication", in Melvin Kranzberg and Carroll W. Pursell Jr., eds., Technology in Western Civilization, vol. 2(New York: Oxford University Press,1976),323.

的商业大亨,他被信息机器所包围,一台新闻与股票行情自动收录器将全世界的市场信息传递给它,由于过度疲劳,两位电报通信员已在长凳上酣然入睡。他的儿子,或许是他的办公助手,正在打电话,发出购买或出售的指令,也许是在办公室向其属下发号指令。他的妻子——或者是他的秘书——正坐在打印机边,随时准备打印备忘录或信件。① 近期的技术创新,如集成电路、光学纤维以及卫星通讯,已将信息提升到时代标志的地位,但是,早在工业时代,新技术便可寻到踪迹,信息的概念肯定存在已久。

信息的拉丁词源是"informare",其字面意思为"赋予思想以形式者"。但是,随着该词在信息时代被推向风口浪尖,其"拓展"含义——即其通常被赋予的意义——已经发生演变。60年前,"信息"这个标签指的是一些例行琐事,如一个人的电话号码,或是对一个问题(如谁想成为千万富翁)的正确回答。今天,任何可以被编成数码,通过IT媒介传播的东西(文本、图表、声音、电脑代码等),都可以被定性为信息。

当然,技术无疑是这幅图景中的一个重要部分。我们仅用技术革命来对信息时代予以定性,远非充分。因为,它亦是一场集体意识的革命,这一点同样重要。30年前,谁知道电子邮件或20G的硬盘为何物?而今天,包括这些名词在内的许多新词已成为全世界大多数人共享的词汇。恰如詹姆斯·波尔乐(James Boyle)所言:"伴随着技术革命,一场大规模的概念重构进程正在展开。这个概念重构所产生的不仅仅是新词汇,而且是新的概念体系——新理念、新立法、新的正当理由——为新政权、新架构、新义

---

① [美]乔尔·鲁蒂诺 安东尼·格雷博什.媒体与信息伦理学[M]导言.霍政欣 罗赞译.北京:北京大学出版社,2009.

务服务;负担与利益的重新分配,是非的重新厘定。新的伦理困惑与困境不断产生,旧有的伦理困惑与困境则产生了新的版本。"① 信息时代提供给人类的最大贡献就是"第三种权力"②——大众传媒公共领域的出现。

大众传媒,亦即大众传播媒体,由英语"Mass media"一词翻译而来。有人翻译为"大众媒体",还有的称之为"公共媒体",但大多数采用"大众传媒"。在西方,大众传媒又叫"新闻传播工具"(news media),是传递新闻信息的载体——报纸、通讯社、广播、电视、新闻纪录影片和新闻性期刊——的总称。这说明大众传媒的历史渊源在于以语言为媒介的原始思想和信息交流开启的人类新闻传播活动。以此为标准,从唐代中期"邸报"的出现为标志看待中国的话,我国古代新闻发展有将近1200年历史。尽管如此,大众传媒的产生却是近代以来的事情。中国古代的新闻只是王权意志的传播和体现,大众传媒则是"在西方公民社会的强大独立权力空间里,在西方不断流动的思想的滋养中孕育而生,它是制约和平衡政府利益与公众利益的一个独立的社会机制,政府机构利用大

---

① James Boyle, Shamans, Software, and Spleens, Laws and the Construction of the Information Society, (Cambridge, MA: Harvard University Press, 1996), ix.

② 马克思和恩格斯在论证法国报刊的作用时使用的一个概念。1850年,他们在《国际述评(三)》中评论了法国的阶级斗争。当时法国存在着两种政治权力,即总统路易·波拿巴的行动权力和立法国民议会的权力。代表资产阶级的议会本应该创立不依靠行政力量的舆论界,而加强与行政权力的对抗,但那时资产阶级的政治利益无法与日益强化的集权制分开,于是议会又每天在进行反对社会舆论的战争,破坏着自身的存在基础。1850年5月,议会通过新的出版法,规定报刊文章必须署名和增加保证金,这使得法国的各派报刊都难以存在,从而可以与行政权力对抗的第三种力量——报刊大部分被消灭了。马克思和恩格斯就此写道:"当报刊匿名发表文章的时候,它是广泛的无名的社会舆论的工具;它是国家中的第三种权力。"(《马克思恩格斯全集》第7卷第523页)1895年出版马克思的著作单行本《法兰西阶级斗争》时,恩格斯将含有这段话的《国际述评(三)》的一部分内容作为该书的第四章,再次发表。

众传媒向公众提供信息,公众希望利用大众传媒来监督政府。大众传媒不只是传播信息的简单机器,它是一个复杂的组织和重要的社会机制,它具有社会权力的分配和利益协调的功能"[1]。如此来看,大众传媒在中国是伴随着近代作为西方文化入侵的载体而产生的。

尽管大众传媒在近代产生,但是到目前为止,人们还没有形成一个统一的、明确的"大众传媒"定义。加拿大学者麦克卢汉认为,"媒介即是讯息"。他说:"所谓媒介即讯息,只不过是说:任何媒介(亦人的任何延伸)对个人和社会产生的影响,都是由新尺度引起的;我们的任何一种延伸(或任何一种技术)都要在我们的事物中引起一种新的尺度。"[2]美国学者德弗勒则认为:"媒介可以是任何一种用来传播人类意识的载体或一组安排有序的载体。"[3]我国有的学者认为大众传媒是指"介于传播者与受传者之间的用以负载、传递、延伸特定符号和信息的物质实体,它包括书籍、报纸、杂志、广播、电视、电影、网络等及其生产、传播机构"[4]。有的则认为大众传播媒介是指"在传播途径上有用以复制和传播信息符号的机械和有编辑人员的报刊、电台之类的传播组织居间的传播渠道,具体分为印刷媒介,包括报纸、杂志和书籍;电子媒介,包括电影、广播和电视"[5]。当然还有更多的定义,总体而言,大众传媒的定义尽管不尽相同,但也是大同小异。一般而言,当前人们所普遍使用

---

[1] 王桃.中国为什么没有产生近代大众传媒——观照西方新闻发展史[J].现代传播,2006,(1).
[2] [加拿大]马歇尔·麦克卢汉.理解媒介——论人的延伸[M].何道宽译.北京:商务印书馆,2000.30.
[3] [美]德弗勒.大众传播通论[M].颜建军等译.北京:华夏出版社,1989.25.
[4] 邵培仁.媒介管理学[M].北京:高等教育出版社,2002.15.
[5] 郭庆光.传播学教程[M].北京:中国人民大学出版社,1999.107.

的"大众传媒",大都是指书籍、报纸、杂志、广播、电视、电影、网络等。我们认为,大众传媒指广播、电视、报纸、互联网等拥有大量受众、能大批复制传播内容,规模庞大的传播机构。

从表现形式看,大众传媒是由文字、图像、音频、视频等介质构筑的信息载体,是面向公众、传播知识、解读政治、张扬审美、诠释道德、引领时尚、反映社情民意等的公共话语体系。广义的大众传媒包括电视、报纸、互联网、通俗期刊和读物(书籍)、广播、电影、图书、音像制品和各种电子出版物等。目前,电视、报纸和通俗书刊、互联网与广播,是对公众日常生活影响最大的四种传媒类型。

从媒介形态变迁看,早期的大众传媒典型为报纸杂志。西方最早的报纸可追溯到15世纪的手抄式《威尼斯公报》;德国莱比锡1663年出版的《莱比锡新闻》,通常被认为是世界上最早的日报。到19世纪中叶,无线电波的发现催生无线电通讯技术问世。20世纪20年代,世界上最早的电台在美国诞生,成为一种崭新的大众传媒形态。此后,电视媒介传播突破了信息(声音与画面)传送和接收的技术难关,1936年,英国广播公司在伦敦亚历山大宫建立世界上第一个公众电视发射台。到20世纪中叶,互联网成为大众传媒的最新发展形态。1983年,TCP/IP正式成为互联网传播的标准通信协议,它标志着一种全球性的互联网信息平台宣告诞生,并迅速成为继报纸、广播电视之后又一全新媒介形态。在日常现实生活中,媒介形态的变迁大大增强人们了解、认知和理解世界的能力,极大地改变大众媒介传播的运作方式、功能结构及其传播格局。

从传播内容的构成看,早期的大众传媒主要刊登一些比如天气预报、车船时刻、商品信息等实用性资讯内容,以适应工商业活动快速发展的需要。此时处于大众媒介传播的信息资讯时代。由于在传播内容上较为单一和相对贫乏,极少蕴涵较为明确的意识形态倾向性,这一时期的大众媒介传播一般难以产生比较大的社会影响力。17世纪以后,资本主义工商业的发展导致了殖民地的世界性扩张,真正意义上的现代大众传媒得以最终出现,它主要以相关社会现实生活为传播对象和内容。此时处于大众媒介传播的新闻故事时代。这一时期,最初的新闻故事常常以其新奇性、趣味性吸引公众的注意力,后期的新闻故事则以其与人们现实生活相关的内容受到普遍关注。随后,伴随着资产阶级大革命,无产阶级和资产阶级的利益冲突主要以政治斗争的形式表现出来,现代报刊成为了各阶级进行思想启蒙和政治宣传的社会工具。此时处于大众媒介传播的意见表达时代。在这一时期,报刊等传媒机构一般分属于不同的党派,其传播内容既不是中立性的信息资讯,也不是日常生活化的新闻故事,而是代表不同党派意识形态倾向的意见和观点。从运作方式变化看,早期大众传媒不但版面样式粗糙,发行方式单一,传播容量有限,而且在语言方式、功能结构等方面呈现朴素和简陋的特征。随着媒介传播技术的不断进步,大众传媒的语言方式变得越来越精致,其功能结构也变得越来越多元化和复杂化,社会影响日益广泛和深远。

2.**大众传媒的功能**。关于大众传媒的功能,国内外学者做了大量研究。如美国学者施拉姆提出雷达功能、控制功能、教育功能、娱乐功能是大众传播的主要功能;我国学者邵培仁认为,大众传播的功能应该包括个人、组织和社会三个层面,个人的功能主要是个人的社会化和个人的个性化,组织功能主要是告知、表达、解释、指导,社会功能主要反映在政治、经济、文化和教育四个方面。据此,我们认为,大众传媒的主要功能有:其一,广泛传播信息,实现信息资源共享。其二,社会环境监测和舆论监督,推进社会改革和进步。其三,普及文化教育,传承社会文明。其四,休闲娱乐,提供精神食粮。大众传媒的功能一方面在泛化,影响到社会发展的各个方面;另一方面也在细化,不同类型的传媒形式在加强某一方面的影响和渗透,并向深处发展。

在当代社会发展中,大众传媒的运作方式呈现以下特点:第一,以赢利为核心的商业化成为大众传媒运作的主要模式,提高收视率,争取广告源,已经成为众多传媒机构关注的重要目标之一。第二,传媒舆论控制与商业经济活动紧密地勾连在一起,其意识形态生产也变得越来越曲折和隐蔽。第三,媒介产权制度不再是一个纯经济学的范畴,它直接决定着大众传媒的本质属性、社会职能及其他重要特征。第四,信息传播管理的专业化趋势不断加剧。专业化并不简单地等同于精英化;相反,精英化的行政管理正逐步向专业化的技术管理转变。第五,大众传媒的影响力已渗透到社会生活各个层面,垄断性竞争和跨区域传播成为大众传媒发展的重要趋势。

总体来说,当代大众传媒已不再是单纯的信息传播工具,也不再是简单的意识形态宣传工具,而是融多种功能于一体,彼此支撑,协同运作,并与整个社会政治、经济、文化的发展紧密联系在一起的人类社会实践活动。

(二) 大众传媒的公共性

在现代世界,大众传媒不仅仅作为一种信息传播的工具行使它的政治功能、文化功能、产业功能,还作为一种存在成为一种独特的公共空间或者公共领域,从而在社会领域具有自身独特的合法性存在和价值意义,这种价值就是大众传媒的公共性,亦即大众传媒的公共理性。

按照罗尔斯的理解:"公共理性的观念属于组织良好宪政民主社会的总念之一。此一理性的形式与内容——公民对其理解的方式以及其如何解释公民之间的政治关系——乃是民主观念自身的组成部分。"[1]罗尔斯的公共理性不同于康德的实践理性。罗尔斯说过,公共理性是一个民主国家的基本特征。它是公民的理性,是那些共享平等公民身份的人的理性。他们的理性目标是公共善,此乃政治正义观念对社会之基本制度结构的要求所在,也是这些制度服务的目标和目的所在。公共理性始自于一个秩序良好宪政民主制社会中完备公民资格的总念,它是以公民与其宪政民主政府的关系及相互关系为基准,按合法性的政治关系模式来理解基本道德与政治价值最深的蕴涵,体现为政治上向公民合理阐释的价值观念。"公共性"是一种多元的促进,是确保公众自由行使自己权利的重要保障。"公共理性"是开放的、平等的与社群的,它是通过每个社群成员交互性行为与结构性活动才能存在的。

公共理性包括五个方面:"(1)其所应用的根本政治问题;(2)其所应用的人(政府官员及公职候选人);(3)其由一系列正义的合理政治中给定的内容;(4)这些总念在讨论以合法性法律形式为民主人民指定的强制性准则时的运用;(5)公民的制约(citizen's checking),其原则演绎自他们满足互惠准则的正义总念。"[2]这种体现平等公民理性的公共理性在媒体进行报道及自我节制中发挥着重要作用。它不仅保持无形的约束与道德权力,而且以确定的政治价值对媒体的生产内容及生产机制施加影响。

---

[1] [美]罗尔斯.万民法[M].张晓辉 李仁良等译.长春:吉林人民出版社,2003.141.

[2] 同上书,2003.143.

罗尔斯认为:"这种理性以三个方式表现为公共的:作为自由平等公民的理性,它是公共的理性;其主题乃是关系到根本政治正义问题的公共善,而这些问题有两类,即宪法根本和基本正义事务;其本质与内容是公共的,这表现为满足互惠准则的一系列政治正义合理思想之合理总念达成的公共推理。"①

马克思和恩格斯视舆论为"不可数的无名公众的意见"②,认为"报刊按其使命来说,是社会的捍卫者,是无处不在的眼睛,是热情维护自己自由的人民精神的无处不在的喉舌"③。媒体是社会公器,是公众获取知情权并参与国家政治生活的重要渠道和平台,两者有着共同的价值体系。晏辉教授认为:"从媒体的文化影响力、社会化的文化生产、舆论的批判性与媒体应对时代文化的审美情趣,我们可以推论现代媒体的价值定位体现为公共领域的公众舆论"。④ 但是,在今天我们进行有关社会知识体制的重建、知识资源的重组与话语体系再构造的时候,现代媒体的定位、体系与价值准则都将在公共社会道德整合的背景下经历锤炼。媒体所面对的是一个无限的日常生活世界,随着对这个日常生活世界的深入观察,它并不是简单的自我生产的过程,而是在一个信息传播触角不断延伸的公共领域扩展其公共性原则。

公共领域或大众文化话语的出现是18世纪后期的代表性事件。哈贝马斯对公共领域的特性做过有影响的描述,进一步廓清

---

① [美]罗尔斯.万民法[M].张晓辉 李仁良等译.长春:吉林人民出版社,2003.143.
② [德]马克思 恩格斯.马克思恩格斯选集(第7卷)[M].北京:人民出版社,1972.523.
③ 同上书(第6卷)[M].北京:人民出版社,1956.275.
④ 晏辉等.公共生活与公民伦理[M].北京:北京师范大学出版社,2007,299.

第七章 教育公共性保障:舆论环境与大众公共传媒

了我们对新的大众话语相连的现代性理解。

哈贝马斯认为,公共领域的形成归因于"新的贸易关系:早期资本主义远途贸易所带来的货物和新闻的传输";这一组合中的每个因素都同样重要,"因为新闻的传播不仅是随商业的需要发展起来的,而且新闻本身就成为一种货物"。公共领域的发明不仅意味着新形式的经济关系;相反,"资产阶级公共领域首先应被视为私人作为公众聚集到一起的领域"。① 按照哈贝马斯以市民社会行动者立场的分析,公共领域"首先意指我们的社会生活的一个领域,在这个领域中,像公共意见这样的事物能够形成"②。它是介于私人领域和公共权威之间的一个领域,或者说是一个第三空间,是一个非官方公共领域。"公共领域最好被描述为一个关于内容、观点、也就是意见的交往网络;在那里,交往之流被以一种特定方式加以过滤和综合,从而成为根据特定议题集束而成的公共意见或舆论。像整个生活世界一样,公共领域也是通过交往行动——对于这种行动来说,掌握自然语言就足够了——而得到再生产的;它是适合于日常交往语言所具有的普遍可理解性的。"③ 正是理性话语的这种双重价值,加上对探索、发展和保护个人主体性的关注,标示出文明社会的公民身份。

当然,这种新的社会存在模式并不是凭空发展起来的,而是建立在特殊的社会环境之上,这些社会虽然有着不同的民族背景,但遵循着一些相同的机制性准则。那些研究这个问题的人在理论上

---

① 转引自[英]戴维·钱尼.文化转向:当代文化史概览[M].戴从容译.南京:江苏人民出版社,2004.124.
② 汪晖 陈燕谷.文化与公共性[M].北京:生活·读书·新知三联书店,1998.125.
③ [德]哈贝马斯.在事实与规范之间[M].童世骏译.北京:生活·读书·新知三联书店,2004.446.

无视对身份的规定,无视神圣和世俗这些话语领域之间的界限,他们主张对大众生活的讨论不能局限于特殊的社会群体,而是本质上存在着普遍的联系:一旦大众从机制上把自己建构为固定的讨论群体,他就不再把自己与大众等同,至多声称充当它的传声筒,以大众的名义说话,也许甚至充当它的教育者——一种新的资产阶级表现形式。

公共领域的出现因此既是激进的,又是平民主义的——它大量繁殖对民主政治的必要虚构(fiction),它称之为民意(public opinion)。在 18 世纪后期,民意是有关自由社会的主要虚构,因为它提供了一个论坛,在这里"大众的个人观点之争在一个问题上达成一致,那就是就全体利益而言,什么是实际上必须的"①。民意思想表达了资产阶级社会的自我意识,具体体现资产阶级公共领域对其职能的自我阐释,不过,这并没有对那种"自然"限制构成威胁,即把大众局限于受过教育的男性财产所有者。但也有人提出,即便在这些狭窄的社会限制之内,民意的有效性也依赖于客观媒体的自由运作所做的宣传,即新闻业的宣传。

现代媒体以其公共责任承担着大众启蒙的作用。这种公共性的启蒙是与其印刷文化向声像文化的转型有关。作为另一位"公共性"概念倡导者的政治哲学家阿伦特在《人的条件》中认为"公共领域"是共通世界中关系到政治领域的领域,它是从封闭的家庭生活中走出来的体现解放性与自由性的领域,是从必然的支配中超脱出来的公共领域。媒体在进行新闻报道时,基于对"公共领域"与"私人领域"的明确界分,也理性地区分"公共事务"与"私人事

---

① J. Habermas(1989) *The Structural Transformation of the Public Sphere*, Cambridge: Polity Press:83.

务"的界线,其宗旨也在于张扬公共性正义,保护私人性存在。在此,公共领域是私人领域的必然延伸,"一方面,活动受到内在的制约,这种制约由来于公共性,即与公共空间和对公共的关心不可分割的事务。另一方面,活动具有不可预测性、非定型性或某种无规范性,这些特点来自于活动所具有的表现自我实存的特征"[1]。交往性活动是使公共领域得以存在的关键,也是媒体新闻线索的来源点。正因为这种交往性活动"维护公共领域和展现的空间,因而它自身也成为了人类技能的生命线,这一技能必须与言行相连,与人类事务、人际关系之网及其产生的故事相连,否则,就会失去它最终的政治理由"[2]。

现代媒体所蕴涵的"公共性"是在真正互动多元的现代性视野中生成的。其作为日常交往行动中所产生的社会空间,其公共理性历经反思与智慧的碰撞,是在自由平等的开放格局下,由每个社群成员在阐述自我见解并不断讨论的选择下涌发而来的。其核心就是社群的集体共识与公民之间的积极互动。作为公共意见的引导与公共理性的表率,媒体作用则是要调节公民与社会和国家之间的关系,形成和谐交往的第三空间,避免国家与社会之间产生直接的冲突。

加拿大著名媒体评论家马歇尔·麦克卢汉认为:"媒体就是信息。"[3]在这样一个由公共领域重新构造的政治社会中,媒体把公共

---

[1] [日]川崎修.阿伦特:公共性的复权[M].斯日译.石家庄:河北教育出版社,2002.303.

[2] [美]汉娜·阿伦特.人的条件[M].竺乾威等译.上海:上海人民出版社,1999.203—204.

[3] [加拿大]马歇尔·麦克卢汉.理解媒介——论人的延伸[M].何道宽译.北京:商务印书馆,2000.30.

信息融进公民的日常社会生活，不仅体现的是媒体的公共信息服务，而且表现出媒体在传播维度的出版自由，它也正是社会秩序的内在组成部分。诚如托克维尔在论述美国的出版自由时，认为："在美国，一如在法国，报刊是把善与恶混在一起的一种奇特的力量，没有它自由就不能存在，而有了它秩序才得以维持。"①确实，媒体在其职业性活动中所表现出的精髓在于出版自由，"出版自由的影响不仅及于政治观点，而且及于老百姓的一切见解。它不仅能使国家改变法律，而且能使社会改变社会风气"②。它把人类理性从其所有形式的捆缚与暴政中解放出来。一方面，公共理性转换为媒体理性；另一方面，媒体理性促成公民理性，在文化传播中不只是让公民不断地获知真理、了解资讯及提高把握公共信息的能力，而且在精神领域加强了公民个体运用自由的知识，更是满足了传媒社会精英作为大众启蒙者的愿望。③

现代大众传媒的公共理性原则是其立足于公共领域的传播功能，即社会化的文化生产而凸显的。事实上，媒体与任何类型的公共领域一样，都具备参与者、媒介、共识这三大要素。当然，这里的参与者必须有独立人格，同时可以利用媒体达到一种共识。在这个公共空间里，既可以整合、表达并传播民间要求所形成的观点，又能使自身保持自由开放的公共生活空间。"随着商业化和交往网络的密集，随着资本的不断投入和宣传机构组织程度的提高，交往渠道增强了，进入公共交往的机会则面临着日趋加强的选择压

---

① ［美］汉娜·阿伦特.人的条件［M］.竺乾威等译.上海：上海人民出版社，1999. 203—204.
② 同上.
③ 晏辉等.公共生活与公民伦理［M］.北京：北京师范大学出版社，2007. 301.

力。这样,一种新的影响范畴就产生了,即传媒力量。具有操纵力量的传媒褫夺了公众性原则的中立特征。大众传媒影响了公共领域的结构,同时又统领了公共领域。于是,公共领域发展成为一个失去了权力的竞技场,其意旨在于通过各种讨论主题和文集既赢得影响,也以尽可能隐秘的策略性意图控制各种交往渠道。"[1]正如哈贝马斯所分析:"报刊一旦从纯粹新闻报道发展成为思想传播时,当个体文人的新闻写作相互竞争时,一种新的因素——广义上的政治因素——就与原来的经济因素结合起来了。"[2]这是一个不可抗拒的趋势,媒体作为公共领域重要的组织化力量,不仅以公共信息"寓意符码"质的升华完成资讯时代的信息化消费,而且将经济市民从其私人化生活领域有序地引入国家公民公共化的生活领域。

公共理性对媒体的影响是全面而又深刻的。以公共理性对媒体的出版自由与言论自由做审视,"当每个公民都被授予管理国家的权利时,对认识之后能够指导他们的行为的各种事实进行鉴别。因此出版自由和人民主权,是相互关系极为密切的两件事;而出版检查和普选是互相对立的两件事,无法在同一个国家的政治制度中长期共存下去"[3]。当然,"无论媒体传输的是什么样精确的信息,实际上对观众产生影响的是信息传送的方式和途径,而不是信息的内容(即某个层面的信息,它可以用论证信息的层面话语来表达)。如果人们更多的从电视上而不是其他渠道来了解世界,那可能是一个由瞬息的图片组成的世界,充满'偶发事件'和相互分离、自我封闭的插曲,以及由追寻可以认知的常见的动机而引发或阻

---

[1] [德]哈贝马斯.公共领域的结构转型[M].曹卫东译.上海:学林出版社,1999.15.
[2] 同上书,1999.218—219.
[3] [法]托克维尔.论美国的民主[M].北京:商务印书馆,1988.205.

止的事件。寻求他们真正需要的东西,寻求真正的满足以及幸福的源泉"①。

初始的时候,媒体与公众是有机互动的合作关系,私人聚集而成的公众通过理性讨论形成公共意见和观点,而这无疑又需要一定的媒介来传播,媒体为公众提供自由表达的场所,公众为媒体贡献理性而犀利的评论,事实上的早期媒体的作者大多来自公众中的个人。但随着公私分立的社会结构被打破,媒体的地位也发生重大转变,一方面是它们与公众失去原先那种有机的联系,另一方面,各种势力(国家权力、社会组织、政党和经济组织等)千方百计地借助媒体发挥影响力。媒体曾经拥有的独立性受到削弱,媒体与其说是公众形成公共舆论的地方,不如说越来越成为各路人马竞相展示号召力的大舞台。当今传媒业巨子鲁伯特·默多克说过这样的话:谁掌握了传播的入口,谁就掌握了世界。媒体由此成为当代世界的权力中心之一。随着发行量和广告收入的增加,媒体自身也成为独立的经济实体。如何在激烈的市场竞争中击败对手,站稳脚跟,如何有效扩大媒体的到达率,都成为媒体首先要考虑的问题。于是,曾经作为资产阶级公共领域之传播手段的媒体已经成为目的本身,独立而自由的公共领域的发展越来越艰难。

媒体的结构和政策的改变,完全是政治问题。在政治机构的其他所有方面有着同样的重要性。在英国,政府权力、财政手段与媒体机构之间的关系因为所谓的大众服务广播的出现而出现特殊的波动。近代技术的发展,特别是卫星的使用和有线广播设施的改善,以及政府政策赞成完全由市场规则支配的商业机构提供公共服务,意味着支配着广播政策的传统价值真正崩溃了。假如把

---

① [英]泽格蒙特·鲍曼.自由[M].杨光等译.长春:吉林人民出版社,2005.100.

英国这一经历放到西欧和北美类似的政策发展的背景之下,就很容易理解为什么人们普遍担心并且越来越无法相信大众传播和娱乐这些媒体机构能维持公共领域的古典职能。

一方面是认识到大众传播的组织机构所出现问题的严重性,一方面是较肯定地描述广播在日常生活民主化中所扮演的角色。简单地说,在这一对公共领域的重新阐释中,斯坎内尔强调了广播重新塑造大众声音符号的方式——改变国家大事日程表,使表述更风格化,促进一整套新的表演话题和风格出现:"在广播中,世界看起来普通、世俗,所有人都可以接近、了解、熟悉、辨别、理解、分享和交流。每个人都可以谈论。"①

斯坎内尔的话中暗含的,是广播并非通过转播或反映一个独立的话语领域来维持大众空间。相反,新形式的大众话语正被制造出来,这些形式是它们的环境所固有的。因此诉诸哈贝马斯的理性话语并不合适,该话语实际上建立在一种特殊的文学欣赏和表述模式之上:"我宁愿把广播的影响描述为加强了公共和私人日常生活的那些合乎情理的方面——与理性的方面相区别。"②

批评家们曾提出,由于太容易构造出一个关于民主自由的意识形态,以致无法在新闻自由(代表着所有媒体)与政府不对新闻内容加以控制之间画上等号,在这个等号里后者保证了前者的实现。虽然这个等式无疑很重要,但如果媒体机构受到小团体的控制,他们是用自己的权利把自己的事项加在大众话语之上,这个等式就失效了。③ 要留心这一可能性,不仅需要相信一个阶级或社

---

① [英]戴维·钱尼.文化转向:当代文化史概览[M].戴从容译.南京:江苏人民出版社,2004.130.
② 同上书,2004.131.
③ 同上书,2004.129.

会精英能够利用自己的经济权利,保持对新闻机构的所有权,而且可以说,职业的社会化过程和机构性运作也会导致对大众社会的正统表现。由于媒体使民意成为可能,因此他们的运作塑造和决定着民意。

由此看出,扎勒对民意的叙述与斯坎内尔所描述的现代公共领域有着有趣的相似。两者都强调具有实际价值的意味深长,而不是霸权传统下的意识形态批评所助长的更戏剧化的操纵和欺骗。不过,同样真实的是,公民及其政治家最多也只能获得不完全的信息,使用的是陈词滥调,往往根据政策支持者和反对者的人格来判断政策的内容。这样,我们回到那个批评,也就是政治交流被迫通过商业媒体来沟通——从而变成了消费主义政治。在关于市场销售的政治话语中,知识分子担心问题会被简化,被篡改为生活方式的选择。20世纪70年代,哈贝马斯指出当时新兴的公共关系产业对新闻管理这一政治生活造成了威胁。从那之后,政府和商业机构对公共关系知识所做的投资,以及新闻机构积极合作,宣传这类新闻管理,意味着把意识形态幻想积极地宣传为大众话语的支柱。

许多人开始把我们对后现代文化的理解集中起来,提出在协调新的政治参与和身份的时候,我们也在重绘公共和私人领域的轮廓。古典模式的公共领域被同期出现的融入国际大众文化的运动破坏了,一方面很大程度上是通过巨型媒体公司的力量,另一方面是由于公共话语的私人化。这一现象归因于相关的公共关系的发展,以及民意被纳入多数政治(consensus politics)这一修辞。两个方面都趋向私人化,因为它们促生了所谓的消费公民身份——个人在政治市场中购买的那些他们觉得舒心的东西。对这一点,我们现在应该加上大众传播的新策略正在改变读者群的生活经验结构。

因为,"所有普遍存在的大众传播媒体建构着各类时间和空间,并使这些时间和空间可以无限地重新建构,特别是新的技术发展给了读者更大的权利,可以控制收看的时间和空间;其次,我们所谓的休闲资源在维系家庭仪式方面具有构成性力量。"①这就意味着是否能够在公共领域和私人领域之间划出一条固定的界限。诸如,公众人物、明星、英雄、名人,都被赋予公众身份,当然还有公共知识分子。他们当然也是普通人,观看着他们自己和他人的表演,并承认我们不可避免地会成为观众,认识到身份具有无限的可塑性,由无数关于不可预知的命运的故事支撑着,命运随便选择人物,让他们在被遗忘前获得一种公众身份或名声,这使我们没有理由不相信,并非我们所有人都含有自身伟大性的种子。

新的大众传播媒介不仅为新的民族文化产品提供内容,它们也提供产品得以被想象的形式。

(三) 我国大众传媒的公共性发展特点

我国大众传媒的发展经历从一元走向多元,从受教育到自主,从模拟到数字化,从宣传到监督型的几个阶段。

1. 从一元到多元。近代以来,随着列强的涌入与军阀割据势力的崛起,原有政权的控制力和组织力急剧下降,本来就很弱小的民众被列强和军阀肆意蹂躏,国人都期盼有一个强有力的中央政权结束这苦难。中国共产党建立的新型政权适应这一要求,在短时间内恢复了秩序,并进行大规模的工业化建设。应该承认,强有

---

① [英]戴维·钱尼.文化转向:当代文化史概览[M].戴从容译.南京:江苏人民出版社,2004.158.

力的国家政权对外维护主权尊严,对内则进行有成效的社会组织和改造工作。为适应新形势的要求,为了更有效地进行宣传和教育工作,全国的报纸、电台等公共媒体实现公营化,从而建立起党和政府主管的传播网络。

社会主义改造基本完成之后,在全面建设社会主义新阶段,由于"左"倾路线的影响,本来应该"百家争鸣,百花齐放"的中国传播业出现党的媒体一统天下局面,媒体从业者在各种政治运动中盲目地升温加火,甚至违背基本的新闻规律,以"假、大、空"的新闻报道代替真实的事实报道,并且在动辄得咎的运动中人云亦云,成为政治家的传声筒,也成为政治运动的牺牲品。到了"文化大革命"时期,报纸广播电视简直成了"千报一面"与"千台同声",整个传播事业失信于民,失信于社会,成为"文革"的重灾区。

直到改革开放以后,中国当代公共领域表现出参与主体多元化趋势。一方面,由政府控制和拨款的传媒机构纷纷从行政单位变成企业化管理的事业单位;另一方面,境外资本和民间资本通过各种形式不断进入公共领域。虽然非公营的电视台与出版社并没有出现,但这些资本可以借助公营电视台和出版社制作节目和发行图书。尤其在图书发行方面,非公营书店以其发行速度和效率方面的优势,迅速打破了新华书店一家独大的局面。同时,"学者们也积极参与公共领域的运作。他们与传媒进行各种形式的合作,包括开辟专栏、兼任丛书编委、出版以书代刊的主题刊物等。体制内与体制外的知识人依托媒体提供的空间,充分发挥自己的学识,共同展开了公共话题的讨论。中国传媒的商业化增加了公共领域参与主体的多样化,这给中国当代公共领域带来了无穷的活力"[①]。

[①] 彭立群.公共领域与宽容[M].北京:社会科学文献出版社,2008.245.

中国当代公共领域表现出传播内容多样化趋势。改革开放以前,党和政府的方针政策充斥于媒体。在特殊的年代,"个人崇拜"、"阶级斗争"更成为各类媒体的恒定主题。改革开放后,民生、改革、娱乐、启蒙、新思潮等成为公共领域的关注焦点,比如"真理标准大讨论"、"人道主义与异化"、"人文精神失落"、"知识分子边缘化"、"加入世界贸易组织"、"后现代热"、"三农问题"、"反对腐败"、"国学热"、"超级女声"等等,都在公共领域得到热烈讨论。

2.从受教育到自主。在革命战争年代,为了提高党和军队中农民子弟的思想觉悟和政治素质,组织他们进行集体学习成为有效而必要的教育形式。在建国以后很长时间里,集体受教育依然是人民群众公共聚会的主要内容。在很多情况下这种学习和教育是单向度的,也就是说,群众聚在一起主要不是自主讨论,而是接受教导。"文革"时期,这种情况愈演愈烈,受教育成为重要的政治任务。大致从1967年11月开始,每逢元旦和其他重要节日,包括政治上有重大事件发生时,《人民日报》、《解放军报》和《红旗》杂志就联名发表社论、文章,这些社论和文章往往经过毛泽东亲自审定,毛泽东一些最新指示也主要通过这些社论和重要文章公之于世。所以,每当"两报一刊"发表社论时,不仅全国各地的报刊要全文转载,广播电视也要全文广播,全国上下还要认真学习贯彻,甚至连夜要求职工返回单位集体学习、座谈或者游行庆祝。由于缺乏真正的可学习性和趣味性,慢慢失去与群众进行自由与平等交流的可能性。即使从形式上可以动辄上万人在广场上集会聆听和学习自上而下传播的信息,但这种社会组织方式外在而机械,群众自发的向心力肯定是有限的。

改革开放以后,随着媒体形式和媒体参与者多元化,普通民众更加倾向于自主选择公共媒体所提供的信息。事实上,当收看可自选的电视节目,购买所喜欢的娱乐性书报,选择中意的网站上网冲浪成为群众私人空间的重要组成部分的时候,原先带有一定强制性的集体教育不得不自我压缩,以让位于更加自主而多样的信息消费。"而且在媒体商业化、市场化运作的过程中,媒体为了自己的销路,不得不挖空心思地取悦于受众,不得不改变单纯号召式、报告式的信息提供方式,为受众提供政治、经济、社会和国际事务中的最新消息,并尽量提高所提供信息产品的娱乐性、分析性和评论性。"①于是,一方面是消费型公共领域事实上提高了受众参加公共领域的自主性和自觉性,另一方面是媒体提高了服务意识和服务水平,这无疑会促使当代公共领域更加具有吸引力和亲和力。

3. 从模拟化到数字化。人类传递信息的方式与技术制约着公共领域的传播范围和传递效率。在很长时间内,人们一般以声波和光波作为信息的载体,这使得公共舆论的形成与传播都会受到时间和空间的影响。虽然印刷术增加了信息传递的准确性,但这些物质性的媒介毕竟需要借助远途运输才能送达远方的受众,从而使得参与者无法大范围地、即时地进行讨论。模拟化技术把电磁波压缩、传输和放大,声音、图像信息能够即时地进入千家万户,从而为现代社会提供更为高效的社会组织模式和共识形成机制,极大地拓展公共领域的潜力。然而,我们知道模拟化信息交流开始就不是双向互动的,一般只能处于被动接受的地位。数字化技术采用数字化存储、多媒体处理和网络传输技术,文字、声音、图像等信息几乎可以自由地、即时地、双向地在电子计算机之间传递,并使其迅速、广泛、互动的公共领域成为可能,于是媒体和受众之间的传统界限被打破,各种自发形成的BBS、博客成为新型的

---

① 彭立群.公共领域与宽容[M].北京:社会科学文献出版社,2008.246.

公众讨论之地,人们展开讨论和达成共识的公共领域发生天翻地覆的变化。

1994年以前,在中国占主导地位的公共领域是传统的口耳相传的公共领域和借助模拟化技术进行传播的公共领域。从1994年起,中国正式全面接入互联网,中国媒体网络化成为举世瞩目的重大事件,不仅传统媒体纷纷数字化,一批商业门户网站也如雨后春笋般成立,新浪、搜狐、网易等网站成为新兴势力的佼佼者。正当传统媒体网站和商业网站在新兴的公共领域中竞争和搏杀的时候,普通民众也介入网络信息和观点的传播中。他们在各种BBS上注册用户名,建立自己的博客,对社会热点和焦点问题予以不无见地的关注和评论,在迅速发展的互联网天地中找到如鱼得水的感觉。网络化大潮方兴未艾,我国上网计算机数量和上网人数惊人地增长。根据CNNIC调查,截至2009年6月30日,我国网民规模达3.38亿,宽带网民达3.2亿,占总网民数的94.3%,手机上网用户达1.55亿。中国作为全球互联网第一大国的地位再也不可能动摇。互联网实验室预测,到2012年,中国网民数量将完成"下一个3亿"的跃升,总数达到6亿之多。数量总和将不仅仅高居世界第一,而且规模几乎与美国、日本、德国、法国、英国等五个发达国家网民数量的总和相当,分量可见一斑。①

4. 从宣传到监督型。如前所述,虽然自主性公共领域还没有完全出现,但多样化公共言论正悄然兴起。在特殊历史条件下,中国需要强大的中央政权,中央政权需要高效的新闻和宣传网络来指导社会秩序的重建工作,政府与媒体间必须建立起相互促进、共同发展的传播平台。在这一过程中,政府可以树立自身形象,媒体

---

① 方兴东.中国互联网十年修成正果[J].中国新时代,2009,(8).

借此扩大自身影响。政府依靠媒体,媒体服务公众,公众信任政府,这种共生共荣的多赢效果,实际上维护了最广大人民群众的利益。这就看如何激发群众的积极性和创造性,如何鼓励群众自组织的社会能力,如何依靠群众创造和谐的社会环境,如何依靠群众对人民政权进行监督,成为摆在所有中国人面前亟待解决的重大课题。公共领域不仅要成为党的喉舌,更应该成为人民的喉舌。在公共领域进行商业化和市场化改革的同时,舆论监督的报道以及信息的公开等,都受到读者和观众的青睐。作为舆论监督的力量,中央电视台的《焦点访谈》、《新闻调查》等节目都有着重要的公众影响力。《南方周末》、《南方都市报》等报纸媒体都在努力尝试拓展舆论监督的空间,"一见如故"、"燕南社区"、"凯迪网络"等网站坚持独立而理性的舆论监督。

中国当代的公共领域正处于关键的转型时期,在这一时期,既有令人振奋的狂飙突进,也有令人遗憾和值得商榷之处。大致说来,政府对言论自由的保护力度不够,舆论监督不力,商业化对公共领域公正性的侵蚀,是公共领域存在的突出问题。面对这些问题,一味推诿和推卸责任是没有实际作用的,我们最需要的是勇于承担的理性和风度。学者汪振军的反思与批评或许正是这种理性力量的表达:

> 当前舆论监督之所以很难充分实现,之所以不能令老百姓满意,固然与外界环境有很大关系,但是媒体自身定位不够准确、不够鲜明,也是一个重要因素。一些人要么还仅仅把媒体看作传达教育政策的"传声筒",要么把媒体看作纯粹赚钱的"产业"。
>
> 把媒体简单地视为"传声筒",就不可避免地沾上官本位

的色彩。我国媒体长期以来是党政机构的一部分,从属于党的领导,因此,一方面,媒体本身发挥的作用实际上是各级党政权力的延伸和补充。媒体代表的不仅是它自己,更重要的是党本身,是一级政府和党委的权力。比如,很多地方官员之所以害怕央视的"焦点访谈",原因就在于中央电视台是中央一级媒体,在很大程度上代表的是中央的权力。而另一方面,媒体自身有时又显得相当无能。最为明显的特点是某一级别的媒体不能对上级和同级实施监督,只能在得到同级党委许可的情况下对下级实施监督。这样的媒介体制难免不造成权力真空和监督真空。更为严重的是,由于长期在体制中生存,一些工作人员不知不觉中形成一种准官僚习气。他们把公众赋予的采访权和发稿权当作自己的权力,所到之处,无不以"准官僚"自居。下边稍有怠慢,他们便摆出一副"无冕之王"的架势,动不动就要给人"曝光"。记者权力的异化,说明媒体的话语权到了需要监督的地步。当权力和金钱腐蚀一向具有公信力的媒体时,媒体的对于社会的监督又如何不变成"聋子"和"哑巴"。在这种情况下,指望媒体去维护人民的权力和利益,只能是一句空话。第二种误区是把媒体看作纯粹赚钱的"产业"。在现在的情况下,传媒集团具有产业性质,这是无可否认的。问题是当媒体片面追求经济效益最大化时,媒体到底是在为谁服务?到底在维护谁的利益?它还有没有自己的行业道德和行为规范?对于商家来说,他们要的是利润,对于媒体来说,他们要的是收视率和发行量。当媒体把收视率和发行量作为自己追求的终极目标时,社会规范与道德就被置于可有可无的地位。于是,娱乐化、低俗化、刺激化、煽情化随之而来。尤其在媒体激烈竞争的情况下,一些媒体明知道所刊播的广告是低俗的、虚假的甚至危害人生命的,但为了自己的利益仍然照刊照播不误,其中伎俩和招数层出不穷。更有甚者,当广告客户是自己的监督对象时,由于广告客户是自己的财神,媒体往往也就不去"曝光",这样的媒体怎样发挥舆论监督作用?

一个开放的社会中,正常的舆论监督应该是立法、司法、行政三大权力之外的另一种社会力量,它捍卫的是社会的公平、正义、道德和良知。对于媒体来说,它不应仅仅简单得只是政府的"喉舌",它还应是人民的"喉舌"。反映人民的心声和维护民众的利益,是媒体义不容辞的责任。当前社会之所以出现一些腐败现象,媒介监督和社会舆论没有发挥应有的作用是一个重要的原因。①

当前,我们需要的不是彼此的指责和谩骂,公共领域的参与者和利益相关者——媒体、受众、政治权力、市场化力量、公共发言者——需要理性反思,需要彼此的宽容,因为只有真正的宽容才能让我们尽快突破转型时期的发展瓶颈,从而迎来一个值得期待的、自由而公正的公共领域。

二、大众传媒公共性对教育公共性的影响

大众传媒作为一种公共性存在不是无偿拨付教育使用的一种公共资源,而是依靠自己的公共性与教育公共性之间产生密不可

---

① 汪振军.公共领域、舆论监督与公共知识分子[J].广西社会科学,2004,(7).

分的关系。教育公共性若想实现自身的价值,就不能避开大众传媒的公共性,就必须搞清楚二者之间的关系,以便择善而从,避开不善免受其害,实现二者之间的良性互动。大众传媒公共性对教育公共性既有积极的促进作用,也有消极的负面影响。

(一) 大众传媒公共性对教育公共性积极性

1. **大众传媒的公共性存在是推动、引领、监督教育公共性实现的舆论力量。**大众传媒是具有公共身份的社会角色,从它诞生那一天起就呈现"中介"身份,是一种社会"公器";其作为公共空间的宗旨是塑造社会的公共精神,因而,社会公正应是作为公共空间的大众传媒之价值核心。① "教育是民族振兴的基石,教育公平是社会公平的重要基础。"②教育公平作为社会公平价值在教育领域的延伸和体现,不仅是教育现代化的基本价值和基本目标,也是社会公平的重要基石。教育公平是教育公共性的重要内容,以推进社会公正为己任的大众传媒必然关注教育公平,成为推进教育公平的重要力量。大众传媒对于教育公共性的作用是通过发挥推动、引领、监督的舆论力量而实现的。

教育公共性的实现主要是通过教育公共政策的制定和事实运行的。教育公共政策系统的运行是一个集中的行动过程,由一系列功能环节或阶段构成,即教育议程的设定,教育公共利益的表达和综合,教育政策的制定和教育政策的执行,也可将其概括为输入、转换、形成和输出四个阶段,大众传媒在每个活动环节都发挥

---

① 张福平.社会公正:作为公共空间的大众传媒之价值核心[J].河南大学学报(社会科学版),2006,(2).
② 胡锦涛在党的十七大上的报告[EB/OL]. http://news.xinhuanet.com/newscenter/2007—10/24/.

着重要作用。在输入过程,大众传媒促使"教育问题"进入教育政策议程;在转换过程,大众传媒反映社会公众对教育的公共利益;在形成过程,大众传媒提升教育政策制定水准;在输出过程中,大众传媒开展教育政策宣传和舆论监督。

在我国现阶段以及相当长一段时间里,互联网的覆盖面、使用目的等,都远远不能达到哈贝马斯的"公共领域"所具有的普遍参与性,仅靠网络媒体还无法完成构建当代公共领域的任务。与此同时,当前我国的报刊和电视仍是传播媒介的主力军。然而,长期以来,新闻媒体管理者和传播者有比受传者更有控制信息和舆论的权利,传统媒体所具有的公共领域的强势功能始终处于沉寂状态,而网络媒体的出现改变这种局面,渐渐激活传统媒体的"公共领域"对话空间。在实际生活中,包括教育事件在内的许多事情最初由互联网发起,然后通过传统媒体,尤其报纸、电视的介入,把新闻事件做大、做深,在社会上引起广泛的反应,最后受到政府职能部门重视,使问题得到有效解决。如自 20 世纪 90 年代中期开始的"教育产业化"思路,导致高收费、乱收费、择校热、钱学交易等乱象,加大教育的城乡差距、地区差距和学校差距,造成对教育的公益性、公正性的伤害,极大影响了教育的质量和品质。到 2005 年,互联网与各种媒体的互动对这种状况的强烈批评达到新的高潮。这些批评,使国家教育政策在维护教育公平方面发生重大转向,逐步促进义务教育均衡发展,推行农村和城市免费义务教育,最终在 2007 年党的十七次代表大会报告中凝结为"坚持教育的公益性"的明确表述。此外,网络 2008 年对于"范跑跑"事件的讨论直接影响教育部对于教师关怀学生生命职业道德的新规定,而网络对于农民工子女上学、农村留守儿童教育等等的关心都在不同程度上影响政府教育决策。公共领域的舆论监督功能得到有效发挥,进一步扩大公共领域范围,加强公共领域的稳固性。

教育政策出台以后,教育政策进入输出阶段,一方面是教育政策社会化过程,即传播公共教育政策的过程;另一方面是教育政策执行。在这一环节中,大众传媒的角色是"教育政策的宣传者和监督者"。政府通过大众传媒大张旗鼓地宣传教育政策的目标及意义,说明实施教育政策的具体方法和步骤,为正确有效地执行教育政策打下坚实的思想基础;而公众需根据大众传媒所宣传的教育政策作出反应,并对教育政策的执行开展监督。在我国,政府本身处于决策和执行的核心层,对自身的监督往往因为权力系统内的利益关系而受到影响和限制,因此公众通过大众传媒开展的舆论监督显得异常重要。在实践中,由于决策者主观能动性发挥受到客观条件制约,有可能制定出错误的决策,要防止错误的决策,就得进行监督。还有,教育政策执行过程中环境条件可能发生重大变化,以致原本科学的决策丧失科学性和合理性,这些也需要通过监督对决策进行及时的调整。再者,任何教育政策的执行者在执行过程中都有可能犯这样那样的错误,甚至违反决策方针。决策机构可以根据反馈情况,对教育政策做进一步的修正或者直接终止教育政策的执行。

2. 大众传媒是教育公共性直接实现的渠道和平台。首先,大众传媒的存在成为青少年儿童获取广泛信息的渠道。就我国当前情况而言,青少年儿童获得知识信息的渠道除了学校正规教育以外当属大众传媒,它包括印刷媒体、广播媒体、电视媒体和电脑媒体。传媒对儿童发展的影响正在日益加大。当问及"是谁对他们最有影响力"时,家长的回答:"反正不是我们。"老师的估计:"恐怕要算媒体了。"据一项调查,学生得知新闻消息和其他社会信息,63.1%是从电视上看到的,14.3%是从广播中听到的,11.7%是从报纸杂志看到的,只有 7.4% 是家长谈的,3.4% 是老师讲的。如此之高的传媒接触率,怎能不引起广大教育者的重视和研究呢?

印刷媒体是大众传媒史上第一项工业技术,其贡献在于最先创造一套储存信息的方法,从而把知识积累起来,使人获得比以前更丰富的知识。同时,阅读有助于抽象思维的发展,所以除了教科书以外,学生能从涉猎知识领域广泛的课外图书中增长见识,发展思维。广播媒体(收音机和磁带)使学生获取知识的渠道又有拓展,它可排除文字障碍,通过听觉吸收的信息更准确而流畅,信息接收量更大。电视媒体的出现,使儿童获取知识的视觉形象更为直感,接受信息的方式是用视觉和听觉两种渠道,多一种感官参与,对学生来说不仅更具有吸引力,而且有助于理解和接受。电脑媒体的意义在于学习者的参与,机内与机外互动的人机对话,使学习体验更深,兴趣更浓,特别是电脑辅助学习的灵活性和随机性,计算机网络教学对时空界限的突破等,大大地提高学习效率,且有利于学习活动个性化[1]。正因为各种媒体信息的刺激,今天学生的知识和见识超越过去的成人,而由这些信息促发的智力能力的发展水平也大大提高。由此可见,现代社会媒体技术伴随着儿童和青少年的成长和发展。

其次,大众传媒,尤其是互联网构建了公共领域对话的平台,激活传统媒体的"公共领域"对话空间,成为公众表达公共意识、参与公共事务管理的有效平台。[2]

平等参与性、批判性、公共性、观点多样性,是公共领域的重要特征,是公共领域能够聚集公共舆论,构筑自由、平等、开放的理想

---

[1] 胡卫.民办教育的发展与规范[M].北京:教育科学出版社,2000.257.
[2] 解菲.浅谈互联网对当代公共领域建构的影响[J].新闻世界,2009,(8).

交往环境的基本条件和要素。这些都在"华南虎事件"中得到充分体现。2007年轰动全国的"华南虎"事件,发轫于网络上公布的照片,其后"打虎派"和"挺虎派"间的斗争,使网民在网络空间中为了探求真相而使用各种手段表达和证明着自己的观点,并在传统媒体的跟进下最终发掘出事件的真相。

在政治权力和商业化的双重挤压下艰难生存的公共领域,随着网络媒体的蓬勃发展找到新的对话平台。互联网凭借其强大的搜索、超链接手段,提高媒介载体的民主性。它打破人类交际、对话活动受到的时间和空间的限制,谁都可以在同一时间进入公共领域,在同一时间内获得同样的信息和文化资源。以往的传统媒体是一种单向的、被动的传播,虽然电视开设不少栏目,以增加受众的互动参与性,但是经过电视制作人选择、录制、剪辑的电视节目很少有真正意义上的传播各方平等、经过充分讨论的交流。即使公众参与度很高的谈话类节目,如《实话实说》、《鲁豫有约》、《一虎一席谈》等,也是在编导设置好议题,现场观众筛选之后才参与进来的。网络媒体的出现,则使参与传播的接受者获得空前的自主性,他们不再是被动地接受传播者生产的文化产品、社会观、价值观、伦理观等,而且可以根据自己的需要主动选择,甚至参加到社会舆论的生产创造过程之中。互联网不断推出网民参与网络公共空间的形式,从最初富有私密性的电子邮件、各种聊天工具,到更具有公共性特征的BBS以及博客。随着政府执政为民、民主执政意识的提高,逐渐开设网上办公、网上政务公开、网上投诉等形式。公民对社会的政治参与意识变浓,不断寻找机会进入论坛,进行利益表达,影响政治决策。如人民网的"强国论坛",新华网的"发展论坛",新浪网的"新浪论坛"等。网民可以在法规条例允许范围内自由传播信息,表达意见,受众的表达权在某种程度上得到扩展和延伸。在网络媒体所建构的公共话语空间中,公民有了更多机会参与公共事务,获得广阔的对话和交流的话语空间。

3.从广义教育看,大众传媒的公共性追求就是教育公共性的价值诉求。文化教育功能是大众传媒的内在功能之一,任何人,只要不存在经济和技术障碍,都可以共享大众媒体,尤其是互联网带来的丰富信息资源。通过国家公共财政对于信息资源的保障,可以为公民尤其是青少年学生提供必要的媒体空间,使他们平等地参与、表达、共享公共空间及其信息,在参与、表达的过程中,公共理性得到升华和规范,逐步成为新的具有公共理性的社会公民。这就是教育公共性对于公民的公共理性的诉求。

公共性经验与共享空间的分离,或公共性与共在语境(the context of copresence)的分离,必然导致公共性本质的转化以及(同样重要的)个体参与公共性方式的转化。正是这种被中介化的公共性的易获取性已经产生出新的机会与新的问题。新的机会是指:媒介的发展(尤其是电视)使得更多的个体可以经验时空上相隔遥远的地区发生的事件,参与几乎是全球性范围的被中介化的公共性;新的问题则是,更大的可获取性与可参与性使得那些实施权力——无论是在公共领域还是私人领域——的人更难控制人们对于信息的接触,而这种控制对于他们的权力可能是至关重要的。①

网络媒介由于其自身不同于传统媒介的数字技术和网络技术,给人们提供平等、开放、自由、理性交往的基础,改变人们的交往方式,同时影响现实社会的结构。人们在网络世界的交往,使这个新兴空间呈现阿伦特和哈贝马斯意义上的理想公共领域的特征。

第一,网络的民主分权的技术模式带来自由、平等、兼容、共享

---

① 陶东风.大众传播与新公共性的建构[J].粤海风,1999,(2).

的技术准则和网络精神,促成小众话语、个体话语对垄断传媒话语的技术消解。第二,网络空间具有无限的开放性和良好的兼容性,它可以将作为"私人"的个人聚合在一起,随时都可以提供形成"公众"的平台。第三,网络的去中心化和散点连接技术为自由和平等的言语交流提供可能。第四,网络可以实现阿伦特和哈贝马斯所强调的公共领域交往中的距离。它在将人们聚集在一起的同时,又为参与讨论的人们提供一个有弹性的距离。第五,由于网络空间的分布式结构是无限开放的,尽管它所依托的基础设施建设在很大程度上得依靠城市化的推动,但一旦搭建起网络空间,就会发挥其开放性特点,赋予所有连接网络的人发言的权利,极大地提高人们的参与程度和互动程度。①

现代网络技术使得它不仅能够最大程度地为网民提供更快捷地获取多种信息的渠道,也可以为他们更开放地参与公共讨论创造平台。网络报道的事件一旦获得人们的关注,每个人都通过发帖的形式发表评论,交换意见。并且,网络新闻由于超级链接的快捷性而具有极快速的转载率,可以在极短时间内得到广泛的关注和讨论。同时,这种新媒体所形成的公共领域使得一种新型的公众逐渐成熟。他们在掌握简单的网络操作方法之后,可以在虚拟空间生活的同时通过超级链接随时关注时事,跟进事件,发表意见。网络空间的聚合力量大大地增强人们的参与热情,使公共社会、公共话题重新成为公民关注的热点。

(二) 大众传媒公共性对教育公共性的消极性根源

网络管理与技术自身尽管存在诸多问题,但网络给予青少年

---

① 张淳.中国的网络世界及网络公众的公共性意义[J].学术月刊,2009,(2).

的道德危机,绝不能简单地归结为网络的恶,网络时代拒绝网络就是拒绝文明和进步①;同时,青少年尽管存有身心发育未成熟等诸多本身的弱点,但绝不能归结为他们的身心特点和成长规律的恶。改变或剥夺人的身心特点和成长规律,无异于扼杀生命和摧残理性。也就是说网络没有错,人也没有错。那么,问题在哪里呢?

21世纪被誉为信息技术浪卷全球的信息文明时代。网络信息技术发展历程虽然短暂,却以惊人的速度和力量颠覆着人类的时空观念、交往方式、思维方式、生活方式。它作为一种先进的生产力,极大地促进人类全球化进程,推动人类文明的发展,同时,也激发着人们狂热的崇尚激情、占有欲望和想象力。在网络信息时代的背景下,网络的工具理性被日益推崇和提升,甚至片面强调并夸大网络的存在性,致使其统治意志姿态与主导价值地位日盛,凌驾于人之上,渐渐淹没了人的主体价值和能力,引发网络对人的异化。人的主体价值和能力是人主体间性存在的基础。人的主体价值和能力的不足带来的交往对话能力的式微,使人们失去网络与人之间交互主体共存的可能,从而造成人们与网络交互主体间性日趋黯淡和没落,彼此日渐对立。根据哈贝马斯交往行为理论,交往行为是交互主体间和谐统一的基础,只有从交互主体的交往行为意义上,才能把握社会行为的本质内涵。网络危机就主要体现为交往行为合理性的不足或缺失,而交往的手段和媒介就是网络文化。网络文化合理性的不足或缺失才是网络道德危机的深刻社会根源。② 网络道德危机的本质就是网络文化的危机。网络文化是网络技术在社会中得到普遍认可和运用,并成为人们日常生活

---

① 张彦. 论网络空间的净化与青少年网络道德教育[J]. 教育研究,2006,(7).
② 张茂聪 王培峰. 网络交往伦理:青少年网络道德教育的新视野[J]. 教育研究,2007,(7).

方式时,衍生的一种文化,它是人们网络行为的核心体系,主宰着人的网络行为。

哈贝马斯把人们在网络生活中的行为模式主要分为[①]:①网络目的(工具)性行为。人们在网络生活中,以自我为中心,以实现自己的目的为方向,按照功利化的行为准则来进行行为抉择,实施网络行为。如,网络交易。利益是行为的前提,实效性是其唯一的价值判断标准。②网络规范调节性行为。按照自己预先确立的价值,提供给人们普遍化的网络规范要求,着眼于对规范的遵守。其主要体现为少数网络发明者、经营者和管理者的行为。③网络戏剧性行为。也可简单地称为自我表现行为。即以自我内部的主观世界为前提,通过网络在大众面前表达自己的感情和愿望,展示或宣泄自己。如,聊天、游戏、网帖、博客。其评价标准主要在于是否真诚地表达自己的内部世界。④网络交往行为,即网络交互主体基于网络生活世界的交互主体性社会行为。在行为形态上,它可蕴含于上述三种网络行为,以主体间通过网络在理解的基础上,达成合作、对话、共识、平等、真诚为价值标准,而作出的质的规定。其实质是指向人与网络的意义世界,其交往的媒介就是以理解和对话为基础的网络文化。目前网络文化理性的不足和缺失主要体现为目的性行为和网络戏剧性行为的膨胀对交往行为的遮蔽,以及网络规范调节行为的不足。

不难看出,前三种行为都缺少主体间交互的平等关系和理解共识的价值意义。目前,目的(工具)性行为和网络戏剧性行为是最为普遍化的主流行为,其主要体现在众多的网络消费者、应用

[①] 龚群.道德乌托邦的重构——哈贝马斯交往伦理思想研究[M].北京:商务印书馆,2003,119.

者。目的(工具)性行为指向的是功利,并以此作为主导网络的手段;网络戏剧性行为指向的是自我主观世界的表达,但问题是这种行为越来越多地体现为虚假的或恶意的不良行为,以及"沉迷游戏"、"网恋"等问题和现象。相形之下,指向主体间理解的交往行为统整网络的力量实在势单力薄。目前,目的(工具)性行为和网络戏剧性行为正逐渐消解着青少年的交往理性,扭曲着交往价值。当然,网络交往行为并不排斥目的(工具)性行为和网络戏剧性行为,但应在交往理性的基础上统整与建构网络和谐发展的价值理想,以文化为媒介的交往、对话与理解才是现代网络生活真正合理的支点。

在文化失范的网络空间里,青少年的网络伦理道德的失落,不能不追问网络交往媒介异化这一深刻渊源。人们在享受网络科技的同时备受网络的欺凌、异化,而浑然不知,这就如同正在温水中被不断加热的青蛙,死都不知怎么死的。尤其是当前网络时空里越来越多地使用金钱、权力、技术作为交往的媒介,各种网络利益的延伸与链接,结成了庞大、复杂的网络利益结构关系,支配着人们的网络生活行为,日益严重地排斥着以理解和共识为目的、以语言文化为媒介的交往,扭曲着青少年网络生活价值与意义的追求。"人的意义世界丧失","社会的非人性化与道德危机",皆可在此找到答案,追溯根源。网络道德危机正是现代社会病态特征之一。

网络文化危机是网络背后的经济结构和法则使然。长期以来,人们将网络作为一种生产力、一种科技,追求经济利益,没有作为一种文化存在、一种生活状态和生存境遇而关注人文涵养。新的技术的推广运用必然带来新的文化,可我们对这种网络文化特性的研究没有足够的重视。网络的产生、运营表现出的仅仅是消费的价值、交换的价值,追求的是利润。它一经产生,就像商品交换过程一样遵循经济法则。因此在市场经济下,国家对网络危机的干预并不会带来多大的改变。历来几次政府干预(如由事故引起而发动的校园周边网吧清除,未成年人禁入网)效果并不理想。

利益冲突必然带来政府作为的危机。这种危机不可避免,这是网络在上述利益危机的矛盾从市场转移到政府管理系统。危机的根本在于政府干预与网络社会化间的矛盾。政府干预必然体现为政治、经济手段(惩罚、停业、罚款),但网络需求的市场并不会消失。在市场经济逻辑下网络经营与网络需求具有利益的一致性。一味的政治、经济手段模式并不解决矛盾,只要利益根源存在,政府的干预就只能在经济的逻辑框架内循环,甚至恶性循环,于问题解决并无多大益处。在此并不是否定政府的干预,而是质疑政府干预的模式。因为,作为责任政府和服务政府,只有和媒体建立一种和谐互动的良性关系,才能最大限度地满足公众的知情权、参与权、表达权和监督权,才能推进民主法治社会的进程。而媒体只有充分利用政府的新闻资源,才能增加自己的公信力和影响力,真正成为公众利益的守望者。但是,由于网络在社会系统中凸现的价值地位和固有的经济结构体系,一方面,造成政府干预的先天不足;另一方面,在网络世界里,文化、思想、价值观等意识形态明显碎片化和后现代化,日趋削弱着人们对普遍价值观的认同,造成文化价值观念的危机。这种危机是个人与政府干预在现有网络文化价值观念认同方面表现出的矛盾。目前,青少年及其他网络消费者、网络经营者在网络生活中对政府干预不感兴趣或兴趣不高,不愿参与文化合法化过程,他们热衷的是消费、安逸、利益,关注的中心是自我生活的境遇,而疏于对政府和社会秩序的关注。另外,动因存在于一定的文化传统。在目前,网络文化尚未健全成熟的情况下,积极动因常常遭遇冲击破坏,而逐渐被衰变异化。例如,学校教育对学生上网的动因教育,常常遭遇网络中暴力、欺骗等文化观的冲突,导致学校教育给予的动因维护变得十分艰难。同时,后现代思潮对一切既成的规范价值所抱的虚无态度,以及当今非理性主义、怀疑主义弥漫,更增加青少年的动因危机。

三、教育公共性视域中的大众传媒公共性

对于教育公共性实现而言,大众传媒虽然可以作为其"同盟军"而出现,但是,并不是一个必然的、可靠的同盟军。因为大众传媒的教育公共性的责任承担只是一种应然,而不是必然。在很多情况下,大众传媒由于受到政治化、经济化、世俗化影响而背离公众走向帮助专制、背离精神走向利润、背离高尚走向庸俗,就会产生对教育公共性的负面影响。所以,面对这一"双刃剑",教育需要从自己的主体视野出发,审视大众传媒。

(一)重建网络媒体交往伦理的核心价值

大众传媒是教育公共性绕不开的,然而又不能决定其价值取向的客观存在,只能从教育的视角审视大众传媒,呼吁其建立自己的教育良心,担承其自身的教育责任。这就需要重建公共网络媒体交往伦理的核心价值。

核心价值是网络交往伦理体系的核心,是对网络交往行为提高普遍指导、对信念和行为进行评价的基本参照点,是人据此行动的基本原则、理想、标准和生活态度。[①] 网络交往行为合理性的不

---

① 朱小蔓 其东.面对挑战:学校道德教育的调整与革新[J].教育研究,2005,(3).

足或缺失,昭示我们必须关注网络交往伦理的重建。而网络交往伦理,作为一种有效性要求,是公共网络媒体在社会交往合理化过程中为其职业化的传播活动所立的道德法,是公共网络媒体生产机制与媒体从业人员所必须遵守的传媒伦理规范,它也体现为媒体权利、媒体义务与重大社会价值的结合。或者说,公共网络媒体伦理既是媒体在公共网络社会生活中的责任担当,又是调节网络媒体从业人员在其职业生活中面对公共生活及其广泛的社会成员关系的基本准则。其核心,就是重建网络交往伦理的核心价值。

1. 网络交往的自由、开放与内在的规范、秩序、理性的统一。网络本体就是秩序规范的数字以及由此构成的自由开放的交互空间。数字化是网络的本质特点,自由、开放、交互、秩序、准则、规范是数字化网络的必备要素和必然特征。网络世界属于人们运用数字交往的总体,没有规范秩序,也就失去网络存在的依据——没有网络技术的规范秩序,机器(计算机)就会死机,网络就会瘫痪瓦解;没有网络伦理的规范秩序,网络就会失去为人类谋福祉、为人类服务的价值使命,而成为面目狰狞可憎、残忍肆虐的魔鬼。由此可见,网络规范秩序(包括网络伦理规范秩序),应是网络本身的应有意蕴,是网络本质使然。另一方面,人只有接受网络规范、准则才能获得网络世界认同的身份证,成为网络世界的公民,否则,只能是网络世界的非法入侵者。可见,规范、理性不仅是人们网络生活的总体背景条件的工具性存在,而且是人们网络生活的本体性存在。网络交往伦理,自然也应具有规范、秩序与理性的特性。尽管在网页组织结构关系的平台上,表现出多元、开放、松散等后现代特点,我们以为,网络交往的自由、开放与内在的规范、秩序、理性的统一才是网络交往伦理共同的本体价值特征。

2. 网络交往的公共意识与个体文化自觉的统一。人们的网络生活不只是生活在技术和利益领域,更为根本的是文化生存,网络文化生存才是网络生活的根,才是安顿人生与精神的家。因此,所有网络生存的人不能是文化建构的旁观者,必须参与网络文化建设中,参与人文思考,参与价值观的确立,参与文化建构和批判,成为"文化理念的人"。同时,每个人不是生存在自己文化天地,而是在公共文化层面生存,在公共文化层面生存是人的社会属性的要求使然。因此,我们以为,网络交往伦理的本体价值特征还应体现为一种公共意识与个体文化自觉的统一。

3. 网络交往对数字的尊重。因特网作为网络的主要形式,是信息化和数字化的物理基础,是现代信息技术产业的骨干。数字化是网络化的技术基础,是信息技术的本质特点。从技术角度看,数字化是指越来越多的信息用数字进行表达,加工和传播是信息的编码化。网络文化就其所依附的载体来说,它就是一种彻底理性化的数字文化。对于电脑来说,任何信息只有以数字的形式出现,它才能识别和处理。这就决定了任何文化若想加盟网络文化,就必须改变自己的既有形态,即变革传统的非数字化文化形态。因此,笔者以为,对数字的尊重应是网络交往伦理必须凸显的一个重要本体价值特征。这一特征的主要表现为以诚信、尊重的原则善待网络技术的主体地位,不篡夺,不伤害,不越轨;同时,以诚信、尊重的原则善待数字化虚拟空间的伦理道德与规范。其实质就是善待人的主观世界,不恶意,不越轨,不强迫。因为网络虚拟空间是现实社会生态中人的主观世界的反映。

4. 网络交往的有限共享与互惠的统一。网络是一个协作环境,是不同网络主体在合作、互惠、共享背景条件下的结果。如,信息源和信息终端、网站与用户的合作互惠等等。因此,网络并不是一个无限的协作环境。有限的自由流通、多样差异、协议兼容是电子环境的显著特征,既共享又互惠。然而在后现代思潮下,由于网络生活中人们对传统的遗忘和反叛心理日益加重,网络文化作为异军突起的反叛力量,以彻底的背叛、开放、自由和无限共享、无限兼容、无限贯通的性格挑战着规范与秩序,也深刻影响着青少年"黑客伦理"价值观——只共享,不互惠。我们以为,有限的共享与互惠的统一还应是网络交往伦理的一个重要本体价值特征。其主要体现为既确保信息共享又确保互惠的价值观和伦理准则,以及各种文化、文明的广泛认同和兼容。

上述网络交往伦理的价值取向是基于网络本体的追问。事实上,不同国家和社会可能会有不同的价值立场。根据我国2001年颁布的《公民道德建设实施纲要》的要求,上述网络交往伦理的价值取向符合"爱国守法"和"明礼诚信"的要求和规范。同时,也体现《全国青少年网络文明公约》中"要诚实友好交流,不侮辱欺诈他人……不破坏网络秩序"的精神。

(二) 教育公共性主体意识的培养

在对大众传媒保持警惕性,大众传媒的教育良心有待发现,教育责任有待承担的同时,教育自身需要努力发扬主体意识,搞好自身建设。

正如水能载舟也能覆舟一样,既能载舟,就不能因为有可能覆舟而拒载。目前对电子媒体运用带来的种种弊端,还未提出适当的策略,只能说明教育滞后于技术发展。应该说,媒体技术的发展,对教育手段的改革是一种有力的推动,如果运用得当,它将在教育过程中扮演重要的角色,使儿童在生动形象的陶冶中启发心智,促进发展。

可以预见,要不了多久,荧屏将成为汇集电信、广播、计算机和电视的多媒体文化市场,儿童的娱乐时空、学习形式将会更多地被荧屏占有。我们认为,在人文学科领域反思技术发展中的精神危机时,在被传媒技术占有的儿童世界里,切不可忽视思考这样几对关系:商业开发与教育主导,儿童的主动性与对技术的依赖性,虚拟世界与现实生活,过程体验与结果享受……由此引发的学校教育改革将是很有意义的。[①] 现在的问题正如法国霍尔福·波尔吉斯所指出的:无论是发达国家还是发展中国家,各类学校都没有成功地将培养下一代的工作和大众传媒结合起来。其传播信息的巨大能力还未得到充分利用,我们只是用它来让孩子们一天到晚守着闪闪发光的荧屏,沉浸在那些轻松的节目之中。与此同时,我们却全然没有意识到它所应承担的责任。

那么,学校教育的任务是什么呢? 长期以来,学校的电化教学技术局限在幻灯、投影、电视录像,其功用无非辅助教师进行课堂教学的一种手段,使抽象的课堂教学变成形象化课堂教学而已,这种技术只能适应一个相对封闭的学校教育环境。如今学校已经不再那么封闭了,大众传媒的教育功能日益显著,它给学生的信息量甚至超过学校,这些信息所传递的价值观有的与学校教育相抵触。"如何进入这一极大地影响学生发展的非正规教育领地,对学生与传媒的关系进行适当的干预? 这是学校教育改革面临的一个新的课题。"[②]因为生活在现代和未来的儿童,其发展将注定与传媒技术的进步相伴随,与其消极地让学生接受媒体宣传的影响,还不如利用学生对媒体传播内容的兴趣,对接受方式和接受内容进行积

[①] 胡卫.民办教育的发展与规范[M].北京:教育科学出版社,2000.259.
[②] 同上书,2000.258.

极的规范和引导。比如,让学生了解媒体技术,学习媒体制作,利用媒体促进自我发展;比如辨别媒体传递的信息,选择有利于自己发展的内容,培养抗"文化污染"能力,以及媒体使用的自我管理能力。同样,随着电脑及其网络使用的大众化,儿童的学习娱乐空间将空前地扩大,学校教育不去引导规范地遨游其间,那么,将会使之沉溺。可见,训练学生掌握电脑知识,进行网上学习,掌握相应的操作技能,显得多么重要(未来社会不通晓信息技术,无异于文盲)。同时,培养学生具有摆脱多媒体世界诱惑的坚强意志和体验社会、亲近自然的健康情感,也应当成为学校教育的责任。其中最重要的莫过于媒体素养或者媒介素质培养。

媒体素养是传统素养(听、说、读、写)能力的延伸,它包括人们对各种形式的媒介信息的解读能力,除听、说、读、写能力外,还有批判性地观看、收听,并解读影视、广播、网络、报纸、杂志、广告等媒介所传输的各种信息的能力,当然还包括使用宽泛的信息技术制作各种媒体信息的能力。[1] 媒体素养无疑是一个全新的素质概念,它的宗旨是使大众成为能积极地善用媒体,制造媒体产品,对无所不在的信息有主体意志和独立思考的优质公民。它与提高社会文化品质,健全公民社会的发展息息相关。媒体素养是信息时代大众必备素质之一。

要培养媒体素养,就得大力发展媒体教育。媒体教育是在大众传媒时代,针对多种媒介对人的影响而提出的一种教育思想和方法。它以培养人的媒体素养为核心,使人们具备正确使用媒介和有效利用媒介的能力,建立获得正确媒介信息、媒介信息产生的意义和独立判断信息价值的知识结构。此外,媒体教育还力图使

---

[1] 张开.媒体素养教育在信息时代[J].现代传播,2003,(1).

未来信息社会的人具备创造和传播信息的能力。

中国社科院媒介传播与青少年发展研究中心主任卜卫建议，我国应该借鉴国外经验，通过媒体教育提高青少年认识和利用媒体的能力。具体来讲，媒体教育可从四个方面入手：(1)了解媒体的基础知识以及如何使用媒体；(2)学习判断媒体信息的意义和价值；(3)学习创造和传播信息的知识和技巧；(4)了解如何建设性地利用媒体发展自我。

加拿大媒体素养协会理事、媒体教育学家约翰·庞甘特(John Pungente)提出的媒体素养教育十大目标，值得研究和借鉴。(1)教育学生使他们成为懂得欣赏而又具批判性和分辨力的听众、读者和观众；(2)向学生介绍各种媒介的历史发展情况；(3)讨论并辨析媒体的主要用途；(4)辨析不同媒体运用的技巧和语言；(5)辨析与媒体产品生产相关的各种因素，如经济、政治、文化、社会、组织等；(6)教育学生认识媒体的操纵能力；(7)学生能够对媒体讯息进行评述、解译、分析和评估；(8)使学生理解媒体对社会的影响；(9)学生能够自主地对媒体讯息加以选择；(10)通过媒体产品表达自己的观点。媒体素养教育的目标，在媒体无处不在的时代，用 Len Masterman 的一句话概括，便是"批判性的自主"——学生一遇到信息，便有能力自主地质疑和分析。

(三) 推动大众传媒公共性的良性发展

所有媒介信息都是两种，一种是表层信息，一种是深层信息。当人们的知识结构处于低水平时，只能接受表层信息，因而易受控于媒介信息。对媒介信息缺乏解构能力时，知识结构必定是小的、浅层次的、凌乱的。这样的知识结构反过来又阻碍人们正确理解媒介信息。辨别信息中的矛盾，分析其中的讽刺和辛辣，培养和形成独立地获取正确信息的能力。不具备媒体素养的人,无法认识到媒介信息是对现实的一种再现和释解的性质。

相反,当人们拥有高水平的媒体素养能力,就可以积极地驾驭媒介信息。透过表层信息,深入信息内部的各层面、各方面,作出正确而有效的取舍。这种取舍就是一种控制自己行为、信念的能力,也是控制媒介信息的能力。当然,这不是说能够改变媒介信息,而是说定夺自己接近媒介信息的方式,以及良好地控制媒介信息对自己产生的效果。目前,我们国家从小学到大学,课堂教学内容基本上停留在培养学生传统素质(读、写能力)上。绝大多数人尤其是青少年处于接受表层信息阶段,这是个非常危险的层次。处于这一层次的受众缺乏辨别是与非、真与假、有利与有害信息的"内功"。从传播学受众分析理论角度讲,不具备"内功"的受众属于中弹即倒的受众。基于此,在学校教育中完成提高公民媒体素质的重要任务,拥有良好媒体素质的网民就会成为主宰大众传媒价值取向的积极力量,从而保证大众传媒的公共理性的张扬和提升,进而实现与教育公共性的良性互动。

余 论

当前,我国的教育公共性正处在曲折发展阶段,只有把握其走向,才能建立适合时代吁求的教育公共价值信念和教育体系。在越来越强调公共性的社会变革中,作为公共领域重要组成部分的教育,其公共性是阙如的。但长期以来我们的教育公共责任意识相当薄弱,我们的教育难能造就具有公共精神和公共理性的社会成员,难能培养具有公共德行、平等意识和民主意识的公民。

面对 21 世纪全球化浪潮的冲击,我国的教育无论是从宏观的理念、体制,还是从微观的办学、课堂、教师行为都发生了各种各样的变化,从而为教育理论探索提出了新的课题。比如,如何从体制上理顺公立教育和私立(民办)教育的关系,从经营上理顺公营教育和民营教育的关联,从责任上厘清政府、市场和社会资源在教育投入中的比例和方向,从学校办学的层面厘清功利性价值需求和教育公共精神价值的关系。任何价值诉求乃至教育价值目标的实现都离不开科学、有效的保障机制,而保障机制的构建则首先要从理论上回答对此教育价值取向有所关联的各种因素、实体、属性、职责,明确责任,分工协作,最终生成合力,从各个方向上保障教育公共性的价值追求从预想走向行动,从可能走向现实。教育公共性保障体系的系统探索是推动教育共性走向实践的具体行动指南。

作为一种实践指南的科学理论尽管只是一种范导,但是,作为现实的实践必须是有科学理论作灵魂的实践,唯此,才不会在效果上产生巨大的误差和失误,同时这样的实践既可以检验理论,又可以在实践中丰富和发展理论。因此,任何理论探索本身既是对实践问题的高度回答,同时又是实践本身的直接要求。对于教育公共性的实践尤其如此。

教育公共性要在教育的公益性和私益性之间寻求一个平衡的支点。它应以国家利益为主导,兼顾私益性,在公益和私益之间寻求一个平衡的支点。公益性讲究教育资源的均衡配置,同时强调教育机会的均等性,人们不受政治、经济、社会地位和民族、种族、信仰及性别差异的限制,在法律上享有同等的教育条件和受教育的权利(包括入学机会均等、受教育过程中的机会均等以及取得学业成功的机会均等)。对于国家来说,保证教育的公共性既是一种义务和责任,也体现一种强制性要求。学校、家长和社会团体都必须维护教育的公益性,以实现社会的共同利益。教育的公共性是一种公共利益与私人利益的统一体。然而,目前的教育并没有按照逻辑那样去发展,教育的公共利益和私人利益经常处于矛盾之中,表现为:或者公性过于扩张,吞没私性;或者私性过于蔓延,微化公性。教育的历史发展表明,无论是公性吞没私性还是私性微化公性,都会造成公共性的消解。

公共资源要优先满足教育和人力资源开发需要,要求各级政府乃至全社会,为教育和人力资源开发提供各种有形和无形的公共资源服务。因此,对教育属性的界定,要建立在国家对其所提供的教育产品属性界定的基础上,教育产品首先具有公共性,因此教育首先是一项公共事业。逐渐多元化的教育产品也具有公共产品、准公共产品、私人产品等属性,这就决定了教育具有公益事业性和产业性的双重属性。因此,在制度建设和制度设计中需要公平和效率的平衡或寻求最佳结合点,要逐步改变政府强势主导的教育公共资源配置模式,就要合理引导市场(企业或财团)、非营利性组织(非政府组织或团体、第三部门)等主体参与教育公共资源分配。应该是政府、市场和第三部门共同提供教育这一公共产品,各层次的学校也应形成差异性学校体制,政府在教育公共资源的分配上主要注重维护公平,同时发挥各种办学力量的活力,实现我国教育公共资源分配公平与效率的良性互动。

在体制创新上,教育公共性的彰显,既不能选择纯粹的市场,也不能选择纯粹的政府,而是应注意避免政府主导与市场运行各自的内在缺陷。中国现阶段进行的教育体制改革,包括正在制定的国家中长期教育改革和发展规划纲要,某种意义上仍然留有计划经济体制的痕迹。因此重视教育与市场的关系,市场对教育发展的多方面影响,尤其是对教育资源配置的基础调节作用,是改革的重要参照和取向。但是,教育的公益性与市场作用的盲目性和局限性经常会形成激烈的矛盾和冲突,这就决定政府依然要在教育改革和发展中起主导、服务和监督作用。政府要保证教育的公共财政投入,规范教育资源的配置,维护教育公平。建设一个以稳定增长的财政投入为基础,以更加完善合理的多元化筹资体制为支撑,重点选择的政府投入范围,高效的政府投入措施,发挥社会力量办学积极性,注重经济和法律手段调控,鼓励学校竞争的具有高效性、公平性和给予受教育者更多选择的公共教育财政体制。构建教育财政机制,要明确政府在义务教育阶段与非义务教育阶段的不同责任、权利和义务。构建公共教育财政机制,需要明确中央政府与地方政府分担的不同责任,规范和科学核定教育经费需求和各级政府的财政供给能力基础,使教育财政分配关系建立在责权利相结合的基础之上。实现教育公共资源公平分配的关键在于公共部门运用财政等手段,实现资源在不同主体、不同区域分配的均等化。

教育是社会公平正义之价值目标实现的具体手段,承载着实现社会公平正义的价值理想的历史责任;同时,教育在以自己的方式实现公平正义理想的过程中,愈来愈凸显出公共性之价值特性,这是教育作用于社会生活、促进实现社会公平正义的时代使命。因此,以教育公共性为价值追求,寻求教育公共性的实现形式并提供完备的保障体系,就成了我国当前乃至一个相当长的历史时期内教育事业和社会公平正义实现的基本使命之一。

主要参考文献

译　著

1. [澳]菲利普·佩迪特:《共和主义:一种关于自由与政府的理论》.刘训练译.南京:江苏人民出版社,2005.
2. [德]哈贝马斯.哈贝马斯精粹[M].曹卫东选译.南京:南京大学出版社,2004.
3. [德]哈贝马斯.公共领域的结构转型[M].曹卫东 王晓钰等译.上海:学林出版社,1999.
4. [德]黑格尔.法哲学原理[M].范扬 张企泰译.北京:商务印书馆,1961.
5. [德]黑格尔.精神现象学(上卷)[M].北京:商务印书馆,1962.
6. [德]康德.论教育学[M].赵鹏等译.上海:上海人民出版社,2005.
7. [德]马克斯·韦伯.韦伯作品集——学术与政治[M].钱永祥等译.桂林:广西师范大学出版社,2004.
8. [德]马克斯·舍勒.舍勒选集(上).刘小枫译.上海:上海生活·读书·新知三联书店,1999.
9. [德]威廉·冯·洪堡.论国家的作用[M].林荣远 冯兴元译.中国社会科学出版社,2005.
10. [法]莱昂·狄骥.公法的变迁:法律与国家[M].沈阳:辽宁出

版社 1999.

11. [法]卢梭.社会契约论[M].何兆武译.北京:商务印书馆, 2008.

12. [法]托克维尔.论美国的民主[M].北京:商务印书馆,1988.

13. [加拿大]本杰明·莱文.教育改革——从启动到成果[M].项贤明等译.北京:教育科学出版社,2004.

14. [加拿大]威尔·金里卡.少数的权利:民族主义、多元文化主义和公民[M].邓红凤译.上海:上海译文出版社,2005.

15. [美]埃尔查南·科恩.教育卷与学校选择[M].刘笑飞等译.北京:北京师范大学出版社,2008.

16. [美]保罗·萨缪尔森 威廉·诺德豪斯.经济学(第17版)[M].萧琛主译.北京:人民邮电出版社,2004.

17. [美]伯顿·克拉克.教育新论:多学科的研究[M].王承绪 徐辉译.杭州:浙江教育出版社,2001.

18. [美]戴维·布朗等.全球化、非政府组织和多部门关系[A].参见李惠斌.全球化与公民社会[C].桂林:广西师范大学出版社,2003.

19. [美]赫伯特·金迪斯,萨缪·鲍尔斯等.人类的趋社会性及其研究:一个超越经济学的经济分析[M].汪丁丁 叶航等译.上海:上海人民出版社,2005.

20. [美]汉娜·阿伦特.公共领域和私人领域.刘峰译.参见汪晖 陈燕谷.文化与公共性[M].北京:生活·读书·新知三联书店,1998.

21. [美]汉娜·阿伦特.人的条件[M].竺乾威译.上海:上海人民出版社,1999.

22. [美]卡扎米亚斯.教育的传统与变革[M].福建师大教育系等

译.北京:文化教育出版社,1981.

23. [美]卡洛琳·M.霍克斯比.学校选择的经济学分析[M].刘云泽译.北京:北京师范大学出版社,2008.

24. [美]肯尼思·A.斯特赖克 乔纳斯.F.索尔蒂斯,洪成文等译.教学伦理[M].北京:教育科学出版社,2007.

25. [美]雷·马歇尔 马克·塔克.教育与国家财富:思考生存[M].顾建新译.北京:教育科学出版社,2003.

26. [美]罗伯特·W.麦克米金.教育发展的激励理论[M].武尚荣译.北京:北京师范大学出版社,2008.

27. [美]罗尔斯.正义论[M].何怀宏等译.北京:中国社会科学文献出版社,1988.

28. [美]罗尔斯.万民法[M].张晓辉 李仁良等译.长春:吉林人民出版社,2003.

29. [美]罗纳德·德沃金.至上的美德:平等的理论与实践[M].冯克利译.南京:江苏人民出版社,2003.

30. [美]马克·贝磊.教育补习与私人教育成本[M].杨慧娟 于洪蛟等译.北京:北京师范大学出版社,2007.

31. [美]迈克尔·W.阿普尔.教育的"正确"之路——市场、标准、上帝和不平等[M].黄忠敬 吴晋婷译.上海:华东师范大学出版社,2008.

32. [美]迈克尔·W.阿普尔.教育与权力[M].黄忠敬 吴晋婷译.上海:华东师范大学出版社,2008.

33. [美]迈克尔·W.阿普尔.被压迫者的声音[M].黄忠敬 吴晋婷译.上海:华东师范大学出版社,2008.

34. [美]迈克尔·W.阿普尔.文化政治与教育[M].阎光才等译.北京:教育科学出版社,2005.

35. [美]迈克尔·沃尔沃.正义诸领域:为多元主义与平等一辩[M].褚松燕译.南京:译林出版社,2002.

36. [美]迈克尔·J.桑德尔.自由主义与正义的局限[M].万俊人等译.南京:译林出版社,2001.

37. [美]米切尔·B.鲍尔森 约翰·C.舒马特.高等教育财政:理论、研究、政策与实践[M].孙志军 成刚 等译.北京:北京师范大学出版社,2008.

38. [美]倍根(Bagin, D),(美)格莱叶(Gallagher, D. R.).学校与社区关系[M].周海涛主译.重庆:重庆大学出版社,2003.

39. [美]纳坦·塔克夫.为了自由——洛克教育思想[M].邓文正译.上海:生活·读书·新知三联书店,2001.

40. [美]乔尔·鲁蒂诺 安东尼·格雷博什.媒体与信息伦理学[M].霍政欣 罗赞译.北京:北京大学出版社,2009.

41. [美]乔治·弗雷德里克森.公共行政的精神.张成福 刘霞译.北京:中国人民大学出版社,2003.

42. [美]S.E.佛罗斯特.西方教育的历史和哲学基础[M].吴元训等译.北京:华夏出版社,1987.

43. [美]约翰·E.丘伯,泰力·M.默.政治、市场与学校[M].蒋衡译.北京:教育科学出版社,2003.

44. [美]约翰·杜威.民主主义与教育[M].王承绪译.北京:人民教育出版社,2001.

45. [美]约翰·杜威.人的问题[M].傅统先等译.上海:上海人民出版社,2006.

46. [美]约翰·肯尼斯·加尔布雷恩.好社会:人道的记事本[M].胡利平译.南京:译林出版社,1999.

47. [美]约翰·布鲁贝克.教育哲学[M].王承绪 郑继伟 张维平译.浙江教育出版社,2002.

48. [美]Y.巴泽尔.产权的经济分析[M].费方域 段毅才译.上海:上海人民出版社,1997.

49. [美]詹姆斯·施密特.启蒙运动与现代性[M].徐向东等译.上海:上海人民出版社,2005.

50. [美]詹姆斯.博曼.公共协商:多元主义、复杂性与民主[M].黄相怀译.北京:中央编译出版社,2006.

51. [美]詹姆斯·M.布坎南.公共财政[M].赵锡军等译.北京:中国财政经济出版社,1991.

52. [美]珍妮 H.巴兰坦.教育社会学[M].黄德祥 林重岑等译.台湾:心理出版社,2007.

53. [美]珍妮·奥克斯 马丁·利普敦.教学与社会变革[M].程亮 丰继平等译.上海:华东师范大学出版社,2008.

54. [日]川崎修:公共性的复权[M].斯日译.石家庄:河北教育出版社,2002.

55. [日]佐佐木毅 [韩]金泰昌.公共哲学(1—10卷)[M].刘文柱 刘荣等译.北京:人民出版社,2009.

56. [瑞士]西斯蒙第.政治经济学新原理[M].何钦译.北京:商务印书馆,1964.

57. [英]布伦达·拉尔夫 刘易斯.君主制的历史[M].荣予 方力维译.北京:生活·读书·新知三联书店,2007.

58. [英]布莱恩·巴利.社会正义论[M].曹海军译.南京:江苏人民出版社,2007.

59. [英]戴维·钱尼.文化转向 当代文化史概览[M].戴从容译.南京:江苏人民出版社,2004.

60. [英]戴维·米勒.社会正义原则[M].应奇译.南京:江苏人民出版社,2008.

61. [英]丹尼斯·麦奎尔.受众分析[M].刘燕南 李颖译.北京:中国人民大学出版社,2006.
62. [英]哈耶克.自由秩序原理(上)[M].邓正来译.北京:三联书店,1997.
63. [英]霍布斯·利维坦[M].北京:商务印书馆,1996.
64. [英]杰夫·惠迪 萨莉·鲍尔.教育中的放权与择校:学校、政府和市场[M].马忠虎译.北京:教育科学出版社,2003.
65. [英]杰伦迪·迪克西.有效的课堂管理[M].王健译.北京:北京师范大学出版社,2006.
66. [英]罗莎林德·李瓦西.校本管理:分析与实践[M].乔锦忠 楚红丽 王远 译.北京:北京师范大学出版社,2008.
67. [英]汤姆·奈特,特雷弗·豪斯.知识管理:有效实施的蓝图[M].李素真译.北京:清华大学出版社,2005.11.
68. [英]威廉·葛地文.政治正义论(第一、二、三卷)[M].何幕李译.北京:商务印书馆,1997.
69. [英]约翰·汤姆林森.全球化与文化[M].郭英剑译.南京:南京大学出版社,2004.
70. [英]泽格蒙特·鲍曼.自由[M].杨光等译.长春:吉林人民出版社,2005.
71. [意]维柯.论人文教育[M].王楠译.上海:上海三联书店,2007.
72. 马克思恩格斯全集(第1、2、3、4、8、21、22、23、25、42、46卷)[M].北京:人民出版社,1965.
73. 马克思恩格斯选集(第1、2、3、4卷)[M].北京:人民出版社,1995.

中文著作

1. 白钢等.中国政治制度通史(1—10卷)[M].北京:人民出版社,1997.
2. 财政部教科文司 教育部财务司等.中国农村义务教育转移支付制度研究,上海:上海财经大学出版社,2005.
3. 陈振明.理解公共事务[M].北京:北京大学出版社,2007.
4. 程伟礼.信念的旅程·冯友兰传[M].上海:上海文艺出版社,1994.
5. 崔延强.正义与逻各斯——希腊人的价值理想[M].济南:泰山出版社,1998.
6. 崔开华等.组织的社会责任[M].山东:山东人民出版社,2008.
7. 董礼胜等.中国公共物品供给[M].北京:中国社会出版社,2007.
8. 冯颜利.全球发展的公正性:问题与解答[M].北京:中国社会科学出版社,2008.
9. (台湾)陈奎憙.教育社会学[M].台北:师大书苑有限公司,2006.
10. (台湾)盖浙生.教育经营与管理[M].台北:师大书苑有限公司,1991.
11. (台湾)盖浙生.教育财政与教育发展[M].台北:师大书苑有限公司,1988.
12. (台湾)盖浙生.教育经济学[M].台湾:三民书局,1985.
13. (台湾)孙炜.公共政策与教育规划——政府与非营利组织的人力资源管理[M].台北:翰芦图书出版有限公司,2002.
14. 高书国.中国城乡教育转型模式[M]北京:北京师范大学出版

社,2006.
15. 葛四友.运气均等主义[M].南京:江苏人民出版社,2006.
16. 龚群.道德乌托邦的重构——哈贝马斯交往伦理思想研究[M].北京:商务印书馆,2003.
17. 顾明远.中国教育大系(1—9卷)[M].武汉:湖北教育出版社,1994.
18. 国家教育发展研究中心编著.2008年中国教育绿皮书:中国教育政策年度分析报告[M].北京:教育科学出版社,2008.
19. 国务院研究室课题组.中国农民工调研报告[M].北京:中国言实出版社,2006.
20. 国家教育发展研究中心.2008年中国教育绿皮书:中国教育政策年度分析报告[M].北京:教育科学出版社,2008.
21. 郭忠华 刘训练.公民身份与社会阶级[M].南京:江苏人民出版社,2007.
22. 何怀宏.平等二十讲[M].天津:天津人民出版社,2008.
23. 何雪松.社会问题导论:以转型为视角[M].上海:华东理工大学出版社,2007.
24. 和学新.社会转型与教育转型[M].长春:长春出版社,2004.
25. 华东师大教育系编:西方古代教育论著选[M].北京:人民教育出版社,1985.
26. 胡卫.民办教育的发展与规范[M].北京:教育科学出版社,2000.
27. 贾新奇等.公民伦理教育的基础与方法[M].北京:北京师范大学出版社,2007.
28. 贾英健.公共性视域——马克思哲学的当代阐释[M].北京:人民出版社,2009.

29. 蒋云根 金华.发展中的公共行政[M].上海:华东师范大学出版社,2007.
30. 金生鈜.保卫教育的公共性[M].福州:福建教育出版社,2008.
31. 教育部财政司,上海财经大学公共政策研究中心课题组编著.中国农村教育转移支付制度研究[M].上海:上海财经大学出版社,2005.
32. 孔繁斌.公共性的再生产——多中心这里的合作机制建构[M].南京:江苏人民出版社,2008.
33. 黎珍.正义与和谐——政治哲学视野中的社会资本[M].北京:人民出版社,2008.
34. 李国均 王炳照.中国教育制度通史(1—8卷)[M].济南:山东教育出版社,2004.
35. 李桂林 戚名琇 钱曼倩.中国近代教育史资料汇编[M].上海:上海教育出版社,1995.
36. 李岚清.李岚清教育访谈录[M].北京:人民教育出版社,2003.
37. 厉以贤 黎明德.马克思恩格斯教育学说探讨[M].北京:教育科学出版社,1986.
38. 廖申白.交往生活的公共性转变[M].北京:北京师范大学出版社,2007.
39. 刘伯龙 竺乾威.当代中国公共政策[M].上海:复旦大学出版社,2004.
40. 卢春红.情感与时间——康德共同感问题研究[M].上海:上海三联书店,2007.
41. 劳凯声.变革社会中的教育权与受教育权:教育法学基本问

题研究[M].北京:教育科学出版社,2003.

42. 毛礼锐 沈灌群.中国教育通史(1—6卷)[M].济南:山东教育出版社,2005.

43. 闵维方.中国教育与人力资源发展报告 2005—2006[M].北京:北京大学出版社,2006.

44. 闵维方.探索教育变革:经济学和管理政策的视角[M].北京:教育科学出版社,2006.

45. 孙霄兵 孟庆瑜.教育的公正与利益——中外教育经济政策研究[M].上海:华东师范大学出版社,2004.

46. 宋增伟.制度公正与人的全面发展[M].北京:人民出版社,2008.

47. 苏君阳.公正与教育[M].北京:北京师范大学出版社,2008.

48. 商浩丽.政府与社会:近代公共教育经费配置研究[M].石家庄:河北教育出版社,2001.

49. 谭安奎.公共性二十讲[M].天津:天津人民出版社,2007.

50. 唐铁汉 袁曙宏.公共服务创新[M].北京:国家行政学院出版社,2007.

51. 滕大春.外国教育通史(1—6卷)[M].济南:山东教育出版社,2005.

52. 万俊人 梁晓杰.正义二十讲[M].天津:天津人民出版社,2008.

53. 王磊.公共教育支出分析:基本框架与我国的实证研究[M].北京:北京师范大学出版社,2004.

54. 王名 刘培峰.民间组织通论[M].时事出版社,2004.

55. 王晓升.哈贝马斯的现代性社会理论[M].北京:社会科学出版社,2006.

56. 王谦.城乡公共服务均等化问题研究[M].济南:山东人民出版社,2009.
57. 王炳照 阎国华.中国教育思想通史(1—8卷)[M].长沙:湖南教育出版社,1994.
58. 王维国.论知识的公共性维度[M].北京:中国社会科学出版社,2003.
59. 王峰.行政正义论[M].北京:中国社会科学出版社,2007.
60. 汪晖,陈燕谷.文化与公共性[M].北京:生活·读书·新知三联书店,2005.
61. 吴新叶.社区管理学[M].北京:北京大学出版社,2008.
62. 吴忠民.走向公正的中国社会[M].济南:山东人民出版社,2008.
63. 吴东民 董西明.非营利组织管理[M].北京:中国人民大学出版社,2003.
64. 魏新.教育财政学简明教程[M].北京:高等教育出版社,2000.
65. 温恒福.教育创新组织的领导与管理[M].北京:教育科学出版社,2006.
66. 徐显明.法治与社会公平[M].济南:山东人民出版社,2007.
67. 谢庆奎.入世与政府先行[M].北京:中信出版社,2003.
68. 许纪霖.公共性与公民观[M].江苏人民出版社,2007.
69. 许纪霖.公共空间中的知识分子[M].南京:江苏人民出版社,2007.
70. 许纪霖.公共性与公共知识分子[M].南京:江苏人民出版社,2003.
71. 许纪霖.回归公共空间[M].南京:江苏人民出版社,2005.

72. 赵祥麟.外国教育家评传(1—3卷)[M].上海:上海教育出版社,2003.
73. 晏辉等.公共生活与公民伦理[M].北京:北京师范大学出版社,2007.
74. 袁振国.中国教育政策评论[M].北京:教育科学出版社,2000.
75. 袁振国.对峙与融合——20世纪的教育改革[M].济南:山东教育出版社,1995.
76. 杨国荣.思想与文化(第5辑)[M].上海:华东师范大学出版社,2005.
77. 赵忠建.全球教育发展的研究热点——90年代来自联合国教科文组织的报告[M].北京:教育科学出版社,1999.
78. 赵勇.当代教育科学前沿报告:美国教育文选2006—2007[M].上海:华东师范大学出版社,2007.
79. 詹世友.公义与公器——正义论视域中的公共伦理学[M].北京:人民出版社,2006.
80. 张康之.社会治理的历史叙事[M].北京:北京大学出版社,2006.
81. 张万朋 王千红.基于非营利组织的中小学教育融资问题[M].天津:天津教育出版社,2006.
82. 张东娇.公众、事务与形象:学校公共关系管理导论[M].重庆:重庆大学出版社,2005.
83. 张人杰.国外教育社会学基本文选[M].上海:华东师范大学出版社,1989.
84. 张维平.教育法学基础[M].沈阳:辽宁大学出版社,2000.
85. 钟启泉 金正扬 吴国平.解读中国教育[M].北京:教育科学出

版社,2001.

86. 周润智.力量就是知识——教师职业文化的生产与再生产[M].北京:北京师范大学出版社,2005.

87. 郑新蓉.现代教育改革理性批判[M].北京:人民教育出版社,2003.

88. 中国教育与人力资源问题研究课题组.从人口大国迈向人力资源强国[M].北京:高等教育出版社,2003.

89. 中央教育科学研究所.改革开放30年中国教育改革与发展课题组.教育大国的崛起(1978—2008)[M].北京:教育科学出版社,2008.

博士论文

1. 曹鹏飞.公共性理论的哲学研究[D].中国人民大学,2005.5.

2. 段素菊.20世纪80年代以来的美国公共基础教育改革研究——国家、市场与公民社会的视角[D].北京师范大学,2004.4.

3. 樊改霞.公共教育的现代性转型及其困境[D].南京师范大学,2007.5.

4. 敬海新.在理想和现实之间——社会转型期我国公共领域理论研究[D].中共中央党校,2007.5.

5. 刘伟.我国教育投资与经济增长的互动研究[D].西北大学,2007.8.

6. 邱伟华.公共教育与收入差异——基于公平视角的研究[D].复旦大学,2007.4.

7. 吴景松.政府职能转变视野中的公共教育治理范式研究[D].华东师范大学,2008.10.

8. 魏真.我国公共教育财政政策评估研究[D].北京师范大学,2008.5.
9. 魏宏聚.义务教育经费投入政策失真现象研究[D].西南大学,2006.6.
10. 许江媛.加拿大公共教育史研究[D].华东师范大学,2007.4.
11. 周宏芬.教育正议论[D].南京师范大学,2006.5.
12. 朱利霞.国家观念、市场逻辑与公共教育[D].华东师范大学,2004.4.
13. 朱金花.教育公平:政策的视角[D].吉林大学,2005.12.

外文著作与期刊文章

1. Kim, S. (2004). *Accountability and School Reform in the U. S. Public School System*. Madison: University of Wisconsin.
2. Geiger, R. L. (2004). *The Publicness of Private Higher Education*. Enschede: Netherlands Conference Draft, Pennsylvania State University: 28.
3. Brasington, D. M. (2005). *Public and Private School Competition: The Spatial Education Production Function*. Baton Rouge: Louisiana State University.
4. Weber, L & Bergan, S. (2005). *The Public Responsibility for Higher Education and Research*. Strasbourg: Council of Europe Publishing.
5. Wyckoff, J. (1984). *The Non-excludable Publicness of Primary and Secondary Public Education*. Journal of Public Economics: 28.

6. Fischel, W. A. (2002). *An Economic Case against Vouchers: Why Local Public Schools Are a Local Public Good*. Economics Bulletin, 28(7).

后　记

恩斯特·卡西尔说过:"一种人的哲学,一定是这样一种哲学,它能使我们洞见这些人类活动的基本结构,同时又能使我们把这些活动理解为一个有机整体。"基于如此思考,尽管"教育公共性"这个概念对于大多数人来讲尚属陌生,但敢于选择以"论教育公共性及其保障"为主题申报教育部人文社会科学 2010 年度一般项目(项目编号:10YJA880177),我是认真思考并有一定研究基础的。早期缘于我在 2006 年做山东省科技计划软科学项目"山东省县域基础教育政策保障体系研究"(该成果获山东省科技进步二等奖,山东社会科学二等奖)和山东省哲学社会科学 2007 年重大项目"山东省义务教育管理体制改革与创新研究"(该项成果获山东省软科学一等奖,高校人文社科一等奖)以及山东省教育厅委托项目"山东省义务教育满意度调查实证研究"的过程中,认为制约和影响教育发展的核心要素是教育体制,关键是政府的系列决策,包括教育公共财政制度,教育职员的公共服务权能,社区服务意识,非营利组织,大众公共传媒等,这些是否就是教育公共性的内容主体呢？随着问题域的逐渐深入,越来越意识到了其宏大和沉重。

但是,能够最终得到教育部人文社会科学规划课题评审专家的认可并最终列入 2010 年的一般项目,首先要感谢我的博士生导师戚万学教授,是戚万学教授将我带入教育理论研究的团队,研究团队的每一位成员都给予我很大的帮助,戚老师严谨的治学风范,一丝不苟的作风,使我终生受益。第二,要感谢华东师范大学终身教授陆有铨先生,跟先生的每次见面,都能够得到先生的点化、教诲,从问题不同视角去理性思考和探索,使我对学术问题有了更敏锐的认知。本研究能够顺利完成,并以该著作为最终研究成果呈现,还要感谢东北师范大学柳海民教授、华中师范大学杜时忠教授、临沂大学韩延明教授、香港中文大学李子健教授、美国南伊利诺依州立大学于天龙博士、山东师范大学徐继存教授、唐汉卫教授、于洪波教授、高伟教授开题时对研究内容、研究方法及思路提出的诸多建议。

感谢北京师范大学晏辉教授、高洪源教授,华东师范大学范国睿教授,中央教科院田慧生研究员、金东贤博士,山东省委党校贾英健教授,山东师范大学张文新教授、万光侠教授,人民教育出版社韦志榕总编辑,中国教育学刊鲍东明主编,山东社会科学周文升副主编等专家对研究课题给予的诸多关心和厚望。感谢商务印书馆周欣编审认真负责任的编辑核对,更使著作增色许多。

在课题研究的过程中,参阅和引用了国内外诸多相关文献,谨向这些文献作者表示衷心感谢。我深知,教育公共性的研究刚刚起步,由于本人学力有限,只是就其中一些问题进行初步探索,错讹、疏忽之处在所难免,诚恳期盼学界同仁给予批评。

张茂聪
2012 年 4 月